骨太
少年法講義（改訂版）

植村　立郎

弁護士
前学習院大学法科大学院法務研究科教授
前東京大学大学院法学政治学研究科非常勤講師
元東京高等裁判所部総括判事

改訂版　はしがき

　法曹会のご厚意で平成27年に「骨太　少年法講義」を発刊することができ、著者として大きな喜びと充実感を得ることができた。幸いにも、「面白い」などといった暖かいお言葉を賜ることがあるなど、多数の読者のご支持も得られた。そして、元号も平成から令和と変わり、本書を発刊して6年余を経過した。この間に、他の立法を契機として少年法の適用年齢の上限を18歳未満に引き下げるかなど、様々の事項に関して社会の注目を集めた令和3年法律第47号「少年法等の一部を改正する法律」が令和3年5月28日に公布され、令和4年4月1日から施行されるといった大きな変化も生じた。

　この改正法の内容は本書の中で必要な範囲内で紹介しているが、上記改正法で改正された法令は、①少年法、②更生保護法、③少年院法、④出入国管理及び難民認定法、⑤売春防止法、⑥少年の保護事件に係る補償に関する法律、⑦国際受刑者移送法、⑧刑事収容施設及び被収容者等の処遇に関する法律、⑨重大な犯罪を防止し、及びこれと戦う上での協力の強化に関する日本国政府とアメリカ合衆国政府との間の協定の実施に関する法律、⑩少年鑑別所法、⑪公職選挙法等の一部を改正する法律、⑫法務省設置法である。これらには少年法の改正に伴った形式的な改正にとどまる法律も含まれているが、様々な法律に及んでいる。このことは、主たる対象者が少年に限られているものの、少年法が基本法の1つとされていることを実感させ、少年法を学ぶ意義の重要性を改めて感得させるものといえよう。

　この度、法曹会から本書の改訂版を公刊してはどうかとのお誘いを受け、上記のような歳月の経過、少年法を巡る法制度等の変化を踏まえて、お誘いを有り難くお受けすることとし、改訂版を公刊することとした。

　改訂版は、初版の基本構成（初版の「はじめに」で、本書の狙い、構成等を確

認頂きたい）を維持し、その上で、上記改正法の内容を取り込み、初版発刊後の実務、学説の変化、新たな裁判例も踏まえて、必要な加筆・修正を行い、本書の一層の充実・アップデート化を図っている。裁判員裁判の実施によって、刑事全般にわたる、理論、実務の問い直し、新たな理論の構築、実践等が行われるなど大きな変化が生じた。上記令和3年の法改正の施行によって、裁判員裁判ほどではないにしても、少年法関連の理論、実務へ様々な影響が及んでいくものと思われる。引き続き、この改正を踏まえた思考の深化、実務の動向への注目が求められている。

　本書の説明も、上記の視点も踏まえ、より読みやすく、分かりやすいように筆者なりに工夫を重ね、順序・内容を改めたり（例えば、初版では注書にした事項でも、本文に組み込んで説明した方が分かりやすいと思った場合にはそのように変更した）、統計や裁判例を紹介したりしている。もっとも、統計は年々変わってしまうから、個々の数値そのものよりも運用の傾向を理解する手掛かりとしての位置付けが相応しいものと考えている。

　あらかじめお断りしておくと、筆者は、70歳を迎えたことから、本書の初版発刊後の平成29年（2017年）3月をもって「初版　はじめに」で言及した法科大学院の教授や非常勤講師の職を退き、学生に対して少年法の講義を直接行う機会も終了した。また、弁護士付添人として少年事件を受任する機会にも恵まれていないから、本書改訂版を発刊する理想的な執筆環境にはない。それでも、筆者なりのチャンネルを生かして実務等の動向に目配りし、本書の良質化・有益化に向けて尽力している。

　本書が引き続き読者の暖かいご支持を得られるよう祈念している。

　なお、上記令和3年の法改正も織り込んだ教科書としては、廣瀬健二『少年法』成文堂（2021年）等がある。

　最後に、改訂版の発刊全般にわたって、法曹会出版部次長の橋迫信宏さんには大変お世話になりました。厚く御礼申し上げます。

　　　令和4年　5月

　　　　　　　　　　　　　　　　　　　　　　　植村　立郎

初版　はじめに

1　筆者と少年法講義

　筆者は、平成 21 年から、ご縁があって、東京大学の法科大学院で「少年非行と法」というタイトルで少年法に関する講義等を担当するようになり、平成 23 年に裁判官を定年退官した後は、更に学習院大学の法科大学院でも同じタイトルで少年法に関する講義等を担当するようになって、現在に至っている。

　この間、裁判所職員総合研修所監修の『少年法実務講義案』（司法協会）（現在は再訂補訂版。筆者注　本書改訂版の現在は三訂補訂版）を教科書として用いてきた。同書は、大変良い内容の講義案であるが、監修者からも窺われるように、書記官、家庭裁判所調査官等の裁判所職員を主要な読者対象としているから、詳しすぎる説明、細かな事務手続の説明等、法科大学院の学生が学修するのにはふさわしいとは言い難い内容の部分も含まれている。また、説明の順序が手続の流れに沿って理解させるのを重視する筆者の考えと必ずしも一致してはいなかった。

　そのため、同書を踏まえて筆者なりに独自に作成した講義案に基づいて講義を行ってきた。そして、関連裁判例の紹介・検討も併せて行う必要があるところから、参考となると思われる事項を適宜要約付記した形の参考裁判例集も別途作って、講義の補助資料として活用してきた。

2　本書発刊の経緯

　上記のような経緯で、各年度の講義に備えて、筆者なりに講義案、参考裁判例集の改訂を行ってきたが、平成 26 年に少年法、少年院法、少年鑑別所法の改正があったことから、改めて全体を見直したい、そうであれば、上記講義案

等を基にして少年法講義の教科書を発刊してはどうかと考え始めていたところ、幸いにも「法曹会」によってその望みを叶えて頂けることとなった。

3　本書の特徴等

(1)　本書の特徴

本書の特徴としては、講義に併せて参考裁判例も参照できて、理論と実務を同時に理解できるようになっているところにあると考えている。参考裁判例について補足する。少年法に関しても、最高裁判例（米国連邦最高裁判例を含む）を始めとする関連裁判例が長年にわたって集積されてきている。筆者において、適宜選別して要約紹介したものである。

(2)　本書の狙い

本書の狙いについて付言する。本書は、法科大学院での講義の教科書としてだけでなく、少年事件を担当する弁護士や実務的な情報に必ずしも恵まれてはいない研究者等の執務資料としての役割も含めている。

ここでの弁護士像について補足する。少年法に関心の高い弁護士で少年事件を頻繁に担当している方はともかく、そうではない通常の弁護士にとっては、少年事件を担当する機会は限られていよう。少年事件が減少傾向にある現在ではなおさらである。しかも、大学や法科大学院で少年法を学ばなかった弁護士も多数含まれていよう（いわゆる予備試験組の弁護士も同様であろう）。また、少年法を学ぶ機会のあった弁護士でも、現に少年事件を担当する際は、講義等で得た少年法の知識も記憶が薄れていたり、その後の法改正に沿ったものとはなっていない可能性も多分にあり得る。そういった弁護士像を前提としている。

(3)　本書の特徴の補足と本書のタイトルの意義

以上の観点からすると、本書においては、少年法の細かな事項について多数の注付きで詳細に学説等を解説するのは必ずしも得策ではない、少年法の大筋を実務的な視点から比較的短時間できちんと理解するのに資する内容であることが望ましい、と考えた。

　　　四

　そこで、「少年法の大筋を比較的短時間できちんと理解するのに資する内容」の講義である趣旨を表すものとして、本書のタイトルを「骨太少年法講義」とし、文献や参照裁判例以外の判例等の引用も必要最小限度に止め、筆者なりの細かな説明が必要な点は、主に、「注」の中で行うこととした。そのため、ざっと読んで少年法を理解したい読者は、本文中心に読んで頂ければ十分その目的を達するものと考えている。

　なお、本文に括弧書きの形での説明を付加すると、付加部分が長くなって本文が読みづらくなることがあり得るところから、そういった付加的な説明も、「注」で行うことにしている。（また、法律の明示のない条文についてはその法律が何であるかは、前後の文脈で明らかとなっているはずであるが、原則的には少年法の条文である）

　そして、本書の構成は、学修導入部と本編との2部構成とし、章の冒頭に、必要に応じて学修のポイントも掲げて当該章における学修課題を明確にするなどして、本書全体で少年法の学修が効率的に行えるように工夫した。

　また、関係箇所でそれぞれに必要な説明をした関係で、重複的な説明となっている所もあるが、それだけよく理解してもらいたい内容であると理解されたい。

　そして、意欲のある人は、上記『少年法実務講義案』、田宮裕・廣瀬健二編『注釈少年法【第3版】』（有斐閣。筆者注　本書改訂版の現在は第4版）等に加えて、本年9月には川出敏裕教授の『少年法』（有斐閣）が発刊されたので、併せて参照されたい。

　本書の発刊全般にわたって、法曹会出版部編集課の稲葉唯さんに大変お世話になりました。厚く御礼申し上げます。

　　　平成27年11月

　　　　　　　　　　　　　　　　　　　　　　　　　植村　立郎

目　次

本編

資料編

導　入　編

少年法の骨格を理解するのが
少年法学修のグッドスタート
となる！

第1章　序章

┌─学修のポイント─
1　少年法の骨格をきちんとしっかり理解すること。

2　刑法、刑訴法と対比しつつ少年法をきちんとしっかり理解すること。

3　少年法の学修を通して法曹としての基本的な実力を蓄えること。

1　はじめに

(1)　少年法を学修する副次的メリット

少年★1) 法を学修すれば少年法の理解が深まる、ということは、ある意味当たり前のことである。しかし、少年法を学修すると、それにとどまらないメリットがある。すなわち、少年法は、実体法の部分と手続法の部分とからなる複合的な法律である。その意味で、実体法と手続法とに繋がる、いわゆる学際的な色彩を帯びた法律であるということができる。そのため、その学修に当たっては、少年法を、それ自体として学修することはもとより、刑事に関する実体法と手続法の各基本法である刑法や刑訴法と対比しつつ、少年法においてはどこがどのように変わっているかなどと、比較法的な学修手法を併用することによって、一層適切な理解を得ることが可能となろう。

そうであるから、少年法に対する学修が深まると、同時に、刑法や刑訴法に対する理解も深まっていて、複合的な学修効果が上がっているはずである。

このように少年法の理解は、刑事法全般の理解を深めるのにも有益である。この点が、少年法を学修する副次的なメリットといえよう。

1)　少年、少女というように両性を区別して呼ぶのが日常用語である。しかし、少年法は、2条1項からも明らかなとおり、男女を含めた意味で「少年」と定義している。

若干の違和感がないわけではないが、一種の慣れによってこの違和感は克服されよう。

また、令和3年の法改正までは、少年法は主たる対象者を未成年者に限っていたが、適用年齢の引き下げを行わなかった同改正後は、主たる対象者に成人も一部＝（従前の年長少年）取り込んだ形の法律となっている。逆に、それまであった法2条1項中の成人の定義規定が削除されている。

(2) 少年法を学修する姿勢

ア 要約・発信能力を向上させる

上記のように比較法的視点から少年法を学修し、法曹としての基盤となる実力を涵養できるようにしよう。具体的には、法曹としては事実認定能力の涵養も重要であるが、学生としてはまずは法的思考能力を涵養することが重要である。この点に関しては、拙稿「事実認定能力、法的思考能力と、それらの伸ばし方」拙著『骨太 実務現代刑事法（上）』（2021年、法曹会。以下「拙著①上」という）3頁を参照願いたい。

補足すると、法科大学院が発足後、学生を対象とした法的情報が一段と広範・大量に発信されるようになっている。そのため、情報を収集すること自体は重要なことであるが、これらの情報を網羅的に得ようとすると、物理的な困難を伴うだけでなく、情報の広範・大量性が災いして、情報の消化不良に陥りかねない。これらの弊害を回避するには、情報を自覚的に選択して収集し、効率よく咀嚼することが肝要となる。それでは、こういった情報の選択・収集能力はどういうものかと考えてみると、抽象的な形では分かりにくい。

そこで、情報を要約できる要約能力を介在させて理解してみよう。例えば、相手の言っていることが分かるということは、相手の言っていることを要約できることである。こういったことが自然とできるようになるには、情報を咀嚼する必要がある。→そのためには、必然的に自分の法律的知識・経験を広めていくことが必要となる。→そういったことが蓄積されてくると、自ずと要約能力も高まっていく。→こういった要約能力を媒介させて自分の情報の選択・収集能力の向上の度合いを知ることができよう。

そして、情報は、吸収しただけでは活用されたことにはならない。自分なり

に咀嚼して再構成し、外に向けて発信して初めて、真に活用されたことになる。→情報を活用するには、この発信能力も向上させなければならない。同時に、この発信能力は法曹に不可欠な口頭弁論能力を高めることにもなるのである。

イ　自分の将来への課題・宿題の蓄積

学修中は分からないことだらけである。分からないというのは、知識不足で分からないことは勿論あり、そのため、逆にいえば、学修の成果として分かってくることもある。しかし、そうはならない疑問があるだけでなく、知識が増えてきたことで、それまでは当然と考えてきていた定義等について疑問が生じてくるといった、学修の結果かえって分からなくなることもある。これらはいずれも自然なことであるが、こういった、すぐには分からないことがいろいろと出てきたら、簡単に自分なりの結論を出してしまうのではなく、将来の自分への課題・宿題として頭の片隅に残しておこう。→法曹としてのキャリアを積み、10 年、20 年といった長い歳月を経て、それまで分からなかったことが、なるほどと、突如として、自分なりに理解できることがある。筆者は段階的成長論（段階的成長論については、拙著①上 14 頁参照）を唱えているが、こういったこともその一場面といえよう。

しかし、何の手掛かりもなく、そういった理解が突如として生まれてくるものではない。これらの課題・宿題が、いわば伏流水のように自分の中を常に流れている状況において、それまで獲得した情報が総合されて、時機を得てそういった理解が生み出されてくるのである。

(3)　ガイダンス的な説明の補足

ア　文章の書き方

文章の書き方についても述べておこう。文章は、短文を目指すのが肝要である。できるだけ主語を文頭に持っていき、主語と述語を対応させ、AはBである、という趣旨を明確にする必要がある。しかし、このことも、書くべきことを良く理解できていて初めて可能となることである、といった指摘もあるから、書くべきことへの理解を深めることも、並行して実践される必要がある。

理解不足の事柄を書くと、例えば、Aは〜のところ、Bの点が重要で、〜Cについて論じ、結局はDはEである。などといった文になりかねない。思考は流れていくから、考えとしては自然な面はあるが、文章としては成り立っていないのである。こういった弊に陥らないようにする必要がある。

　イ　テクニカルタームのきちんとしっかりした理解等

　例えば、「客観的併合」・「主観的併合」、「要保護性」、「ぐ犯事由」、「ぐ犯性」等（これらの用語の意義は後に関係箇所で必要に応じて説明する）のように、少年法に限らず関連したテクニカルタームは、きちんとしっかり理解して活用する必要がある。不正確な理解に基づいて用語を使用すると、適切な立論はできないからである。

　そして、基本的な語彙を誤記しないことも肝要である。基本的な語彙の誤記の典型例は「更正」（←「更生」。この誤記は法曹の文章にも散見されるから、まさに要注意）。

　そして、枝番の条文がきちんと書けるよう（例えば、〜条の○第○項）、自分で必ず正確に書いて覚えよう。

2　少年法とは

(1)　法としての特徴

　対象者の年齢に着目して、実体法的にも、手続法的にも、成人★2)に対する一般的な取扱とは異なる取扱を行うことを定めている。

　例えば、刑法は、年齢に関しては、41条で、刑事の責任年齢を14歳とし、14歳未満の者の行為を不可罰としているが、それ以外には、特別の取扱を原則として許容していない★3)。

　他方、少年法は、2条1項（令和3年の法改正で本項が改正されたことは既に説明した）、3条1項1号、2号からして、20歳未満という年齢的特徴に着目して、より広範囲に多様に（実体法的にも、また、刑訴法との対比で明らかなように手続法的にも）、一般とは異なる取扱を行うことを可能としていることが、その特徴といえよう。

　少年の年齢定義に関して補足する。これまでは少年＝20歳未満＝未成年であって、触法少年、ぐ犯少年も対象者に含まれているから、少年法の対象者と未成年者とは一致していた。しかし、令和3年の法改正で、18歳〜19歳という成年者も少年に取り込まれることになったから、少年＝未成年者との理解はできなくなり、少年＝未成年者＋若年成年者（若年青年）といった理解に変化したといえよう。そのため、少年の範囲が20歳未満とされているのは、それまでの法制度による歴史的な経緯を踏まえたもの、といった理解を超えた独自の意義は乏しくなっている。

　他方、若年者、青年といったことに着目すれば、20歳以上のより幅広い年齢層（例えば、我が国では、22歳までは学生といった類型的な把握に馴染む生活状況の者も相当数存在している）をも少年に取り込む可能性も生じたともみられる。特に令和3年の法改正で、「特定少年の特例」といった形で未成年者ではない少年に関する立法がされたから、その特定少年に上記の者も取り込むなどすれば、新たな制度設計も容易なような立法様式となっている。今後の法運営がどの方向に進んでいくのか注目していく必要がある。

　　2）　令和3年の法改正を踏まえて、本書では、特に断らない限り20歳以上の者を「成人」と表記している。
　　3）　関連する例外的な取扱の規定としては、例えば、老齢者に対する刑の執行停止の可能性を定めた刑訴法482条2号がある。

（2）　旧少年法との対比

　このような法制度的な特徴を過去に遡ってみてみると、対象者の年齢的特徴に着目した、一般とは異なる取扱を行う歴史の長いことが分かる。少年法に関しては、大正11年（1922年）に、当時としては、画期的な法律といわれる旧少年法が制定され、翌年に施行された。そこで、現行少年法との対比を念頭に置いて注目点を紹介する。

　①担当機関が裁判所ではなく、司法省下の行政機関（＝少年審判所）であった（17条）。もっとも、裁判官等も加わった準司法的組織としての性格付けがされていた（21条）。

②少年を 18 歳未満の者とし（1 条）、保護処分の対象者を「刑罰法令に触れる行為を為し」た少年と「刑罰法令に触れる行為を為す虞のある少年」とした（4 条。表現は筆者が適宜改めた）。

他方、16 歳以上の犯罪少年等の一定の範囲の少年に対しては、検察官先議主義（検察官が起訴するか否かを判断し、起訴しないものの中から少年審判所に送致するという制度）が採られた（27 条）。

③保護処分が多様で、矯正院等送致、保護観察、訓誡、書面誓約、保護者引渡し等の 9 種類の保護処分を設けた（4 条、48 条～ 54 条）。

(3) 旧少年法と対比した現行少年法の特徴

昭和 23 年に旧少年法が全面改正され、昭和 24 年 1 月 1 日から施行された（ただし、対象年齢を 20 歳未満とする点の施行は 2 年遅れの昭和 26 年 1 月 1 日）のが、現行少年法である。

旧少年法との対比を念頭に置いて注目点を紹介する。

①担当機関として家庭裁判所という司法機関（＝地方裁判所と同格）が新設された。

この点が最大の改正点であったといえよう。

②対象者を 20 歳未満にまで拡大した（2 条 1 項）。もっとも、既に説明したように、令和 3 年の法改正で、少年に含まれているとはいえ、18 歳～ 19 歳の者が特定少年として他の少年とは異なる特例的な取扱いも受けることとされたから、その限度では旧少年法に近付いたともいえる。

③全件送致★4) 主義が採用され（41 条、42 条 1 項）、旧少年法にあった上記検察官先議の制度は廃止された。

少年事件処理の判断者に関する大きな改正であったといえる。もっとも、この検察官先議の関係では、昭和 41 年に、法務省から、青年層構想等の形で法改正の提案がなされたが、反対も強く、立法化はされずに終わっている。

4) この場合の「送致」とは、既にいずれかの機関に存在している事件を家庭裁判所の係属に移すことを意味する。

④保護処分を3種類に限定した（24条1項）。

この点は、保護処分を合理化するという適正な面があった。しかし、少年の要保護性の多様性を前提とすると、3種類だけの保護処分で対応するのでは自ずと限界のある形であるといえる。この限界の存在が、昭和41年の上記法改正の動きに関連した保護処分の運用の改善策としての保護処分の多様化、弾力化といった流れを生む要因になったともいえよう。

⑤旧少年法にはなかった不服申立制度である抗告制度が新設された(32条)。

この点は、上記のような担当機関の差異によるところも大きいであろうが、新旧両少年法における保護処分に対する位置付けの違いの反映との理解が可能である。すなわち、保護処分を少年に対する利益処分と位置付ければ、不服申立制度を設けるのは論理矛盾ということになろう。他方、保護処分にも少年に対する不利益処分性があると位置付ければ、不服申立制度を設ける合理性、必然性があるといえる。そして、不服申立制度を設けることは、少年の当事者としての権利意識の高まり、といったことにも沿うものといえよう★5)。

そして、審判が検察官という訴追官不在の構成を原則形としていて（規則28条、法22条の2、規則30条の6）、その最もシンプルな形態が裁判官と少年だけのものであることからしても、抗告申立権者が少年側に限定されていることは自然なことといえ（法32条）、現行少年法の特徴となっている。

もっとも、裁判の健全さは当事者双方から不服申立が可能な状態にあることによって保たれるとする筆者のような考えからすれば、不服申立権者が少年側に限られているのは変則形ということになる。換言すれば、少年事件における抗告制度は、少年処遇判断の専門機関である家庭裁判所の判断の適正さへの制度的な信頼に支えられているものといえる。

5) 現行少年法で抗告制度が設けられた経緯については、拙著『少年事件の実務と法理』（判例タイムズ社、2010年。以下「拙著②」という）80頁も参照。

⑥家庭裁判所調査官制度、少年鑑別所が新設された。

i 家庭裁判所調査官は、心理学、教育学、社会学、精神医学等の知識や技

法を用いて、科学的、専門的見地から、当該事件に関する事実関係などの事実調査を行い、少年、保護者等の関係者に対して必要に応じて教育的、調整的措置を行える裁判所職員である。物的、人的な整備が図られて人格調査が一層充実され、科学的な調査など調査技法も改善・進歩している。

もっとも、旧少年法でも少年に対する人格調査は行われていた。そして、旧少年法時代の少年保護司が昭和 25 年 5 月に少年調査官と、次いで、昭和 29 年 6 月に家庭裁判所調査官と、順次改称されてきたことからも、家庭裁判所調査官制度に関する、旧少年法との制度的な連続性が窺われるのである。

ⅱ　少年鑑別所は、専門の技官が配置され、心理検査、行動観察等を行って少年の資質鑑別・心身鑑別を行う、科学的調査を担う重要な機関である。鑑別については、「鑑別対象者について、その非行又は犯罪に影響を及ぼした資質上及び環境上問題となる事情を明らかにした上、その事情の改善に寄与するため、その者の処遇に資する適切な指針を示すものとする」と定められている（少年鑑別所法 16 条 1 項）。

このように少年の資質上、環境上の問題事情等の上記諸点を明らかにする鑑別という、少年の処遇判断にとって重要な事柄が、担当者の主観だけに頼らず科学的なデータに基づいて行えるようになっていることの意義は大きいのである。

⑦現行少年法立法後に消失した特徴としては、少年の福祉を害する成人の刑事事件を家庭裁判所が管轄することである。

補足すると、立法時には、上記事件は家庭裁判所の管轄とされていたが、平成 20 年の法改正で、家庭裁判所はこの種事件の管轄裁判所ではなくなった。そのため、上記事件を家庭裁判所が管轄しているという点は、現行少年法の特徴ではなくなった。

この変化は、家庭裁判所について、少年の事件だけを審理するという少年裁判所としての性格付けを純化させたものといえる★6)。

6)　本文で紹介の平成 20 年の法改正の前に、筆者が上記法改正で削除された少年法 37 条を削除すべきものと指摘していたことについては、拙著②383 頁の「少年法 37 条の削除について」を参照願いたい。

（4）　対象が少年であることによる少年法の特徴

　少年法が対象者とする少年は、その属性として、肉体的にも精神的にも成長途上にあるから、少年事件を処理するに当たっては、対象者が日時の経過に伴って変化していく存在であることが常に留意されているべきである。

　ここからいくつかのことが導かれる。

ア　手続の迅速性の要請

　年少少年★7）であっても月日が経てば成人してしまうから、上記要請が少年事件のバックグラウンドに常にあるといえる。例えば、極めて例外的な事態だが、拙著②166頁で紹介している大阪高決昭和57年7月12日家月35巻5号136頁の原審は、審理に3年8か月、29回の審判期日を要している。しかし、一般論として言えば、審理にこういった長期間を要することになる運用は避けるべきことが、少年法からは要請されているといえる。

　　7）　少年については、これまで、年齢に応じて3段階に分類するのが一般的であった。すなわち、①年少少年（＝14〜15歳）、②中間少年（＝16〜17歳）、③年長少年（＝18〜19歳）の3分類である。しかし、令和3年の法改正によって、③の年長少年は特定少年という新たな類型に分類されるから、この3分類が維持されていくのか、年少少年はともかく、中間少年といった名称が維持されていくのかも注目していく必要がある。

イ　対象者の未熟さ、可塑性の高さ

　この点は、少年処遇の難しさ、醍醐味等まさに少年法の根幹となる事柄を包含した事項であって、ⅰ流動性のある対処（人格の変革を求める処分）の有効性を、同時に、ⅱ少年に対する対処としては、時機・手段の選択の重要性を、他方、ⅲ固定的・類型的な対処の非有効性を、それぞれ示しているといえる。

　例えば、社会調査の手段としての家庭訪問・学校照会等の実施といった日常的な事柄に関しても、実施の要否・実施の時機などについてすら、当該事案に応じた慎重な判断が必要であって、固定的・類型的な判断は不適切なのである。

ウ　要保護性に関する予測・見立てに基づく判断の不可避さ

　完全な情報収集を終えてから要保護性を判断しようとすると、ある程度の日

時を要することになって、少年に対する適正な処理との観点からは時機を失することがある。そのため、上記のような予測・見立てが前提となってくることは、その程度を措けば、不可避となる。しかし、だからといっていい加減な判断が行われて良いことにならないことは当然のことである。当該判断の基礎となる情報収集の重要性、そのための検査と観察（＝少年鑑別所における行動観察、調査官による試験観察）の重要性が指摘されなければならない。

（5）　少年法と刑法、刑訴法との対比

ア　対比の手法

対象を抽象化して、対比に適した事項を特定する。←目的条項（当該法律の1条として存在する場合がある）が有益な手掛かりとなる。

刑法は、法律として古く、目的条項はないが、適正手続を保障した憲法31条に則った罪刑法定主義の実体法的実現であると理解することが出来よう。

刑訴法は、同法1条によって、①事案の真相を明らかにし、②刑罰法令を適正・迅速に適用実現する←その制約原理として③公共の福祉の維持と④個人の基本的人権の保障を全うすることがある、と理解することが出来る。

少年法は、同法1条によって、①非行少年に対する保護処分、②少年の刑事事件について特別な措置を講じることがある、と理解することが出来る★8)。

> 8)　既に説明している平成20年の法改正によって、1条の中にあった「少年の福祉を害する成人の刑事事件について特別の措置を講ずる」との点は削除されたから、この点は現行少年法の目的ではなくなっている。

イ　規定内容＝刑法との関係

a　対象者の違い

刑法＝満14歳以上の者（刑法41条★9)）。←→少年法＝20歳未満の者（2条1項）★10)。

> 9)　法令用語はきちんと意義付けされているから、「以上」、「以下」、「未満」などの意義をしっかり理解しよう。
> 10)　しかし、例外的に20歳以上の者に対しても適用されることがある（例えば、法

26 条の 4 第 2 項)。

　　他方、14 歳に満たない触法少年、ぐ犯少年については、いわゆる児童福祉機関等による先議制度が取られている（法 3 条 2 項）から、これらの機関からの送致がないと、家庭裁判所の審判の対象とはなってこない。この点で、年齢的な制約がある。

　　b　規定対象の違い

　刑法（実体法）＝犯罪と刑罰←→少年法＝非行（3 条 1 項）と保護処分（24 条 1 項）。なお、51 条以下に刑の緩和に関する規定がある（特定少年の特例については、67 条 4 項、5 項）。

　　c　刑法と少年法の架け橋

　①　少年事件から刑事事件へ→ 20 条送致（同条 1 項）、原則逆送制度（同条 2 項本文）、特定少年の特例（62 条、63 条）、年齢超過（19 条 2 項）。

　②　刑事事件から少年事件へ→ 55 条移送。

　このように少年法の手続と刑事事件の手続とは、相互に完全に独立した存在としてあるのではなく、部分的とはいえ相互に関連性を有する存在である。

　このことは、一面、危険な側面でもある。家庭裁判所と刑事裁判所との見解が対立すると、事件が家庭裁判所と刑事裁判所とを往復することになりかねないからである。ここでも、少年法は、少年処遇判断の専門機関としての家庭裁判所に対して大きな信頼を寄せている、換言すれば、刑事裁判所が家庭裁判所の判断を尊重することが当然の前提となっているといえよう。

　　d　処遇の多様化

　刑法（＝部分執行猶予制度《刑法 27 条の 2》等）←→少年法（＝上記の処遇の多様化）。

少年法と刑法の対比 （これまでの説明のまとめ）

	少年法	刑法
目的条項	1条	なし （憲法 31 条に則った罪刑法定主義の実体法的実現）
対象者	20 歳未満の者 （2 条 1 項）	満 14 歳以上の者 （41 条）
規定対象	非行（3 条 1 項） 保護処分（24 条 1 項）	犯罪と刑罰
送致	20 条送致（20 条 1 項） 原則逆送制度（20 条 2 項本文） 特定少年の特例（62 条、63 条） 年齢超過（19 条 2 項）	
移送		少年法 55 条移送
処遇	処遇の多様化	部分執行猶予制度等 （27 条の 2）

ウ　規定内容＝刑訴法との関係

a　規定対象の違い

刑訴法（手続法＝犯罪の発見・捜査～刑罰の決定手続～執行手続）←→少年法（＝実体法・手続法）

b　手続の基本構造

刑訴法（＝当事者主義★11)、適正手続）←→少年法（＝職権主義★12)、非形式主義★13)）。

少年法は、少なくとも原則形態としては、非行事実が争われることを想定した審判構造とはなっていない。→否認事件の審判としては運営しにくい構造となっている。例えば、①身柄拘束期間の制限（17 条 4 項本文）、②検察官の原則的不在がある。→①②に関連する法改正★14) を促したともいえる。

11)　裁判員裁判の実施と関連して「当事者追行主義」が強調されている。

12)　例えば、関与者に証拠調請求権がない（＝法 14 条 2 項、規則 19 条、29 条の 3）。

13)　もっとも、少年法の運用が進み、適正手続への歩み寄りが見られる。参考裁判例として紹介したゴールト判決等のアメリカ最高裁例の影響が指摘できる。また、

少年審判の非公開性、非形式性が適正手続への阻害要因となるおそれを克服する必要もある。

14)　①観護措置期間の延長可能（17 条 4 項ただし書＝必要な審判期間の確保）、②検察官関与制度の新設（22 条の 2 ＝多角的視点の確保、裁判官と少年側との対峙状況の回避）。

c　裁判所への事件係属の態様

i　態様の相違

刑訴法　原則的に、検察官の起訴という単線的な事件係属★15)　←少年法　様々なルートから事件係属。訴追官はいない（全件送致は、検察官が当該事件の訴追を求めているわけではない）。

ii　係属への裁量性の有無

刑訴法　起訴便宜主義（刑訴法 248 条。裁量性あり）←少年法（＝上記全件送致主義★16)。裁量性なし）。

15)　この例外については、刑事訴訟法の講義で学修するが、準起訴手続（＝刑訴法 262 条以下）と、検察審査会の起訴議決に基づく起訴（＝検察審査会法 41 条の 6 以下）とがある。

16)　しかし、家庭裁判所も限られた人的資源を効率的・重点的に活用する必要があるから、事件負担を軽減し、重点的な審判を実現すべき制度的な手当てとして、①送致手続としての簡易送致、②終局決定としての不開始決定、不処分決定の存在が挙げられる。そして、①②自体については、後に、該当箇所で説明する。

d　判断主体

刑訴法（＝単独裁判官制・合議制の併用、裁判員裁判）←→少年法（＝原則・単独裁判官制→近時の法改正で裁定合議制度の導入《裁判所法 31 条の 4 第 2 項本文、1 号★17)》）。

17)　誤解されることもあるから念のために付言すると、例えば、規則 3 条 1 項、2 項、25 条、29 条等に「裁判長」とあるのは、単独裁判官担当事件の場合には当然のこととして、「裁判官」と読み替えることになる。

e　判断手法

刑訴法（①公訴事実《訴因》を証拠で判断、②予断排除の原則・伝聞法則の採用、③公開の法廷《憲法 37 条 1 項》）←→少年法（①非行事実と要保護性[18]を証拠で判断、②予断排除の原則・伝聞法則の適用なし[19]、③審判非公開《22 条 2 項》[20]）。

18) 立法当初は、要保護性のみが判断対象であるとの見解が有力であったとされるのは、国親（＝くにおや。パレンス・パトリエ）思想からは了解できることであろう。

19) 刑事裁判のように審判で取り調べられた証拠のみを事実認定の根拠とするといった手続構造とは異なり、検察官や警察からの送致においては、送致と同時に一件記録が家庭裁判所に送られてくるし、少年事件全体としても審判不開始で終了する事件もあるから、裁判官が証拠を事前点検することが前提とされており、予断排除の原則・伝聞法則の適用のないことは明らかである。

20) 旧少年法も同じ（45 条本文）。もっとも、少年事件でも、非公開の原則の例外が全くないわけではない。主観的併合、交通事件の集団審判がある。また、近時の法改正で導入された被害者の傍聴制度（22 条の 4）もある。

f　不服申立制度

刑訴法（当事者双方《刑訴法 351 条》）←→少年法（上記のとおり少年側だけ《32条》。検察官は抗告受理の申立《32 条の 4》）。

g　その他

刑訴法と少年法とでは、手続という面に限定してみても、細かく挙げれば様々な違いがある。その一部を例示する。

犯罪の発見の場面も、少年法では、少年の発見・通告（6 条 1 項）、家庭裁判所調査官の報告（7 条 1 項）といった制度がある。

捜査の場面では、刑訴法では取り扱わない触法少年等に関する特則（6 条の 2 〜 6 条の 7）がある。

審理の資料に関しても、少年法では、①家庭裁判所調査官の存在（＝要保護性の調査）、②試験観察制度（補導委託）といった特徴がある。他方、刑事訴訟では、宣告猶予制度が論じられてはいても、いまだ立法化は図られていない。

処遇への関与に関しては、少年法では、執行機関への処遇勧告（規則 38 条 2 項）、環境調整（24 条 2 項）といった制度がある。

少年法と刑訴法の対比 （これまでの説明のまとめ）

	少年法	刑訴法
目的条項	1条	1条
規定対象	実体法・手続法	手続法
手続	職権主義 非形式主義	当事者主義 適正主義
事件係属	様々なルート （訴追官なし）	原則は検察官の起訴
裁量性	なし （全件送致主義）	あり（248条） （起訴便宜主義）
判断主体	単独裁判官制 裁定合議制度を導入	単独裁判官制 合議制の併用 裁判員裁判
判断手法	非行事実と要保護性を証拠で判断 審判非公開	公訴事実を証拠で判断 予断排除の原則・伝聞法則 公開の法廷
不服申立制度	少年側のみ 検察官は抗告受理の申立	当事者双方

エ　少年法の条文の少なさとそれへの対処

　刑訴法は500条を超える条文があり、刑法でも260条を超える条文がある。

　これに対して、少年法は、削除された条文もあるので、枝番の条文を全部数えても100条弱の条文しかない[21]。そのため、実体法、手続法双方を単独法として規定することは物理的に不可能である。結局、刑事分野の基本法である刑法、刑訴法に基本的に準拠しつつ（40条）、少年の刑事事件の特則を定める（第3章　41条以下、特定少年の特例につき、第5章第2節　67条）といった立法形式が採られているのも、了解できよう。

　そして、規定の少なさを補う運用の重要度が相対的に高くなるのが自然な帰結ということになる。こういったことが、少年法に関しては実務を踏まえないと議論しにくいところがあり得ることの背景にあるといえよう。

21)　しかも、その中には実務例の乏しい条文（＝実務的には意義の乏しい条文ということになる）も含まれているから、条文の少なさがより実質的な意義を持つことになる。

第2章　近時の主要な法改正

1　法改正の内容把握の重要性

少年法は、上記のとおり青年層構想関連の法改正が不首尾に終わった後、法改正が長期間行われないままであった。しかし、平成12年（2000年）以降には、重要な法改正が次々と行われるようになった。勿論、これらの改正はその都度、現行少年法の内容となっているから、これらの法改正の経緯を知っておくことは、ある意味、歴史的な知識に過ぎなくなっているが、新たに設けられた制度の趣旨を正しく理解するためにはなお有益である★22)。

22)　少年法制定の経緯やその後の法改正の動き等については、松尾浩也・①「少年法──戦後60年の推移」家月61巻1号87頁、酒巻匡「少年法改正の動向と実務への期待」家月65巻8号1頁、坂野剛崇「少年非行をめぐる現状と課題」論究ジュリスト8号144頁、佐伯仁志＝川出敏裕ほか座談会「少年非行」論究ジュリスト同号155頁等参照。
　　また、家庭裁判所に対する筆者の考えについては、少し古くなったが拙著②第2編第1章「抗告審から見た少年事件の現状と課題」21頁以下を参照願いたい。

2　平成12年改正（同年12月6日。平成13年4月1日施行）の主要内容

(1)　改正のポイント

改正のポイントは、①少年事件における事実認定の適正化を図ること、②少年に対する処分等の見直しを行うこと、③被害者に対する配慮の充実を図ること、の3点である。

事実認定を始め、少年事件を巡る視点の変化を感じさせる改正であったといえる。

(2)　事実認定の適正化

事実認定の適正化に関する改正は、①裁定合議制度の導入（裁判所法31条の4第2項）、②検察官関与制度（法22条の2）、それに伴う弁護士である付添人の関与制度（22条の3第1項、3項、4項）の各導入（2項に関しては、後記平成19年改正の説明参照）、③観護措置期間の延長（17条4項）、観護措置決定・同更新決定に対する異議申立制度（17条の2）の導入、④抗告受理の申立制度の導入（32条の4）、⑤保護処分取消制度の整備（27条の2）である。

これらの改正内容を見れば、事実認定に関して重要な変化のあったことが看取できよう。少年事件の処理において、事実認定の重要性が法的裏付けを伴ってより強く肯定されたものといえよう。

(3)　少年に対する処分等の見直し

少年に対する処分等の見直しに関する改正は、①審判の方式の見直し（22条1項、規則19条の3、29条の2、29条の3、29条の5、30条）、②保護者に対する措置（法25条の2）、③刑事処分可能年齢の引き下げ（20条1項★23）、56条3項）、④重大犯罪を犯した少年に対する処分の在り方の見直し（20条2項、51条2項《無期刑による処断が可能となった。》、58条2項《仮釈放期間の見直し》）である。

23)　現行の条文では分からないが、16歳未満の少年の事件を逆送不可としていた同項ただし書の削除により、刑事責任年齢と逆送可能年齢の下限とが一致することになったのである。

(4)　被害者に対する配慮の充実

被害者に対する配慮の充実に関する改正は、①被害者等（この定義は5条の2第1項中にある）による記録の閲覧・謄写制度の整備（5条の2）、②被害者等の申出による意見の聴取制度の導入（9条の2）、③被害者等に対する通知制度の導入（31条の2）である。

3　平成 16 年改正の主要内容

(1)　改正のポイント

刑訴法における被疑者の国選弁護人制度の整備等に伴って、「刑事訴訟法等の一部を改正する法律」によって、関連する一部の制度が新設された。

(2)　被疑者国選弁護人関連の制度の新設

関連する規定としては、①被疑者国選弁護人の選任に関する規定の適用（45条7号、45条の2[24]）、②被疑者国選弁護人選任の失効（42条2項[25]）、③訴訟費用の負担に関する規定の整備（45条の3[26]）である。

24)　対象は、観護措置がとられている事件が逆送されて当該観護措置が勾留とみなされる場合（いわゆる「みなし勾留」の場合）である。

25)　対象は、被疑者国選弁護人が選任されている事件が家庭裁判所に送致された場合である。

26)　被疑者国選弁護人が選任されている事件に対する終局決定（不開始決定を除く）である。

4　平成 19 年改正（同年6月1日。同年11月1日施行）の主要内容

(1)　改正のポイント

触法少年に対する調査及び国選付添人に関する規定の整備等が行われた。

適正手続が確保された審判手続を介して、少年に対して保護処分を科すと同時にその執行を着実に実施しようとの視点が看取される。

(2)　改正の内容

①触法少年に対する調査手続の整備（6条の2以下。「触法調査」といわれる）、②おおむね12歳以上14歳未満少年に対する少年院送致手続の整備（24条1項ただし書、当時の少年院法2条2項、5項[27]）、③保護観察の遵守事項の非遵守に対する措置等に関する整備（法26条の4、更生保護法67条）、④職権国選付添人制度の新設（法22条の3第2項）である。

関連して犯罪者予防更生法と執行猶予者保護観察法を統合整理するなどした

更生保護法が成立した（平成19年12月1日。平成20年6月1日施行）。少年法との関連では、上記に加えて、①一般遵守事項（更生保護法50条）と特別遵守事項（同法51条～53条）に関する整理（50条～52条は令和3年改正で更に改正されている）、②生活行動指針の新設（更生保護法56条）、③被害者等からの意見聴取等の制度の導入（同法42条、38条、65条）である。

27)　初等・医療少年院の下限が「おおむね12歳」とされた。平成26年改正少年院法4条1号、3号にも同趣旨の定めがある。

5　平成20年改正（同年6月18日。同年12月15日施行）の主要内容

(1)　改正のポイント

犯罪被害者等の権利利益の一層の保護等を図るものである。また、成人の刑事事件を家庭裁判所の管轄から除外することによって、家庭裁判所の少年事件を担当する裁判所としての純化が図られた。

(2)　改正の内容

ア　犯罪被害者等の権利利益の一層の保護等

①被害者等による記録の閲覧・謄写の範囲の拡大★28)、②被害者等の申出による意見聴取対象者の拡大（9条の2★29)）、③重大事件の被害者等による審判傍聴制度の新設（22条の4、22条の5）、④被害者等に対する審判状況の説明制度の創設（22条の6）である。

③は、審判非公開の原則に対する例外であって、審判制度の変質を迫る存在となる可能性を帯びている。④も審判非公開の原則に対する例外と位置付けることができよう。

28)　法5条の2による閲覧・謄写の対象が「非行事実に係る部分」とのそれまでの限定がなくなって、家庭裁判所が保管する保護事件記録全体（ただし、少年調査記録《「社会記録」と呼ばれる》は除外されている）に拡大された。

29)　「被害者の心身に重大な故障がある場合における配偶者、直系の親族若しくは兄弟姉妹」まで拡大された。

イ　家庭裁判所の少年事件担当裁判所としての純化

法37条、38条を削除し、その結果として、成人の刑事事件の管轄裁判所を、地方裁判所、簡易裁判所の2類型の裁判所に限定した。反面、家庭裁判所は、刑事裁判を担当することはなくなったから、少年事件担当裁判所としての純化が図られることとなった。

なお、この点に関連した筆者の考えについては、前記注6を参照願いたい。

6　平成26年改正（同年5月8日。同年6月18日各施行）の主要内容

(1)　改正のポイント★30)

①国選付添人制度、検察官関与制度の対象事件の拡大（平成26年6月18日施行）、②少年の刑事事件に関する処分の規定の見直し（同年5月8日施行）である。

審判手続をより適正なものとすると同時に、少年の処分の適正化等を図るものといえよう。

30)　同改正に関しては、中村功一＝櫛清隆「少年法の一部を改正する法律について」曹時66巻8号39頁、各種の特集（論究ジュリスト37号92頁等）等参照。

(2)　改正の内容

ア　家庭裁判所の裁量による国選付添人制度、検察官関与制度の対象事件の拡大

いずれも対象事件が「死刑又は無期若しくは長期3年を超える懲役若しくは禁錮に当たる罪」の事件にまで拡大され（22条の2、22条の3）、刑訴法における被疑者国選弁護人選任対象事件（当時の同法37条の2）、必要弁護事件（同法289条1項）の範囲と等しくなった。

その結果、被疑者国選弁護人に選任されていた弁護士が、当該事件の少年が家庭裁判所に送致された後に国選付添人となり得る範囲に、それまであった差異がなくなった。刑訴法と少年法との手続の関連性がより高まったといえる。もっとも、平成28年の法改正で刑訴法37条の2第1項が改正されて、被疑者

国選弁護人の選任に関しては法定刑による制限が削除されたから、その施行後は、上記範囲は異なっている。

　イ　少年の刑事事件に関する処分の規定の見直し[31]

　①不定期刑について、処断刑が「有期の懲役又は禁錮」とされ（52条1項）、長期と短期の上限がそれぞれ15年と10年に引き上げられ（同項後段）、長期と短期の差について、「長期の2分の1」を下回らないなどの制限が設けられ（同項前段・新設）、処断刑の下限を下回り得るという不定期刑の短期に関する特則が設けられた（同条2項前段・新設）こと、②無期刑の緩和刑について、有期刑の上限が20年に引き上げられ（51条2項）、仮釈放ができるまでの期間が「その刑期の3分の1」に改められた（58条1項2号）ことである。

31)　少年の刑を重くする改正については、その都度、厳罰化との非難があり得る。しかし、筆者は、この改正は、成人と対比した場合における少年に対する刑の適正化が図られたものと考えている。同改正前の筆者の考えについては、拙著②第2編第6章「少年刑事被告事件における刑罰法規の問題状況に関する若干の考察」347頁を参照願いたい。

7　令和3年改正（同年5月28日。令和4年4月1日施行）の主要内容

(1)　改正のポイント

　①いわゆる原則逆送事件（20条2項）に、犯行時特定少年の、死刑・無期・短期1年以上の懲役・禁錮に当たる罪の保護事件の付加（62条2項2号・新設）、②特定少年の逆送については、20条1項所定の法定刑の制限がなくなり、罰金以下の刑の事件でも逆送可能（62条1項）、③特定少年については、ぐ犯を非行対象から除外（65条1項・新設）、④特定少年に対する保護処分は、「犯情の軽重を考慮して相当な限度を超えない範囲内において」しなければならないこと（64条・新設）、⑤逆送後の特定少年の刑事事件については、不定期刑を定めた52条等、刑事事件の特例に関する少年法の規定は原則として適用しないこと（67条・新設）、⑥犯行時特定少年の罪が起訴されると、記事等の掲載の禁止に関する少年法の規定（61条）は、略式手続による場合を除い

て、適用しないこと（68条・新設）、などである。

　平成27年6月の法改正で選挙権年齢が満18歳以上に（公職選挙法9条1
項）、平成30年6月の法改正で民法の成年が18歳に（4条。施行は令和4年4
月1日）、それぞれ引き下げられたことに対応して、18歳、19歳の少年（＝
「特定少年」と特定）の少年法における特例等を定め、関係法令も改正した。

　そして、施行5年経過後の検討も定められている（令和3年の改正法附則8
条）。

　なお、念のために付言すれば、特定少年に関しては、第5章で特例が設けら
れたが、特定少年も少年法の対象少年であるから、上記特例以外の事項に対し
ては、第1章〜第4章の規定が適用されることは当然のことである。

　(2) 説明の方法等

　広範な改正なので、個別の説明は、該当箇所で必要な範囲で行うこととし
た。この法改正の解説としては、玉本将之＝北原直樹「『少年法等の一部を改
正する法律』について」曹時74巻1号1頁・警察学論集75巻4号30頁、玉
本将之「『少年法等の一部を改正する法律』について」刑事法ジャーナル69号
（2021年）176頁、北原直樹「『少年法等の一部を改正する法律』の概要」家庭
の法と裁判34号131頁（2021年）等が、法改正に関する特集には、論究ジュ
リスト37号91頁以下、家庭の法と裁判36号4頁以下、法律時報94巻2号4
頁以下等がある。

　終局決定との関係では、上記「犯情」が1つのキーワードとなっており、18
歳未満の少年に対しては保護原理と侵害原理が、特定少年に対しては侵害原理
が処分の正当化根拠となる、などといった原則論的な説明も有力となってい
る。

　しかし、力点の置き方の相違といった程度を超えて、両原理を対立的で、非
両立の関係にあるものと解するのであれば、実態から離れた理念的な考えにと
どまろう。例えば、刑事裁判で裁判所が後見的、保護的な視点も加味して保護
観察付き執行猶予を選択したからといって違法視されることにはならない。

　また、非行の実情においても、非行の背景はもとより非行自体にも特定少年

となる前から連続性のある場合もあるから、こういった用語や考え方が実務に
どのように受け入れられていくのかも注目されるところである。

　ちなみに、「犯情」に関しては、「当該犯罪の性質、犯行の態様、犯行による
被害等を」指す旨の説明がある（例えば・北原・前掲 133 頁）。また、犯情に関
する最近の論考に、廣瀬健二「量刑・処遇選択における『犯情の軽重』の意
義・機能について」曹時 73 巻 8 号 1 頁。

　令和 3 年の法改正に対応して、規則も改正された（令和 3 年最高裁判所規則第
3 号、同年 12 月 22 日公布。令和 4 年 4 月 1 日施行）。この規則改正の解説として
は、戸苅左近＝市原志都＝福岡涼＝西澤恵理「少年審判規則及び刑事訴訟規則
の一部を改正する規則の解説」曹時 74 巻 4 号 41 頁がある。

第3章　統計に関する理解

1　統計資料の調査

統計数字に興味を抱こう。「家庭裁判所事件の概況（2・完）——少年事件——」が法曹時報の各年の1月号に登載されるから、統計資料を調査することができる★32)。もっとも、統計を見ているだけでは少年法に関する理解は深まらないから、関連した学修も平行して行う必要がある。

少年事件を鳥瞰したものとしては、例えば、少し古くなったが松尾浩也・②「少年非行と少年法」日本学士院紀要62巻1号（2007年）69頁、特に73頁は、少年事件の60年の通観として、非行内容の変化が顕著であるとし、①非行の低年齢化、②非行の一般化、③女子非行の増加、④遊び型非行（後に、初発型非行と言われるようになった）の増加を挙げる。

筆者なりに補足する。①②④については、非行を犯す少年について、「特定の負因のある者」といった限定が乏しくなり、罪障感が乏しい状態で、社会的な広がりが大きくなったと理解できよう。

③については、それ自体は好ましいことではない。しかし、非行頻度が極端に低い社会は、行動の自由度の低い（＝様々な行動の中には非行も含まれてくるとの理解が前提）社会であるとの疑いも生じる。そういった観点からは、女子非行がある程度存在することは、負の面からではあるものの、女子の社会的な自由度の証であるともいえよう。

32)　例年、家庭裁判月報の2月号にも上記概況が登載されていたが、同誌は平成26年3月の66巻8号をもって刊行終了された。

2　最近の統計情報から見えてくること

(1)　少年事件の波

少年事件には波があるといわれる。少年刑法犯検挙人員については、①昭和26年の16万6433人をピークとする第1の波があり[33]、②昭和39年の23万8830人をピークとする第2の波があり[34]、③昭和58年の31万7438人をピークとする第3の波（遊び型非行の著しい増加が原因とされる《松尾・前掲②72頁》）があったとされる（平成17年版の犯罪白書187頁等）。

その後は、平成10年や平成15年を中心とした増加の時期もあるが、大勢としては減少傾向を辿っているといえよう。曹時74巻1号149頁第1表によれば、昭和39～42年（各年度の新受人員がいずれも100万人を超えていた）に比べて、近年は毎年過去最低を更新していて、令和2年は、前年から更に5千人近く減少して5万1000人余と、昭和39～42年の5％程度まで減少した。このことには、母数となる少年人口の減少の反映部分もあろう。

近時の少年事件の特徴としては、この事件減少に加えて、再非行の割合の増加も指摘されている[35]。しかし、曹時同号161頁第9表によれば、一般保護事件の終局人員中の再非行少年の占める割合は、当該10年間で最高の平成23～24年の各41.3％に比べて令和2年は28.2％と13％も減少しており（この減少には再非行防止対策も寄与していよう）、その問題性が幸い減少している。

33)　この時期の事件増加については、少年法の対象年齢の上限が旧少年法の18歳未満から現行の20歳未満に変更された改正法の施行が前記のとおり昭和26年1月1日であって、少年法の対象者が拡大したことも、その一因となっていよう。また、戦後の警察が活力を取り戻した（松尾・前掲②71頁）ことも、その一因となっていよう。

　　　非行の実態については、「生きるための、生き残るための非行」が中心、などといった指摘は、当時の生活状況を反映したものといえる。

　　　また、年長少年の比率が高かったとされている。

34)　昭和39年は最初の東京オリンピック開催の年であったことからも窺われるように、当時は高度成長の時代であったから、「繁栄から脱落したことへの不満からの非

行」「繁栄におぼれた結果としての非行」などといった指摘は、当時の時代を反映したものといえる。

35) 例えば、坂野剛崇「少年非行をめぐる現状と課題」論究ジュリスト8号144頁、特に148頁等。

(2) 個別の統計情報

どの統計資料に着目するかは様々であるが、その一例として紹介する。

ア 年齢別の非行比較

少年については、これまでは、非行時年齢に着目して、年少少年（14〜15歳）、中間少年（16〜17歳）、年長少年（18〜19歳＝現在の特定少年）の3グループに分けるのが一般的であった。曹時74巻1号158頁第7図、156〜157頁第5表によれば、現在の非行人員は、中間少年（平成28年から年少少年を超える）、年長少年（平成30年から年少少年を超える）、年少少年の順序となっている。総数としては3グループともに減少し、3グループ間の差も少なくなっているから、非行数の面からだけいえば、3グループに分類する意義も減少している。

イ 男女比

曹時同号158頁第6表によれば、男女ともに非行人員は減っている。女子の比率は、平成23年の16.9％から平成28年の11.1％へと逐年減少したが、その後は令和元年、令和2年の各13.0％へと僅かではあるが増加しているとはいえ、男女の対比で言えば、若干の変動はあるものの女子の方がより非行をしなくなっているといえよう。

ウ 共犯事件

少年事件では共犯事件が多いと言われるが、曹時同号161頁第8表によれば、共犯事件は該当年で平成23年の52.3％から令和2年の36.6％へと逐年減少している。共犯事件の典型といえる集団暴走等の集団事件も減少しているといわれているのも、その一因をなしていよう。

エ 試験観察

a 統計の紹介

　試験観察については、近時、犯罪類型に応じた変化が看取される。すなわち、曹時同号 172 頁〜 174 頁第 22 表〜第 25 表、172 頁第 11 図によれば、一般事件は、これまでは、その実施が 3％前後で推移しているようにいわれていたが、近年は徐々に増加して平成 30 年に 5.4％となったがその後少し減少して令和 2 年には 4.6％となっている（ただし、人員は、平成 23 年の 1550 人から令和 2 年の 859 人へと減少している）。そして、身柄付き補導委託は、平成 23 年の 127 人から令和元年の 204 人へと、比率としても 8.2％から 19.6％へと各増加したが、令和 2 年は人員で 122 人へと、比率としても 14.2％へと減少した。

　少年事件自体が減少している中での、このような増減は注目される。

　他方、過失運転致死傷等事件は平成 23 年の 7.3％から令和 2 年の 0.1％へと減少し（人員としては平成 23 年の 1771 人から令和 2 年の 9 人へと激減している）、道路交通保護事件も平成 23 年の 1.5％から令和 2 年の 0.3％へと減少している（人員としては平成 23 年の 423 人から令和 2 年の 45 人へと大幅に減少している）。交通関係事件では、試験観察の実施が例外的な事態と見られるような状況となっており、一般保護事件における試験観察の上記の増加的な傾向と対照的である。

　b　評価その 1

　a で紹介した状況については様々な見方があろう。筆者は、試験観察は少年事件に特有の有益な制度であって、家庭裁判所が判断機関だけにとどまらない存在としてあり続ける一つの重要な要因をなしていると考えている。この「要因」の点を補足すると、試験観察は、家庭裁判所が判断機関としての存在範囲を超えて少年と関わる場面である（＝教育的措置の一場面といえよう）といえるのである。

　このような観点からは、一般保護事件において試験観察が若干ながらも増加傾向にあることは喜ばしいことといえる★36)。また、身柄付き補導委託が増加していることは、見極めの難しい事件でも積極的に試験観察を活用して処遇決定をしようとの裁判所の姿勢が看取され、喜ばしいことといえる。

　もっとも、試験観察を実施すると、通常、一定の期間を要することとなる

が、曹時同号 175 頁第 26 表によれば、一般保護事件の 1 審審理期間は、3 月内が合計 56.2％であり、6 月以内まででは合計 92.4％であり、平均審理期間が 3.1 月であることに照らすと、試験観察の実施による審理期間への影響は看取されない。

他方、上記交通関係事件に関しては、試験観察の実施が大幅に減少しており、その役割がごく限られたものとなっている。そして、上記第 26 表によれば、道路交通保護事件の同期間は 3 月内が合計 81.5％であり、6 月以内まででは合計 97.0％であって、平均審理期間も 1.8 月であるから、試験観察による審理期間への影響は看取されない。

36）　筆者は、この増加原因を知り得ていないが、増加（＝減少していない）傾向にある特殊詐欺事案における在宅処遇の余地の見極めとの関係で、試験観察が活性化している面も寄与しているように受け止めている（例えば、松原里美＝加藤学＝河畑勇＝小島務＝本多進＝安重育巧美「特集　現代型非行の処遇－特殊詐欺を素材として〈座談会〉」家庭の法と裁判 14 号 4 頁、特に 19 頁河畑発言等参照）。そして、こういった活性化の傾向は支持されるべきものと考えている。

c　評価その 2

曹時同号 192 頁第 40 表によれば、試験観察を経た一般保護事件の終局人員の 74.6％が保護観察に付され、他方、不処分が 9.7％、不開始が 1.4％といずれも低いことが注目される。

この点に関しては、試験観察を経ても不処分にできるほど要保護性が軽減しなかったからである、換言すれば試験観察は有効ではないとの見方があるかもしれない。

しかし、筆者は、この見方は表面的なものであって適切なものではないと考えている。すなわち、試験観察を介さなくても終局判断ができるような事件（＝例えば、不開始、不処分との結論が容易に得られる事件）は、当初から試験観察の対象とはならない。そのため、上記のとおり試験観察を経た後の不開始、不処分がいずれも低いことは自然なことといえ、不開始、不処分で終わったことは、試験観察の成果の 1 つといえる。

　他方、試験観察が実施されるのは、要保護性が相当程度高い少年の処遇判断に関してである、より端的にいえば、少年院に送致するのか、在宅処遇にとどめるのか、といった篩分け（＝見極め）の手段として行われる場合が多いのではないかと推測している。このことを前提とすれば、上記のように保護観察の割合が高いことは、試験観察を経たことによって、少年院に送致する相当性が否定できる程度までには要保護性が低減された結果も寄与している、換言すれば、試験観察が有効に機能した結果も寄与している、と見るべきだと考えている。

　オ　ぐ犯事件

　a　統計の紹介

　ぐ犯事件が昭和47年に、前年から2000件以上大幅に減少して5000件未満となったのは、シンナー関連の事件が、立法（毒物劇物取締法）によって犯罪行為とされたことも要因となっていよう（最高裁判所事務総局家庭局「家庭裁判所事件の概況」（昭和48年度）「―少年事件」家月27巻1号15頁等）。もっとも、その後もぐ犯事件は減り続け、曹時74巻1号151頁第3表によれば、令和2年には286件にまで減少している。そして、既に説明したように、令和3年の法改正によって特定少年に関してはぐ犯は非行事由ではなくなったから、今後は、その面からも減少しよう。

　他方、非行別終局処分が記載されている曹時同号180頁～181頁第31表によれば、ぐ犯事件の保護処分の割合が高い、例えば、保護処分が、主要刑法犯総数で39.7％であるのに対し、ぐ犯は68.3％であることが分かる。

　b　評価

　aで指摘したぐ犯事件の保護処分の割合が高い点については、様々な見方があろうが、筆者は、ぐ犯事件に対する関係機関の謙抑性の現れと見るのが相当だと考えている。すなわち、ぐ犯事件は対象が幅広いから、少年の人権を考えて謙抑的に運用すれば、要保護性が高まった段階で初めて、ぐ犯事件として立件されることになるのが自然である。そうすると、事件数は相対的に（＝非謙抑的な運用と対比して）減少することになる。同時に、立件された事件では、

当然のことながら要保護性の高い事件の占める割合が高いことになる。

　このようなことから、ぐ犯事件の終局決定も、保護処分を内容とするものとなる割合が自ずと高いものとなる。上記の点については、このように評価するのが適切だと考えている。

　c　ぐ犯者の今後について

　上記のとおり令和3年の法改正で、特定少年に関してはぐ犯は非行事由ではなくなり、ぐ犯が非行として成立する範囲がその分狭まった。しかし、特定少年のぐ犯者に対して健全な社会人として生活していくように社会が支援する必要性自体は変わらず存在している。そういった支援のための方策がどのように構築されていくか（これは、微罪処分、起訴猶予処分を受けた非少年者に対する支援の在り方とも関連してくる）も、今後見守っていく必要がある。

　カ　簡易送致の比率

　筆者は、簡易送致は、正規の送致とは異なる簡易な送致手続ではあるが、全件送致主義を貫徹させる、同時に、捜査機関・家庭裁判所双方が重点的・効率的に事件捜査・調査を行う、といった双方向の要請を満たすための実務的な工夫の反映であって、その意義はこの両方向の要請を踏まえて適切に評価すべきだと考えている。曹時同号167頁第19表によれば、一般事件の既済人員における簡易送致事件比率は減少傾向にあって、平成23年の36.9％から令和2年の14.7％へと（人員も、平成23年の36529人から令和2年の4429人へと）逐年減少している。

　この減少の理由は筆者は知り得ていないが、少年事件全体が減少する中で、簡易送致に適した事件の発覚も少なくなっているのかも知れないし、簡易送致自体の必要性も相対的に低下しているのかも知れない。

　キ　付添人

　一般保護事件の終局総人員についての曹時同号167頁第20の1表によれば、平成23年から令和2年までの間、弁護士付添人選任事件が97〜98％台を占めていて、弁護士付添人が全付添人である状態に限りなく近くなっていることが分かる。それだけ少年事件における少年側の対応にも専門性が高まって

いるといえる。

　そして、平成28年から国選付添人の方が私選付添人より多くなり、その差が逐年拡大している。このことは、弁護士付添人を活用し易いように制度が変化していった反映といえよう。

　一般保護事件の終局総人員についての曹時同号192頁第41表によれば、①不開始・不処分では、「付添人なし」が合計75.1％、「付添人あり」が合計10.1％であること、②保護処分では、「付添人なし」が21.8％、「付添人あり」が86.8％であることが分かる。

　この点については、付添人なしでも①の結果が得られるなどとして、弁護士付添人の意義を低く評価する見解があるかも知れない。

　しかし、筆者はこの見解は誤っていると考えている。すなわち、少年に対する終局判断に関して紛れがなく（少なく）、特に、不開始・不処分で処理されると容易に判断されるような事件では、弁護士付添人を活用する必要性が余り感じられないのが現状であろう。①はそういった現状の反映として理解可能である。

　他方、事件に争いがあったり、要保護性が高く保護処分も予想される、といった事件では、弁護士付添人を活用する必要性が高まろう。②はそういった現状の反映として理解可能である。

　このように見てくると、上記第41表は、弁護士付添人活用の必要性の程度に応じた結果の反映として理解されるべき、換言すれば、弁護士付添人の有意義性を示しているものと理解されるべきであるといえよう。

　ク　準少年保護事件の内訳

　曹時同号196頁第45表によれば、平成23年～令和2年の準少年保護事件は、相互の事件比率に基本的な変遷はなく、圧倒的多数が収容継続申請事件であることが分かる。そこで令和2年について紹介すると、新受人員総数が534人で、①収容継続申請事件が528人で全体の98.9％を占め、②戻し収容申請事件が2人で0.4％、③施設送致申請事件が3人で0.6％であり、④保護処分取消事件は1人で0.2％であった（0人の年もある）。

筆者は、①については、少年院に送致される少年は要保護性がそれだけ高いわけであるから、関係職員による更生に向けた尽力があっても、収容継続申請事件が一定割合で生じることは、自然なことといえよう。他方、②については、少年院における矯正教育を受けて要保護性が一定程度低減したなどとして社会復帰できた少年を再び施設収容にするわけであるから、戻し収容申請の必要性が生じるのは例外的な事態であるのが自然であろう。

そうであれば、①②の上記のような事件数の開きは、事柄の実態に沿ったものといえよう。

なお、①について補足する。上記第45表によれば、同事件の認容率は98.9％であるから、申請すればほぼ認容されていることになる（他の年度も同様で、100％の年もある）。この点については、筆者は、家庭裁判所の審査が緩やかである、などといった見方は当たらず、矯正機関側の同申請に当たっての謙抑的な運用の現れ（＝ぐ犯事件に関して既に説明したように、認容率の高さは謙抑的な運用の反映）と考えている。

③については、保護観察処分に処せられた少年の要保護性には一定程度の幅があるから、施設送致申請事件が一定の割合で生じても、了解可能なことである。しかし、保護観察中の遵守事項違反への対応であるから、施設送致申請の必要性が生じるのは、例外的事態といえよう。そうであるから、施設送致申請事件が上記の程度にとどまっていることは、保護観察に付した選択自体の誤りを示すものではなく、保護観察制度の自然な有り様の範囲内にあるものと受け止めている。

④については、保護処分確定後に当該処分を取り消すべき事態に陥っていることになるから、保護処分取消事件は限りなくゼロに近い状態にあるのが本来形であって、令和2年度もそういった現れといえよう。

このように見てくると、上記の統計結果は、事柄の実態を健全な範囲内で反映しているものとの理解が可能となる。

第4章　少年事件において家庭裁判所が果たす役割

　導入編の最後に表題の点について検討しておきたい。

　家庭裁判所については、①決定機関、②選別機関、③後見的機関の3側面があると指摘されている。筆者なりに補足する。

　①については、保護処分における決定と執行の分離がいわれている★37)。そして、このことを前提とすれば、家庭裁判所が決定機関となるのは当然のことといえる。それでも、少年の成績を視察し（規則38条1項）、処遇勧告ができ（同条2項）、少年院等に対して少年に関する報告・意見の提出を求めることができる（法28条）など、家庭裁判所の執行への関わり合いが法令上も定められている。

　②については、家庭裁判所に係属した少年事件の処理においては、ⅰ家庭裁判所が当該事件の終局的判断を行うもの（不開始、不処分、保護処分）と、ⅱ家庭裁判所が当該事件の終局的判断を行わないもの（検察官送致、知事・児童相談所長送致）とがあるから、家庭裁判所が決定するに当たっては、そのいずれか（ⅰについては更に具体的な終局決定の内容も）を選別する必要がある。②はこの選別に着目したものといえる。

　③については、①②とは幾分異なる視点が入っていると考える。すなわち、準少年保護事件中の収容継続申請事件、戻し収容申請事件では、裁判所は、収容継続、戻し収容をするか、しないか、といった判断を行うわけであるから、決定機関に類似している。しかし、既に執行段階にある少年の処遇をどのようにすべきかとの問題に関する判断が行われるとの観点からすれば、新たに保護処分に関する判断をする決定機関とはやはり異なるものであって、当該少年に対する後見的役割を果たしているともいえる。③はこの点に着目したものといえる。

37)　決定は司法作用であり、執行は行政作用である。このような性格の違いからすれ
　　ば、決定と執行の分離の根拠として三権分立を挙げるのが有力であることは、了解
　　可能である。しかし、裁判所が執行に関与したからといって、直ちに三権分立に反
　　することにはならないであろう。決定と執行の分離をどのような形態のものとする
　　かについては、立法裁量の分野が残されているといえ、本文で例示しているよう
　　に、現行法の下でも、一定の態様で家庭裁判所が執行に関わり合うことが定められ
　　ていることは、その現れと理解できよう。

本　編

良い情報を吸収・消化し、
自らを大樹に育てよう！

第1章 非行少年

┌─学修のポイント─────────────────────────
│ ・ 非行少年の意義を非行少年の類型ごとにきちんと理解すること
└──────────────────────────────────

1 概観

　少年法は非行少年を対象とするものであるから、本編の冒頭でその点を取り上げる。

　少年法が対象とするのは、令和3年の法改正後は、年齢的な違いはないものの、未成年者だけでなく成人も含めた20歳未満の者である★38)。そして、年齢的に児童福祉法との振り分けが必要となる部分も含まれている。また、少年法の手続は、刑事手続と分離した手続ではあるものの、逆送決定を介して刑事手続との連続性も保たれているから、逆にいえば、逆送決定の対象とはならない、およそ刑事処分とならない少年に対してどのように関わっていくのかといった問題もある。

　これらを前提として、少年法は対象を非行少年に限定し、3条1項に定義規定を置いて、その意義を明確にしている。すなわち、非行少年は、①犯罪少年、②触法少年、③ぐ犯少年の3類型に限定されている。なお、特定少年に関しては、ぐ犯が非行事由とされないことは既に説明したから、特定少年は、②が含まれるのは極めて例外的であろうから、通常、①だけということになる。

　また、同条2項において、14歳未満の少年（①は不該当なので②③）については、都道府県知事又は児童相談所長（以下、便宜、「児童福祉機関」と称することがある）からの送致を家庭裁判所への事件係属の前提とする、いわゆる児童福祉機関先議が定められていて、児童福祉法との関係を明確にしている。

なお、この点に関しては後に補足する。

38）　年齢は出生の日より起算され（年齢計算ニ関スル法律1項）、家庭裁判所では、少
　　　年の年齢がいわゆる「数え年」によって表記されることはない（年齢のとなえ方に
　　　関する法律1、2項）。
　　　　他方、満20歳以上の者に対しても少年法が適用される場合がある。その各場合に
　　　応じて対象年齢の上限は異なるが、最終的な上限は26歳とされている。そういった
　　　例外的な場合については、関係の箇所で必要に応じて説明する。

2　犯罪少年

(1)　非行少年のほとんどは犯罪少年

少年審判の対象はほとんどが犯罪少年である。ごくおおざっぱに言えば、犯罪少年が100％に近く、触法少年が0.数％、ぐ犯少年が約1％程度といった割合にある。そのため、実務的には犯罪少年に関する理解を深めておくことが肝要ということになる。

(2)　犯罪少年の意義

法3条1項1号は、犯罪少年について「罪を犯した少年」と定めている。そこで、ここでは「罪を犯した」の意義をまず検討しよう。

ア　14歳未満の触法少年は除外、特定少年は特例処理

犯罪少年は14歳以上の少年である。この点は、刑法41条では14歳未満の者の行為は処罰されないから、14歳未満の者は「罪を犯す」ことがないことによる。

他方、18歳、19歳の特定少年については、令和3年の法改正によって特例処理されるようになった（法62条以下）。

イ　構成要件該当性、違法性

犯罪については、構成要件該当性、違法性、有責性の3要素の分類が一般的だが、犯罪少年との関係では、構成要件該当性が要件となることについては異論がなかろう。構成要件不該当では罪を犯したことにおよそならないからである。関連裁判例としては、例えば、**参考裁判例25大津家決平成22年3月**

23 日家月 62 巻 7 号 105 頁【参考裁判例集 345 頁】がある。

違法性に関しても、正当防衛、緊急避難等の違法阻却事由があれば犯罪は成立しないから、同様に解される。

　ウ　有責性については争い

「罪を犯した」を刑法と完全に同意義に解するのであれば、有責性も要件とされることに異論はないはずである。しかし、この点については争いがあるところに、少年法の特徴の 1 つが現れているということができる。

　a　必要説が多数説

「罪を犯した」との意義を文字どおりに解し、刑法の解釈をそのまま少年法に及ぼすと必要説となる。そのため、必要説が多数説となるのは自然なことといえよう。

そして、必要説を前提とすれば、触法少年やぐ犯少年についても、年齢の点を除く有責性の要件は充足していることを要すると解するのが自然であろう。

必要説に立つ裁判例としては、例えば、参考裁判例 1 (1) 静岡家決平成 7年 12 月 15 日家月 48 巻 6 号 75 頁【参考裁判例集 317 頁】、同 (2) 青森家八戸支決平成 24 年 9 月 27 日家月 65 巻 2 号 92 頁【参考裁判例集 318 頁】がある。

　b　不要説の検討

必要説と不要説の相違の背景として、保護処分に対する考え方の相違を指摘することは容易である。しかし、多分に観念的な部分が含まれているように思われる。それでは不要説にはどんな根拠があるのだろうか。これも様々であるが、まずは、他の非行少年との対比で考えてみるのが簡明である。

触法少年は、法 3 条 1 項 2 号で「刑罰法令に触れる行為をした」と定められているが、「罪を犯した」点では、責任要件以外では非行少年と変わらないはずである。そのため、少年法は有責要件を充足していない者を非行少年に含めていることになるから、翻って、犯罪少年に関しても、責任要件は不要であると解することが可能となる★39)。

このように解する実益は少なくとも 2 つある。1 つ目は、精神障害に基づく

心神喪失（刑法39条1項）の少年も、少年法上の処遇の対象とすることが可能となることである。補足すると、少年に対しても「精神保健及び精神障害者福祉に関する法律」29条、29条の2に基づくいわゆる措置入院を実施することが可能な場合はあり得る（上記青森家八戸支決定もその一例である）。しかし、近時の立法を踏まえて成人と対比すると、それだけではなお不備があるといえる。

　すなわち、「心神喪失等の状態で重大な他害行為を行った者の医療及び観察等に関する法律」（以下、便宜「医療観察法」という）2条は、同法律に基づく対象者を定義している。この定義を前提とすると、逆送決定を受けた少年の場合には、心神喪失を理由として不起訴処分を受けたり無罪判決を受けたりすれば、医療観察法の対象者に該当することがあり得る（同条2項）。しかし、少年事件において、心神喪失者であることを理由として不開始・不処分とされた者は、同対象者には含まれない。

　そのため、必要説を前提とすると、心神喪失を理由として不開始・不処分とされた少年は、医療観察法に基づく医療等を受けられない点で、その処遇に欠けることが生じ得ることになる。他方、不要説では、少年法上の保護処分に付すことが可能であるから、上記の不備を補完することができることになる。

　2つ目は、1つ目と関連しているが、行為時は心神喪失の状態にあったけれども、その後心神の状態が回復した少年の場合、必要説だと少年法で対処することはできないが、不要説では対処が可能となる点である。この点は、統合失調症といった疾病の場合でも症状に変動があり得るから、該当事例が想定可能である。また、病的酩酊といった飲酒に伴う事態は少年の場合にはあまり想定できないかもしれないが、薬物の濫用による心神喪失状態がその後回復する、といったことは少年でも想定可能である。

　このようなことを考えると、不要説もそれなりの根拠を持つものといえる。

　なお、不要説を前提とすると、刑法と少年法とでは、有責性の要否に関して差異が生じることになる。しかし、刑法では、心神耗弱は刑の減軽事由とされている（刑法39条2項）が、少年法にはそれに対応する規定はない。このこと

からも、責任能力に関する刑法、少年法の対応の違いを窺うことができるか
ら、上記の差異が不要説を不当とする根拠とはなり得ないものと解される。む
しろ、心神耗弱に関する規定の上記のような有り様からも窺われるように、少
年法は、有責性に関して刑法とは異なる対応をしている、そして、非行時の心
神の状態を保護処分の内容に直結させること（例えば、心神耗弱だと少年院送致
とはしないで保護観察にする、など）は、思考的にも少年法に馴染まないものと
解される。保護処分が 3 種類に限定されていることも、上記のように考える一
因をなしているように思われる。

　不要説に立つ裁判例としては、例えば、参考裁判例 1 (3) 東京家決昭和 60
年 1 月 11 日家月 37 巻 6 号 96 頁【参考裁判例集 319 頁】がある。

　39)　14 歳未満のぐ犯少年に関しても同様のことがいえる。しかし、ぐ犯は元々犯罪の
　　　成立を前提としていないから、ぐ犯に関して有責性が必要とされていないことを、
　　　犯罪少年の議論の根拠とするのは、問題状況が少し異なるものを根拠とすることに
　　　なるから、この点は差し控えておくのが相当であろう。

　c　逆送決定の場合は刑事の考えで

　有責性の要否に関するこれまでの議論は、当該少年を少年事件として処理す
る場合についてのものである。他方、逆送決定をして刑事手続に移行させよう
とする場合には、当然のことながら刑事の考え方が前提となる。そのため、不
要説であっても、必要説を前提として対処するほかはないことになる。換言す
れば、責任能力が否定される事案においては、逆送決定をする余地はない。こ
のようにいうと場当たり的な印象を与えるかもしれないが、少年法と刑法とい
う異なる法域が繋がる場面のことであるから、こういった思考を採るのは事柄
に即したものといえよう。

　このように不要説に立つと、「犯罪少年」と「刑事訴追を受ける者」との範
囲に不一致が生じることになる。しかし、こういったことは、少年法に関して
は、この場合に限られるものではない。すなわち、既に説明したように法改正
前は 14 歳から 16 歳未満の少年は刑事訴追を受ける可能性はなかったし、現行
法の下でも、ぐ犯少年は非行少年とされているが、当然のことながら、ぐ犯少

年が刑事責任を追及されることはない。そうであるから、上記の不一致は、不要説を採る支障とはならないものといえる。

こういった不一致は、ほかの場合でも当てはまるが重複を回避し、その指摘は省略した。

　d　審判能力は必要を前提とする審判手続の有り様

　行為時の心神の状態とは別に、審判時においても心神喪失の状態にある場合はどうであろうか。

　例えば、医療少年院送致決定に対して的確に弁駁できない少年に対して、同決定を言い渡してみても、抗告権を適切に行使できないであろう。そのため、必要説では、当然、審判能力も必要ということになろう★40)。この点は、不要説においても同様に解される。

　では、審判手続はどうなるのであろうか。

　刑事においては、刑訴法314条1項に基づいて公判手続は停止される。そして、同項のような定めのない少年事件においても、心神喪失の状態が短期間で終わるようなときは、同様な対応が可能であろう。しかし、同状態が長期間に及ぶことが見込まれる場合には、20歳未満という年齢的な制限のある少年法においては、上記刑訴法の定めに則った形で審判手続を停止するのは、相当ではないというより、制度として想定されていないと解される。そうなると、審判不開始決定をすることになろう。その場合に、同決定を当該少年に対して告知すべきかが問題となるが、規則3条5項は、審判不開始決定（法19条）については、告知不要を許容しているから、告知不要で処理することが可能と解される。

40)　例えば、福岡高決平成31年1月24日判タ1465号102頁、家庭の法と裁判24号100頁（ストーカー行為等規制法違反保護事件で、自閉スペクトラム症や軽・中等度精神遅滞の少年に対し第3種少年院送致、医療措置終了後は第1種少年院移送相当との処遇勧告を付した原決定に対する抗告棄却《再抗告棄却》）は、審判能力、責任能力いずれも必要とし、いずれも肯定している。

(3) 犯罪少年で問題となるその他の事項

ア 処罰阻却事由は犯罪少年否定事由に不該当

刑の減軽事由に関しては、心神耗弱について既に言及した。親族相盗（刑法244条1項）等の刑法上の処罰阻却事由は刑の免除事由に過ぎないから、刑を科すわけではない犯罪少年性は否定されない。このことは、保護処分と刑罰との相違が前提となっているといえよう。

イ 親告罪の告訴の存在は審判条件か？

積極説、消極説の両説があるが、実務は、消極説でほぼ固まっているとされる。

消極説の裁判例としては、例えば、①参考裁判例2（1）東京高決昭和29年6月30日高刑集7巻7号1087頁、家月6巻10号58頁【参考裁判例集320頁】、②同（2）大阪高決昭和40年9月30日家月18巻7号85頁、判タ200号197頁【参考裁判例集321頁】、③同（3）東京家決昭和58年11月1日家月36巻5号128頁【参考裁判例集321頁】がある。

補足すると、親告罪は2類型に大別できる。1つ目の類型は、軽微事件の類型である。例えば、器物損壊罪（刑法261条、親告罪264条）である。この類型に関しては、犯罪としての性格からしても、少年事件としては、一般的には、不開始・不処分とされ、保護処分とされるのは限られた事例においてであろうから、実務的には、積極説を採る積極的な意義に乏しいものと考えられる。

2つ目の類型は、名誉毀損罪（刑法230条、親告罪232条）★41) 等である。この類型では、被害者の名誉保護等が重要な要素といえる。しかし、少年事件の審判は原則的に非公開であるから、刑事の公判手続とは異なり、審判を行うことで被害者の名誉等が直ちに侵害されることにはならない。そのため、この面からは、消極説を採る支障はないことになる。

そして、消極説を前提とすると、少年が否認した場合等では、告訴をしていない被害者に対しても証人尋問を行う必要が生じ得る。しかし、①少年事件においても、事件のことを忘れたい、そっとしておいてほしい、などといった被害者の意向は適切な形で尊重されるべきである。また、②少年事件には伝聞法

則の適用はないから、刑事とは異なり、被害者の捜査段階の供述調書は証拠と
して許容されているのである。

　他方、③証人尋問を実施する場合でも、上記のとおり、少年事件の審判は原
則的に非公開であるから、証人に与える精神的負担は限られたものとなろう。

　そうであるから、消極説を前提としても、告訴をしていない被害者を証人に
採用するかについては、上記のような諸点を総合考慮して、慎重に判断される
べきことが要請されているものと解される。

　　41)　従来、親告罪のこの類型の典型であった強姦罪等は、平成29年の刑法改正で非親
　　　　告罪とされ、その分「イ」の問の重要度が減じた。

　ウ　公訴時効★42)は審判条件か？

　争いがあるが、積極説の裁判例としては、例えば、**参考裁判例3福岡家決
昭和61年5月15日家月38巻12号111頁【参考裁判例集322頁】**がある。

　筆者は、この点については、消極説は実務的にはあまり重要性を持たないよ
うに考えている。補足する。まず、公訴時効の完成した事件が家庭裁判所に係
属すること自体、事実上極めて限られているからである。例えば、少年非行と
して発生頻度の高い窃盗罪（刑法235条）や恐喝罪（刑法249条）の公訴時効は
いずれも7年（刑訴法250条2項4号）であるから、公訴時効が完成した前提
で考えると、ほとんどの該当少年が既に成人になっていて、少年法の適用を受
けないことになっていると思われるからである。

　また、公訴時効がより短期の事件でも、通常は、事件発生からそれなりの期
間経過後に当該事件が家庭裁判所に係属することになるから、事件当時と審判
時との少年に関する要保護性が大きく変化していることが少なくないであろ
う。そのため、そういった事件を審判する実益に通常は乏しいものと解され
る。例えば、**参考裁判例4**の判例百選の酒井安行評釈者（判例百選61頁）も、
公訴時効完成後の処理に関して、「犯行当時とは要保護性が異なっているのが
通例であり、過去の非行と現在の要保護性とを同一手続の審判対象として結び
つけるのはむしろ困難であろう」とされる。

　なお、上記福岡家決の寺崎嘉博評釈者・百選 59 頁は、ぐ犯少年としての審判の可能性を指摘されている。勿論、そういった処理が相応しい場合もあろうが、時効期間が経過しているような非行を犯していることが、当該少年のぐ犯事由として認められる事例も限られていようから、これまでの検討に影響が及ぶものとは解されない。

> 42)　刑の時効（刑法 31 条以下）と公訴時効（刑訴法 250 条）との違いを正確に理解しておく必要がある。
>
> 　ちなみに、公訴時効の起算日は初日算入である（刑訴法 55 条 1 項ただし書）。そして、死刑に当たる罪の公訴時効が廃止され（同法 250 条 1 項柱書）、死刑は刑の時効からも除かれている（刑法 31 条）。

エ　大赦は審判条件か？

　刑事裁判においては、大赦（恩赦法 2 条、3 条）は免訴判決事由とされている（刑訴法 337 条 3 号）。他方、少年事件において消極説に立つ裁判例には、例えば、参考裁判例 4 和歌山家決平成元年 4 月 19 日家月 41 巻 8 号 198 頁【参考裁判例集 322 頁】がある。

　大赦自体そんなに頻繁に行われるものではないし、しかも、大赦が少年事件の処理に影響を及ぼす場合はより限られていよう。そのため、この点も実務上それほど大きな問題とは通常なりにくい。

　この前提で筆者なりに考えると、消極説は、大赦によって刑事罰の制裁を受けることのない少年に対して家庭裁判所の関与を認めるものであるから、少年法の独自性が発揮される一場面を現出するものといえる。そして、家庭裁判所の後見的な役割に期待し、保護処分の利益処分性に着目すれば、消極説にも相応の根拠があることになろう。もっとも、当該少年に対する処遇を決めるに当たっては、刑事訴追を受ける可能性のないことも考慮して差し支えないものと解される。

3 触法少年

(1) 実体要件

触法少年については、既に部分的に説明している。そして、実体要件として
は、年齢が刑事責任年齢の 14 歳（刑法 41 条）に達していないということ以外
では、法 3 条 1 項 2 号にいう「刑罰法令に触れる行為」に関しては、犯罪少年
と異なるところはない。

(2) 家庭裁判所へ送致されるまでの手続

ア 触法事件に関する調査

a 立法による手当て

触法事件は、刑事事件として成立する余地はないから、捜査の対象とはなら
ない。しかし、捜査機関による任意の調査等が必要なことは明らかである（根
拠条文としては、一般に警察法 2 条が挙げられている）。そして、平成 19 年改正
によって、従前から積極と解されていた任意処分としての警察官の調査等が、
少年法上明記された（法 6 条の 2 ～ 6 条の 5）。

b 任意の調査（6 条の 2 等）

6 条の 2 第 1 項の規定振りからその趣旨は明らかとなっているが、調査の対
象は、当該触法少年に係る触法「事件」である。補足する。触法少年と決まる
のは、家庭裁判所の調査を経た後ということになる。この警察の調査の段階で
は、そういったレベルにまで触法少年性が確定しているわけではない。そのた
め、6 条の 2 第 1 項では、「客観的事情から合理的に判断」することを前提と
して、触法少年と「疑うに足りる相当の理由がある者」を調査の対象者として
いる。そして、「必要があるとき」という制約が課されていることからも明ら
かなように、犯罪少年でもない触法少年に対する調査が、慎重に適切に行われ
ることが前提とされているといえる。

そして、触法少年に係る事件であっても、事案の真相解明の必要性が軽減さ
れるものではない。このことは、同条 2 項で、「事案の真相を明らかに」する
ことが、「少年の健全な育成」に資するものであることが肯定されていること

からも、窺うことができる。

　同時に、触法少年に対する調査の特徴として「少年の情操の保護に配慮」することが定められている（同条2項）。触法少年であるから、心身の成長度合いに差異の大きい場合もあり得、調査が当該少年の情操に与える影響の度合いも異なろう。調査の必要性を前提としつつ、こういった事柄の特質に着目した定めといえよう。

　そして、同条3項では、警察官以外の専門的知識を有する警察職員も調査に関与できることが定められている。

　また、調査のための呼び出し、質問も可能である（6条の4）。

　そして、警察官は、調査の結果、一定の事由があるときは、事件を児童相談所長に送致することとされている（6条の6）が、その罪については、6条の6第1項に定められている★43)。

　　43)　この点については、平成26年の改正においては、検察官関与対象事件の範囲が拡大したことに連動されることはなく、従前の範囲と同様であり、文言の修正がされたのにとどまった。すなわち、「故意の犯罪行為により被害者を死亡させた罪」と同罪以外の「死刑又は無期若しくは短期2年以上の懲役若しくは禁錮に当たる罪」である。
　　　　なお、少年警察活動規則第3章第2節に触法調査（15条〜26条）が、同第3節にぐ犯調査（27条〜34条）が、それぞれ規定され、触法少年という特性に応じた調査の有り様が定められている。

c　強制処分（法6条の5）

　本条は、物に対する強制処分（押収、捜索、検証、鑑定嘱託）を可能とするものである。そして、規則9条の2で、関係する刑訴規則も準用されている。

　調査をどのような手段の範囲で行わせるかは立法政策の問題であるが、人権侵害が許されることにはならない。「物」は客観的証拠として証拠価値が高い場合もあり、他方、強制処分の根拠が触法事実であっても、犯罪捜査と対比して著しく法益侵害の程度が高まるともいえない。そうであれば、調査に関して物に対する強制処分が許容されることも肯定できよう。そして、触法少年も、物としての範囲では対象となり得る（例えば、身体に対する捜索）。

　他方、人に対する強制処分を犯罪捜査が前提とならない調査に関して認めることは、人権侵害の面から許容されないであろう。そのため、触法少年に対する身柄拘束を伴う強制処分は認められていない★44)。このこと自体は当然のことといえる。しかし、同時に、触法少年に関しては現行犯（準現行犯も含む）逮捕も許容されないことになるが、犯罪に当たる行為が現に行われている場合に、当該行為を制止し、当該行為者を確保する必要性は否定されない。そういった制止等の行為が違法とされるのは不合理であって、刑法35条（正当行為）に即して考えるべきものと解される。

　　44)　例えば、刑訴法199条1項は逮捕状による逮捕の要件として犯罪の嫌疑を挙げており、触法少年はこの点に該当しないから、現行刑訴法のままでは、触法少年が逮捕状による逮捕を受ける余地はないのである。

　d　弁護士たる付添人（法6条の3）
　調査に関して付添人の援助を得させることが必要な場合があり得る。本条が予定する付添人は弁護士に限られているが、統計の際に説明したように、付添人は弁護士が100％に近いから、実務的には、調査に限った特別の制約といった側面は看取されない。

　イ　児童福祉機関からの送致
　a　児童福祉機関先議（3条2項）
　14歳未満の少年（触法少年・ぐ犯少年）に関しては、3条2項により児童福祉機関先議の建前が採られている。そのため、家庭裁判所への事件係属は、知事（児童福祉法27条1項4号、27条の3）又は児童相談所長（32条1項により知事から権限の委任を受けている）からの送致が前提となる。
　このような制度設計となっているのは、こういった年齢の少年に対しては、保護処分よりも児童福祉法上の福祉的な措置に委ねるのが適当な場合があるためであろう。
　以上の説明は後記ぐ犯少年の場合も同様であるから、その説明は省略する。
　b　通常送致
　通常送致には2類型がある。1つ目は、送致するか否かの判断が、送致者の

合理的な裁量に委ねられているといえる場合である（法27条1項4号）。

　2つ目は、原則送致類型であって、平成19年改正によって新設された。すなわち、法6条の7第1項、児童福祉法27条1項4号によれば、法6条の6第1項1号所定の重大な触法行為（上記注43参照）を行った触法少年については、原則として家庭裁判所に送致することとされている。

　もっとも、この原則に従って送致すべきか否かの判断は児童福祉機関に委ねられているから、児童福祉機関先議の建前自体に修正が加えられたわけではない。

　c　児童福祉機関からの送致を欠いている場合の取扱

　司法警察員や検察官から、児童相談所を介さずに家庭裁判所へ直接送致された場合の問題である。この点については見解が分かれているが、場合を分けて説明する。

　i　家庭裁判所受理時も14歳未満の場合

　この場合は、家庭裁判所が適式に審判をすることができないことは明らかであるが、その処理手続について争いがある。

　①当該事件に関しては審判不開始決定（19条1項）をし、別途、調査官等から児童相談所に対して児童福祉法25条本文に基づく「通告」を行う、という考えである。事件処理の基本に忠実な考え方といえる。

　②知事又は児童相談所長への送致決定を行う、という考えである。直接の根拠規定はないが、家庭裁判所として当該事件の処理を終了させ、併せて、当該少年を児童福祉機関に委ねる、という事柄の根幹に即したものといえる。

　①②の考えに対しては、それぞれに批判はある。しかし、いずれにしても多発する事態ではないから、手続として迅速・簡便な②の考えで処理すれば足りるものと解される★45)。そして、その場合には、18条1項に準拠する形を採ることとなろう。

　　45)　①の考えにある、調査官等による上記別途の「通告」といった手続が不要となる
　　　点で、過誤の生じるおそれもその分低くなるものといえる。

ⅱ　家庭裁判所受理時には当該少年が14歳に達している場合

　年齢に制限がある場合には、こういった時間の経過で基準年齢に達したときの処理が問題となることがあるが、この場合もそういった場面である。

　この場合は、行為時基準で考えるか、受理時基準で考えるか、換言すれば、児童福祉機関先議をどの段階まで認めるのが相当か、といった問題に帰着するといえる。

　行為時基準の考え方（事件処理としては、審判不開始決定をすることになる）は、明確である上、児童福祉機関先議を広く認めようとの考えに沿うものといえる。

　しかし、①行為時に既に14歳になっていた少年に対しては児童福祉機関先議は及ばないから、受理時に14歳に達している少年に対して同様な取扱をしても、特に不合理とまではいえないこと、②受理時基準の考えで家庭裁判所への適式な係属を認めても、家庭裁判所の判断に基づくことになるとはいえ、少年に対する処遇を児童福祉機関に委ねるのが相当なときには、18条1項によって児童福祉機関への送致が可能であることを考えると、従前は行為時基準説が有力だったが、現在では受理時基準時説が有力になっているとされるのは、了解可能なことといえる。

　なお、受理時基準に関しては、細かく見ると、家庭裁判所に受理後に14歳になった場合も問題となる。この場合は、処理を誤って日時を経過してしまったなどの過誤のときも含まれ得るが、いずれであっても、家庭裁判所への適式な係属（過誤のときには瑕疵の治癒と考えることになろう）を認めて良いと解される。

　しかし、この考え方を前提としても、受理の際に当該少年が14歳に満たないことを知りながら、近く14歳になるから、そのまま受理する、といったことは健全な執務姿勢とは解されず（瑕疵の治癒などとして救済されるかは別である）、ⅰの場合として処理するのを原則とすべきであろう。

ⅲ　非行時14歳未満で送致時に14歳を超えていた場合

　この場合も見解が分かれていて、ⅱ同様に児童福祉機関先議をどの段階まで認めるのが相当かの問題の一翼を担うものといえる。

　行為時説の考えに基づくと、家庭裁判所ではⅱと同様の処理となる。

　しかし、既に 14 歳を超えている少年に対しては、家庭裁判所での審理に委ねるのが相当だと考えると、処理時説（送致時説）に合理性があることになる。

　この両説は、直接的には 3 条 2 項にいう「14 歳に満たない者」がぐ犯少年だけに係るのか、触法少年にも係るのかの解釈の相違に基づく争いということになる。しかし、触法少年とぐ犯少年とでその取扱を異にしなければならない合理性があるとは解されないから、この点は、触法少年にも係るものと解する方に合理性があるといえる。

　そうなると、処理時説（送致時説）が相当ということになり、この説が家庭裁判所でも有力になっているとされているのは了解可能である。

　しかし、捜査実務が行為時説によっているとされ[★46]、児童福祉機関も行為時説が有力であるとすれば、実際問題としては、児童福祉機関先議の形で処理されて家庭裁判所に当該事件が係属する形となるのが一般的であろう。

　　46)　関係法令として犯罪捜査規範 215 条、少年警察活動規則 2 条、22 条が挙げられることがあるので、補足する。上記各法条の文言で直接的に行為時説が裏付けられているわけではない。しかし、ぐ犯少年に係る事件の送致等を定めた同規則 33 条では、処理時に当該少年が 14 歳以上である場合（同条 1 号）と、処理時に当該少年が低年齢少年である場合（同条 3 号。なお、同規則 2 条 9 号で、低年齢少年は「14 歳に満たない者」と定義されている）とを区別して規定しているのに対し、触法少年に係る事件の送致等を定めた同規則 22 条 1 号では、そのような区別がされていないことは、行為時説を前提とした規定との解釈が可能といえよう。

(3)　強制的措置を求める送致（法 6 条の 7 第 2 項、児童福祉法 27 条の 3）

ア　概観

この送致は、実務上は「強制的措置許可申請事件」、「要強制事件」などといわれている。しかし、後記のとおり、事件自体を送致するという本来の送致の意義に沿った通常送致とは異なる類型の送致であることに留意する必要がある。もっとも、この送致が通常送致と対比する形で一括して説明されることがあるので、ここで説明する。

イ　強制的措置の意義、根拠条文等

強制的措置は、逃走防止の設備のある特別な居室に児童を収容する、などと

いった措置である。関係する条文には、法6条の7第2項、児童福祉法27条の3があり、ほぼ同趣旨の規定である。

　ウ　送致の主体

　法6条の7は送致の主体を「都道府県知事又は児童相談所長」としているが、児童福祉法27条の3は「都道府県知事」としていて、両条文の文言上は離齬(そご)がある。これは、昭和26年（1951年）の児童福祉法の改正の際に少年法との調整が行われなかった結果生じた離齬である。そのため、児童相談所長も、この許可申請ができるかについて争いが生じている。しかし、法6条の7を前提とすれば、児童相談所長も許可申請できると解するのが相当であり、実務も、そのように運用されるのが一般的であるとされる。

　エ　「強制的措置を求める送致」の位置付け

　a　前提の説明

　前提から説明する。児童福祉施設は、対象児童に対して、原則として強制力を行使することができない。これは児童の人権尊重の観点からすれば当然のことといえる。その例外の場合には、児童福祉法33条（一時保護）、33条の2（一時保護中の児童の親権代行）、47条（施設の長の入所中の児童等の親権代行）の場合がある。

　しかし、強制的措置が必要となる場合は、上記の場合に限らない。そして、そういった必要が生じたときに、行政機関が独自の判断で強制的措置をとるのは、児童の人権保障上も相当とは解されない。そのため、強制的措置をとるか否かの判断は、司法機関である家庭裁判所の判断に委ねるのが相当である。

　そして、法18条2項に定められた判断を得て認められた強制措置自体は、児童福祉機関が行うことになる。

　また、そういった送致の性格からすれば、再度の強制的措置許可申請が可能と解されているのも、当然のことといえよう。

　b　「強制的措置を求める送致」の位置付け

　強制的措置許可申請事件は、6条の7や児童福祉法27条の3では「送致」との文言が用いられているものの、これまでの説明からも明らかなように、事

件そのものを家庭裁判所に係属させる本来の「送致」の意義はなく、家庭裁判所に対する上記の趣旨の許可を求めるものである。

そして、「強制的措置を求める送致」の性格については、許可申請説、通常送致説、折衷説の争いがあるが、判例や通説も、許可申請説であると解される。例えば、**参考裁判例 26 最決昭和 40 年 6 月 21 日刑集 19 巻 4 号 449 頁、家月 17 巻 7 号 139 頁【参考裁判例集 346 頁】**も、「児童相談所長のなした右家庭裁判所への送致は、右強制的措置をとるについての許可を申請する趣旨のものであり」として、許可申請である趣旨を明示する。そして、「同家庭裁判所のなした右決定も、これに対する許可の性質を持った決定である」として、家庭裁判所の決定に対しても、上記判断と平仄(ひょうそく)のとれた性格付けをしている。

しかし、許可申請との性格付けを徹底すると、「強制的措置を求める送致」を受けた家庭裁判所の調査の過程で、当該児童に対しては保護処分が相当だと判断される場合に、円滑な処理が困難となる。そこで、この場合について項を改めて検討する。

　オ　保護処分相当と判断された場合の取扱

　a　上記場合の想定可能性

強制的措置を必要とするような少年であれば、そういった措置を必要としない少年に比べると、要保護性の高い少年が含まれてくるのは当然のことといえよう。そして、そういった少年に関しては、非行事実としてぐ犯が想定可能である。

このような前提で考えると、上記のように家庭裁判所が保護処分相当と判断できる場合もあり得るから、上記想定可能性が肯定されることになる。

　b　上記場合への対処方法

上記場合については、①児童福祉機関に対して、当該機関に既に係属している非行事件を追送させることが考えられる。

そして、この方法以外にも、実情に即した運用として 2 つの方法があろう。すなわち、②許可申請事件は、その性質からして、通常、保護処分を積極的に

排除する趣旨ではないと解されるから、予備的、択一的に通常送致の趣旨が含まれていると解されるとすれば、保護処分をすることが可能となる。そのため、児童相談所長等に対して、許可申請の趣旨について釈明を求め、上記通常送致が含まれているとの回答が得られれば、上記の処理が可能となろう。

　また、③ぐ犯事件であれば、家庭裁判所調査官の7条1項に基づくぐ犯報告を得て、裁判官が立件命令をし★47)、許可申請事件と併合審理をすることが考えられる。

　①②の方法は、①の追送するか否か、②の通常送致が含まれているとの回答をするか否か、に関する判断を児童福祉機関が行うことになるから、児童に対する対処について児童福祉機関自身が判断するという枠組みに沿ったものといえる。

　③は、児童への対処について児童福祉機関自身が判断するという枠組みとは異なることになりかねないから、その運用においては、家庭裁判所に対して適切な判断が求められているといえよう。

　いずれにしても児童自立支援施設送致以外の保護処分に付されると、強制的措置をとる前提が欠けるから、強制的措置を求める申請は不許可となる。

　なお、少し類型を異にするが、横浜家決平成27年12月16日判タ1427号250頁、家庭の法と裁判7号68頁は、児童相談所長からぐ犯保護事件が送致され（保護処分として児童自立支援施設送致の場合を想定した）、併せて強制的措置許可申請事件が送致された事案で、児童自立支援施設における処遇により少年の問題性を改善させることは困難であるとし、第1種少年院に送致し、他方、上記前提の強制的措置を求める申請については不許可とした。

47) 家庭裁判所調査官の報告で直ちに事件係属の効果が生じるわけではなく、上記立件命令が必要である。参考裁判例5（2）福岡高決平成18年3月22日家月58巻9号64頁【参考裁判例集324頁】は、法7条による新たな立件手続を経ない不備を指摘している。

4　ぐ犯少年

(1)　概観

ア　ぐ犯の位置付け

家庭裁判所が対象とする非行少年をどの範囲とするかとの枠組みにおいて、重要な意味合いを持つのがぐ犯少年を非行少年に加えたことである。すなわち、刑法は罪を犯した者しか対象としていないから、少年法においても、犯罪少年と触法少年だけを対象とすれば、年少者をも対象としている点を除けば、刑法に準じた法制度との色彩が強いことになる。

しかし、未成年者である少年の可塑性の高さを考えると、少年法はより幅広い者を対象とする、すなわち、犯罪少年、触法少年には該当しない不良少年をも対象者として取り込み、早期に必要な保護的措置を取って、当該少年の犯罪的危険性を除去し、健全育成に資することとする、といった立法政策上の判断にも十分な合理性があるといえる。

そして、保護処分を利益処分と位置付ければ、この範囲をより広範囲なものとすることにも合理性があることになる。他方、保護処分に不利益処分としての側面があることに着目すれば、少年の人権保障の観点からも、その範囲には自ずと限界があり、その要件もより明確なものであることが望ましいことになる。

旧少年法も、ぐ犯少年を少年法の対象少年とする点では現行法と同様であったが、「刑罰法令ニ触ルル行為ヲ為ス虞アル少年」（4条柱書）とだけ規定されていて、ぐ犯性のみの規定であり、ぐ犯事由の定めはなかった。

他方、上記検討を踏まえると、ぐ犯性だけでなく、ぐ犯事由も定めている現行法は、より望ましい立法形式となっているということができよう。

そして、法3条1項3号が定める「イ〜ニ」の4つの事由がぐ犯事由であり、同号柱書所定の事由、すなわち、「その性格又は環境に照らして、将来、罪を犯し、又は刑罰法令に触れる行為をする虞《＝触法を想定》」が「ぐ犯性」である。

イ　ぐ犯の対象者

ぐ犯には、これまでは、犯罪少年、触法少年といった年齢による区別はなく、14歳未満か、以上かを問わず、20歳未満の少年が広く対象とされていた。しかし、令和3年の法改正で、既に説明したように、特定少年に対しては法3条1項3号の規定は適用されなくなった（65条）から、18歳未満という年齢の上限が新たに存在することになった。

また、既に触法少年に関して説明したように、14歳未満の少年の場合には、児童福祉機関にまずはその取扱を委ねるという児童福祉機関先議の建前は触法少年の場合と変わらないから、その限度では、ぐ犯に関しても、犯罪少年と触法少年の区別に対応する形が存在していることになる。

ウ　ぐ犯評価の2面性

ぐ犯は、保護主義からは、まさに適した制度であって、積極活用が期待されることになる。

しかし、実務の運用は、統計に関して既に説明したように、ぐ犯事件は減少しているものの、同時に、保護処分の比率が高いから、ぐ犯事件としての立件を慎重に行っていることが窺われる。すなわち、①犯罪でもないのに収容処分を受ける可能性があること、②ぐ犯概念に不明確な面があること、などを考慮して、謙抑的な運用が行われているものと解される。

このようにぐ犯に関しては、積極的運用、謙抑的運用双方の観点からの評価が可能である。しかし、上記統計資料に基づいた現状からは、後者の立場に立った運用、すなわち、ぐ犯によって保護処分を受ける不利益処分性を念頭に置いた謙抑的な運用が基本となっていることが窺われる。

（2）　ぐ犯事由

ア　定型性のある制限列挙

上記の趣旨からすれば、既に述べた4つのぐ犯事由は制限的列挙であると解されていることには、合理性があるといえる。そして、各事由はぐ犯概念の不明確さをできるだけ回避する観点からすれば定型的なものであることが望ましく、上記ぐ犯事由も、一定期間にわたる行状、性癖等という形の定型性を持っ

た内容となっている。

　そうであっても、その期間には個々の事由に応じた長短があり得よう。例えば、「イ　保護者の正当な監督に服しない性癖のあること」「ニ　自己又は他人の特性を害する行為をする性癖のあること」は、いずれも「性癖」とあるから、所定の事由が「性癖」となっている必要がある、換言すれば、通常、そういった程度になるのを可能とするだけの期間を要することになる。

　他方、「ロ　正当な理由がなく家庭に寄り付かないこと」「ハ　犯罪性のある人若しくは不道徳な人と交際し、又はいかがわしい場所に出入りすること」には、「性癖」との用語はないし、事柄の性質からしても、より短期間の行為によってその要件が満たされていると評価することができよう。

　イ　ぐ犯事由の意義、相互関係性

　3条1項3号の「イ」と「ロ」については保護欠如性が、同号「ハ」については環境的危険性が、同号「ニ」については性格的問題性が、それぞれ指摘されている。ぐ犯事由としては個別に定められていても、上記のようなぐ犯事由としての性格に即せば、例えば、「イ」と「ロ」、「ハ」と「ニ」の各両事由を同時に満たす関係にあることもあり得よう。

　そして、「ハ」と「ニ」では、少年側に正当事由があることは想定し難い。

　他方、「イ」、「ロ」に関しては、少年側の事情も考慮する必要がある。すなわち、保護者や家庭と少年の関係とは多様であるところ、「イ」では「正当な監督」が、「ロ」では「正当な理由」が、それぞれ要件として明示されているから、当該行為を行っている少年側の合理性の有無も、そういった要件の判断に関して適切に反映できるような規定振りになっているといえる。例えば、当該少年が親から虐待を受けてやむなく家出をしている、といった場合には、「イ」や「ロ」に該当しないといった判断も可能となる規定振りである。

　このように、ぐ犯事由の相互の関係やその意義は均一なものではないが、各事由は独立した形で規定されているから、1つの事由に該当すればぐ犯事由を具備したことになり、複数の事由に該当している必要はない。

(3) ぐ犯性

ア ぐ犯性の意義

ぐ犯性は、犯罪的危険性である。危険性という言葉からしても明らかなように、犯罪少年のように「犯罪」といった過去の行為を契機としてその事態に対処するといったことではなく、現状を前提とした将来の予測を契機として、その事態に対処する判断枠組みになっている。そして、この予測は、単なる推測では足りず、論理則、経験則等に基づいた評価的判断である必要がある。

また、少年の人権保障の観点からは、ぐ犯性で言われている「虞」は、単なる可能性ではなく、高度な蓋然性が必要だと解されているのは、適切なものといえる。

ぐ犯事由との関係では、ぐ犯事由とぐ犯性とが全く無関係なものであれば、ぐ犯事由を定めている意義が欠けることになろう。そのため、ぐ犯事由に該当すれば、ぐ犯性が推定できる関係性にあるものと解される。それでも、ぐ犯性は将来予測であるから、ぐ犯事由だけでなくより広範囲な事情を考慮して判断すべきものといえよう。その意味で、ぐ犯事由がぐ犯性を推認させる程度には限界があることになろう。

また、上記蓋然性は、純粋な事実認定事項ではなく、ぐ犯事由に該当する事実に上記の視点から考慮に入れた事情を前提とした総合評価といった性質を帯びたものといえよう。

イ 犯罪的危険性

この犯罪的危険性の意義についても争いがある。およそ何らかの犯罪といった広範で漠然とした危険性ではなく[48]、特定の又はある程度具体的な犯罪の危険性をいい（この考えは通説とされる）、財産犯、粗暴犯等といった程度の総合的な犯罪類型では足りず、より具体的な犯罪類型であることを要するとの説が有力とされている。

こういった有力説は、犯罪的危険性を絞り込んだものであって、犯罪的危険性の有無の判断を客観性のあるものとするから、支持できる。

48) この考えを前提とすれば、ぐ犯として幅広い少年が含まれてくるから、それだけ、ぐ犯として家庭裁判所が対処するのが早期に広範囲に行われることになる。家庭裁判所の処分は利益処分との考え方に沿ったものといえよう。しかし、上記のとおり、ぐ犯が謙抑的に運用されている現状とは異なる考え方といえよう。

ウ　ぐ犯事件の非行事実

これまでの説明を前提とすると、ぐ犯事件の非行事実としては、①上記「イ」～「ニ」に該当する具体的な事実、②当該事実が上記「イ」～「ニ」のどの点に該当しているのか、③上記の視点からぐ犯性の判断に当たって考慮に入れた事情（性格、環境などの事情等）、④具体的な犯罪類型（窃盗、恐喝、傷害等）の罪を犯すおそれ、などを明示した記載とすることが肝要といえる。

エ　要保護性との関係

犯罪的危険性という点からしても、ぐ犯性と要保護性は関連性のある概念であるから、ぐ犯性が要保護性に解消されるとの考えがあるのも了解可能である。

しかし、3条1項3号は非行少年の要件を定めたものであり、他方、要保護性は非行少年に対して検討すべきものとすれば、判断事項において重なるものがあるとしても、両者は異なるものであるといえよう。また、ぐ犯性は非行時点での判断であり、要保護性は処遇決定時の判断であって、判断時点の違いを根拠に両者を区別する考えも、上記の考え方と基本的な視点が共通しているといえよう。

(4)　ぐ犯で問題とされるその他の事項

ア　ぐ犯の1個性

ぐ犯の1個性については、上記のように、ぐ犯は一定期間の行為を対象とするから、①どの時点までのぐ犯事実を1個のぐ犯事実とするのか（＝縦関係におけるぐ犯事実）と、②特定の時点において同時に存在するぐ犯事実をどこまで1個のぐ犯事実とすべきなのか（＝横関係におけるぐ犯事実）の問題があるとされる。

a　縦関係におけるぐ犯事実は終局決定時説

ⅰ　終局決定時説を採用する根拠

　縦関係におけるぐ犯事実については、家庭裁判所の受理時か終局決定時かとの争いであり★49)、裁判例も分かれている。両説の違いは、当該少年の事件が、家庭裁判所に係属中にそのぐ犯事実・ぐ犯性に変化が生じるほどの期間、家庭裁判所に係属していて初めて意義を持つことになる。そして、①身柄付きで送致された少年の場合には、観護措置中は、外部的接触が限定されているから、通常、ぐ犯事由、ぐ犯性に基本的な変化は生じず、少なくとも、新たなぐ犯事由が生じる、などといったことは通常ない。②観護措置中にぐ犯性が軽減された場合には要保護性も減少することになる。そうであれば、①②に関しては、両説の争いは、事件処理に影響を及ぼすことにはならない。

　そのため、両説の争いは、③在宅の少年（観護措置中の少年が試験観察に付されて観護措置が取り消されるなどした場合を含む）の場合に、主として意義を持つことになる。社会内での生活を通じてぐ犯性が変化する可能性があるからである。

　受理時説はぐ犯事実が受理時で確定するため、受理後に生じたぐ犯事実については、新たに立件処理して観護措置を取ることができることになるのが利点である。他方、決定時説は、決定までに生じたぐ犯事実に対して一事不再理効の効力を及ぼすことができるのが利点である。

　いずれにしても、それほど大きな差異が生じる議論とは思われないが、刑事と対比して考えると、例えば、常習賭博で保釈された被告人が保釈後に新たに常習賭博をした場合には、当該事実に対して新たに逮捕・勾留して捜査をし（この点は争いがあったが積極説に収斂されたと理解している）、訴因の追加の形で起訴した後に両勾留が統一される、といった運用となる。この点を参考にすれば、ぐ犯事実の場合も、受理後に新たなぐ犯事実が生じて観護措置を取る必要が生じる場合には、終局決定時説を前提としても、当該新たなぐ犯事実に即して観護措置を取れば足りると解される★50)。そうであれば、受理時説を採るまでの必要はないから、終局決定時説で良いといえる。

　この点を補足する。例えば、傷害保護事件で、当該事件受理後に被害者の傷

害が悪化した場合には、必要に応じて補充的な事実の取調を行った上で、当該
悪化した傷害を取り込んだ形での傷害の事実を非行事実として認定することに
なろう。このように、家庭裁判所が認定する非行事実は、終局決定の際の証拠
関係を前提として、送致事実と非行事実の同一性の範囲内にある事実であると
解されるから、ぐ犯に限って、受理時に限定する必要性は元々ないともいえ
る。

49）　試験観察決定などがあった場合には別途その時点からとする説は、終局決定時説
　　に収斂して良いと解されるから、別途の紹介はしない。
50）　他方、従前のぐ犯事実を前提とした再度の観護措置を取るとの考えは、適切とは
　　解されない。

ⅱ　認定替えの手続の必要性

　終局決定時説を前提としても、認定手続の適法性の確保は必要であるから、
ぐ犯事実についていえば、受理後のぐ犯事実をも付加してぐ犯事実を認定する
場合には、この追加的なぐ犯事実について、少年に対する告知・聴聞の手続を
経る必要がある。その際は、どういった事実が追加されたのかが少年に分かる
ように告知する必要がある。この点に関しても、**参考裁判例 5（2）福岡高決
平成 18 年 3 月 22 日家月 58 巻 9 号 64 頁【参考裁判例集 324 頁。同頁の②
の指摘】**が参考となる。

　他方、東京高決平成 29 年 12 月 19 日家庭の法と裁判 20 号 85 頁は、送致書
に記載されていない事実（以下「不記載事実」という）を認定するに当たって
は、少年に対して告知、陳述の機会を与えるなどして防御権を保障する必要は
あるが、そのことは、履践された手続の形式ではなく実質において判断される
べきであるとして、少年に対して不記載事実に関する質問も行われて事実関係
の確認が行われ、少年も不記載事実を認めていたことなどを挙げて、原審[51]
に法令違反はないとした。

　これは原審の認定非行がぐ犯で、不記載事実もその一環をなすことになるぐ
犯事実であったという関係性が前提となっているものと解され、少年に対して
明確に告知・聴聞の手続を経る重要性は堅持されるべきことに変わりはない。

51) 千葉家決平成29年10月10日家庭の法と裁判19号105頁（ただし、部分的な紹介）は、覚せい剤取締法違反の送致事実を認めず、同一性を有するぐ犯事実を認定している。

b　横関係におけるぐ犯事実

ぐ犯事由が複数認定できる場合に、ぐ犯の成立をどのように考えたら良いのか、ということである。

ぐ犯事由該当事実と同種のぐ犯性の同一性によりぐ犯が画される、との見解も有力なようである。しかし、結論を先にいえば、ぐ犯事由を問わず一定の時点では1個のぐ犯のみが成立するものと解される。これは実務の一般的な運用でもあろう。補足する。ぐ犯は犯罪的危険性であるから、同時に複数の犯罪的危険性が認められることもあり得る。しかし、相互に排斥する関係にはないから、全体を包括的に捉えることが可能と解されるからである。

イ　ぐ犯と犯罪事実との関係

a　基本規定と補充規定との関係

ぐ犯は犯罪的危険性であるから、その犯罪的危険性（例えば窃盗のぐ犯）が高まって犯罪（万引き等の窃盗）に至れば、犯罪だけを対象として少年の処遇を考えれば足り、ぐ犯を独自の対象とする必要はない。「犯罪の構成要件とぐ犯構成要件とは、基本規定と補充規定の関係にある」などと指摘されるのは、こういった事態の推移に着目したものといえる。

この変形類型としては、既に犯罪が犯されているが、例えば、被害者が特定できないなど非行事実の特定が十分できないためにぐ犯として送致された後に、被害者が特定されるなどして当該犯罪が非行事実として特定できるようになった場合である。この場合も、当該犯罪事実を対象とすれば足り、送致されたぐ犯事実を認定する必要はないものと解される。勿論、認定替えの手続が必要なことは既に説明したとおりである。

以上の説明からも明らかなように、基本規定と補充規定との関係は、送致事実が犯罪事実かぐ犯事実かといったこととは関係しないことである。ぐ犯事実が送致事実であった場合のことは既に説明したが、犯罪事実が送致事実であっ

た場合に、その後に、上記と同様の関係性のあるぐ犯事実が判明したときも、当該ぐ犯事実は、新たに非行事実として認定されることにはならず、要保護性を判断する基礎事実として考慮されるのにとどまることになる。

　また、ぐ犯事実と犯罪事実とが同時に送致されていても、当該ぐ犯事実と犯罪事実との間に、上記と同様の関係が認められれば、犯罪事実のみが認定可能であって、ぐ犯事実を認定することは許されない。もっとも、このような場合も、二重係属としては処理しないのが通例であろう。

　b　ぐ犯事実と犯罪事実との非行事実の同一性

　同時期に存在するぐ犯は１つ、という既に述べた見解を前提とすれば、ぐ犯事実は多様な内容を含むことになり得る。他方、犯罪事実は特定のものであるから、ａで述べたように、基本規定と補充規定といった単線的な対応関係にないことも生じ得る。その場合に、ぐ犯事実と犯罪事実との間に非行事実としての同一性がないということになれば、ぐ犯事実と犯罪事実とは非行事実として両立することになる。ぐ犯事実と犯罪事実との併存、競合といわれる１つの場面がこの場合ということになる。

　そこで、ぐ犯事実と犯罪事実との同一性が問題となる。結論を先にいえば、当該ぐ犯事実で示されている犯罪的危険性の発現として当該犯罪事実が犯された、と認定・評価できる関係にあるか否かで判断されることになる。ぐ犯事実は多様であるから、特定の犯罪事実との関係で、上記のように単線的な対応関係にあるぐ犯事実が認められても、それ以外のぐ犯事実もなお重要であって、残余のぐ犯事実も依然として非行事実として取り扱うことが相当な場合もあり得る。こういった場合には、残余のぐ犯事実と犯罪事実とは非行事実としての同一性を欠くことになって、併存することになる。

　ぐ犯事実と犯罪事実とが基本的な部分において重なり合い、その重なり合う事実がぐ犯行状を認定する上でかなり重要な要素となっている場合には、ぐ犯事実と犯罪事実との間に同一性がある、といった指摘も、上記のような考えを別の言い方で表現したものと解することができよう。

　補足して具体的に説明する。ぐ犯事実として窃盗と恐喝とを犯すおそれがあ

るとされていて、窃盗の非行が犯された場合には、窃盗の非行との関係では窃盗のぐ犯事実が基本規定と補充規定との関係にあることは明らかであろう。他方、恐喝に関するぐ犯事実まで、上記のような関係にあると考えて良いかについては、事案による側面のあることが否定できないが、原則的には、上記のような関係まではなく、窃盗の非行と恐喝のぐ犯事実とが併存するものと解されよう。より明確な事例を例示すれば、ぐ犯が窃盗で、犯罪が無免許運転などといった場合には、それぞれが認定されることとなることが容易に理解されよう。

　　c　認定落ち等

　送致された犯罪事実が認定されない場合でも、少年法特有の取扱が可能な場合がある。当該犯罪事実で示されている事実関係を前提として、ぐ犯事実が認定可能な場合には、そのように認定することが可能なときがある。そして、そういったときには、その認定を前提とした処理を行うことも適法と解されている。例えば、被害者との間に合意があったと認定できることから、送致事実の強制性交の非行は認められないが、共犯者らとの間の不良交遊が認められて、ぐ犯事実としては非行が認定される場合である。勿論、認定替えの手続を行うことは必要である。

　関連する裁判例としては、既に紹介している裁判例5（2）福岡高決平成18年3月22日家月58巻9号64頁【参考裁判例集324頁】に加えて、例えば、①参考裁判例5（1）名古屋家決昭和46年9月18日家月24巻6号93頁【参考裁判例集323頁】、②同（3）東京高決平成25年1月25日家月65巻6号121頁、判タ1394号381頁【参考裁判例集325頁】がある。

　ぐ犯は多様であるから、上記の認定落ちとは少し異なるものの犯罪事実が認定されずにぐ犯事実が認定されるという点で類似する事項について、ここで説明しておく。すなわち、ぐ犯事由が多様であって（例えば、売春、窃盗、恐喝等）、犯された犯罪が万引き等軽微であって、未送致余罪（同級生をかつあげした）も被害届も出ておらず自白しかないなどといった場合には、犯罪事実を独立して認定することなく、ぐ犯事実の一部を構成する不良行為事実として認定

されるのにとどまることもあり得る。この場合には、「基本規定と補充規定」といった関係にはない。ぐ犯の幅広さを示すものといえる。

第2章　少年事件の捜査、調査

┌─学修のポイント─────────────────────────┐
・　刑訴法における捜査の知識を前提として、少年事件の捜査、調査を理
　　解すること
└──────────────────────────────────┘

1　概観

　触法少年に対する調査については既に述べたが、非行少年の内、犯罪捜査の
対象となって逮捕・勾留されるのは、当然のことながら、犯罪少年に限られ
る。そして、少年の刑事事件としては、①犯罪少年の事件発生から当該事件が
家庭裁判所に送致されるまでの間の少年被疑事件が主要なものであるが、②家
庭裁判所から法20条に基づいて検察官に送致され[★52)]、公訴の提起を経て（こ
の間は少年被疑事件である[★53)]）、少年被告事件となる段階までも含まれている。

　ここでは、①の段階の少年被疑事件を中心に説明する。少年事件の捜査も、
基本は成人と変わらないが、少年の特性に応じた制約等も見られる。その点に
ついて身柄事件を中心に見てみる。

　なお、既に説明したように、平成12年改正で、犯罪少年の下限と逆送可能
年齢の下限とに差異がなくなったから、文献を読む場合には、従前あった、こ
の差異を前提とした視点からの議論は、その前提が欠けていることに留意する
必要がある。

---

52)　家庭裁判所から上記の態様で事件を検察官に送致することを、実務では、一般に、
　　「検送」「逆送」と呼んでいる。
53)　この段階の関係法条中、令和3年の法改正で、特定少年の被疑事件に関しては、
　　法67条で、43条3項、48条1項、49条1項、3項の適用がされないこととなっ

た。関係箇所で更に説明する。

2　少年に対する逮捕

逮捕に関しては、勾留に関する後記規定のような特段の特則はない。これは何故であろうか。

筆者なりに考えると、逮捕手続の特殊性によるものと解される。すなわち、①例えば、現行犯逮捕、緊急逮捕の場合には、犯人の年齢で区別して手続を行うといったことは、通常、困難である。②逮捕は勾留に比べて対象者を拘束する時間が短いから、少年という特性に応じた特則を設ける必要性がそれだけ低くなる。これらが考慮されたためではなかろうか。

しかし、少年に即した定めが全くないわけではない。犯罪捜査規範208条は、少年の逮捕をなるべく避けるべき旨などを定めている。また、逮捕の必要性の判断事項に関しては、刑訴規則143条の3に「被疑者の年齢」が規定されている。これらからしても、逮捕状に基づく逮捕だけでなく、その他の類型の逮捕であっても、少年の特性を考慮できる限りは考慮しようとの制度設計がされていることが看取されよう。

また、逮捕そのものではないが、逮捕された場合の取扱いの分離については、法49条1項の定めがある（前記のように特定少年には適用されない）。

このように逮捕に関しても、限られた範囲内ではあるが、少年の特性に応じた制度設計がされているのである。

3　少年に対する勾留に代わる観護措置、勾留

(1)　勾留に代わる観護措置
ア　勾留に代わる観護措置は本来の観護措置とは異なる

少年の特性に即した定めである。検察官は、勾留の請求に代え、観護措置（17条1項）の請求をすることができる（43条1項）。しかし、請求対象が17条1項の措置とされているところから、家庭裁判所に送致後の観護措置と誤解されがちなので、勾留に代わる観護措置はこの本来の観護措置とは全く異なる

制度であることがしっかりと留意されるべきである。

　補足する。43条1項本文の「裁判官」は、同項ただし書に「家庭裁判所の裁判官」とあることと対比しても、請求検察官に対応する地方（簡易）裁判所の裁判官であること（刑訴規則299条）が分かる。これからだけでも、この観護措置は17条1項による本来の観護措置とは異なることが分かる。すなわち、本来の観護措置は同項に明示されているように、「家庭裁判所」が行うことになっている。この本来の観護措置は、刑事でいえば、起訴後の勾留に相当する処理体制（勾留は刑訴法60条によって裁判所がその判断を行う）によって行われているのであって、捜査段階において令状担当裁判官が行うこととされているのとは異なるのである。また、検察官が勾留に代わる観護措置を請求するに当たっては、刑訴規則281条によって、勾留に関する同規則147条〜150条が準用されている。

　なお、勾留に代わる観護措置は、「勾留に代わる」とあるものの、少年に関する全ての勾留に代わるものではなく、法43条、44条の規定内容に照らしても、事件が家庭裁判所に移送されるまでの被疑者勾留に代わるものであると解されている。

　イ　勾留に代わる観護措置としての法17条1項1号の利用はほとんどない

　43条1項ただし書では、勾留に代わる観護措置として17条1項1号（在宅観護）の利用が可能とされている。しかし、実務ではほとんど使われることがない、換言すれば、勾留に代わる観護措置のほとんどが少年鑑別所送致の観護措置（送致観護・収容観護）である[54]。その理由を筆者なりに考えると、当該少年に対する捜査が在宅のままでも可能であれば、逮捕後の身柄拘束の必要性はないことになるから、しかるべき時期に釈放すれば足りるはずである。換言すれば、勾留に代わる観護措置として在宅での観護措置である調査官観護を選択する必要のある事案というのは、元々極めて限られていよう。実務の上記運用状況はこのような事柄の性質に即したものといえ、運用の不当性を窺わせるものではないといえよう。

54) そのため、施設収容観護（17条1項2号）の請求のみを「観護令状請求」と、同
　　請求が認められた場合のみを「勾留に代わる観護措置」と、その際に発せられる令
　　状（44条2項）を「観護令状」と呼ぶのが実務の通例である。
　　　ちなみに、令和2年における少年鑑別所の収容者では、本来の観護措置による者
　　が全体の88.0％を占め、勾留に代わる観護措置による者は6.4％にとどまり、48条
　　の勾留による者は僅か（筆者注　その分、警察の留置施設で収容される者が多いで
　　あろう）とされている（曹時73巻11号190頁）。

ウ　勾留に代わる観護措置と勾留との異同

　勾留に代わる観護措置の期間は10日と定められていて（44条3項）、延長に
関する規定はない[55]。そして、この10日の期間内に観護措置を継続すべき
事由が消滅してしまった場合の取扱いについては、争いがあるが、検察官は自
己の権限で釈放できると解され、実務もそのように運用されている。

　また、接見等禁止決定（刑訴法81条）の類推適用はないものと解されている。
　これらが勾留と異なる点である。その分、勾留に代わる観護措置が勾留に機
能的に代替できている程度を引き下げ、ひいては、その利用頻度を引き下げて
勾留の利用頻度が高くなる事態を招いている[56]ともいえる。

　他方、勾留と同様に扱われる部分も多い。例えば、勾留に代わる観護措置
も、不服申立に関しては刑訴法429条によることになる。もっとも、細かくい
えば、事件が家庭裁判所に送致されると、法17条7項によって、少年事件と
しての観護措置とみなされてしまうから、準抗告の対象裁判がないことにな
る。その後については、17条の2に基づく異議申立てを認める見解が有力で
あり、同趣旨の裁判例がある（例えば、札幌家決平成15年8月28日家月56巻1
号143頁、那覇家決平成16年7月14日家月57巻6号204頁）。

　しかし、この点は、きちんとした留保がされている必要があるが、その点が
上記見解や裁判例でも自覚的に行われていないように思われるので、付言す
る。17条の2は、家庭裁判所がした「決定」に対する不服申立に関する定め
であって、裁判官のした裁判に対する不服申立を定めたものではない。した
がって、上記見解や裁判例は、刑訴法に比較して説明すれば、起訴後の勾留の
段階で、起訴前の勾留に対する不服を申し立てることを肯定したものといえよ

う。しかし、この場合には、判例はその訴えの利益を否定している（最決昭和59年11月20日刑集38巻11号2984頁《安廣文夫・判解刑同年度446頁》）ことからしても、異議申立自体は制度的な裏付けがあるものであるとはいえ、観護措置とみなされる以前の事情のみを理由として異議申立を認めるのは適切ではないといえる。あくまでも、観護措置としてみなされた時点以降の事情から当該不服申立に認容できる事情があるか否かを判断すべきである。もっとも、元々罪証隠滅のおそれがなければ、観護措置としてみなされた時点以降でもその点は変わらないであろうから、罪証隠滅のおそれは認められないこととなる。そのようなことなどから、異議申立が認容されるという結論自体に差異が生じない場合はあり得るが、判断対象が異なることを明示しておく必要があるのである。

　本題に戻すと、関連する手続では、勾留理由開示（刑訴法83条）については、争いがあるが、類推適用を肯定して良いと解される。補足すると、公開の法廷で行われる手続ではある（同条1項）が、少年側が請求して行われる手続である（同法82条）上、少年であっても勾留された場合には認められている手続であることを考慮すると、その類推適用を否定する理由はないといえる。

55）　刑訴法における勾留延長の規定は、208条2項、208条の2（ただし、極めて限定された罪に対してのみであって、一般の罪には当てはまらない。この点も正確に理解されるべきである）である。

56）　勾留の方が勾留に代わる観護措置より多くなっていることについては、拙著②344頁等参照。

（2）　勾留

ア　やむを得ない場合である必要

a　概観

検察官は、やむを得ない場合でなければ勾留請求はできない（法43条3項）。請求が認められると勾留状が発付されることになる（48条1項）★57）。そのため、この「やむを得ない場合」の意義如何が重要である。関連する裁判例には、例えば、**参考裁判例6横浜地決昭和36年7月12日下刑集3巻7＝8**

号800頁、家月15巻3号186頁【参考裁判例集326頁】がある。

　ちなみに、旧少年法でも、少年に対する勾留には「已ムコトヲ得サル場合」との限定が付されていた（67条1項）。

　事柄の性格からして、この「やむを得ない場合」は、主として、ⅰ勾留が少年の心身に及ぼす悪影響の程度と、ⅱ捜査の必要性の程度との総合的な判断となろう。そして、その際の判断事項としては、①施設上の理由、②少年の資質等、③被疑事件の性格、④捜査遂行上の理由が挙げられている（拙著②第2編第5章「勾留を必要とする『やむを得ない場合』」337頁以下等参照）。ⅰに②が、ⅱに①③④が、各対応しよう。

　なお、令和3年の法改正で、逆送決定（法20条1項、62条1項）のあった特定少年に対しては43条3項は適用されない（67条1項）から、同項に基づく制約はない。

　57)　「発布」との誤記や変換ミスが多いから留意されるべきである。ちなみに「発付」の用語例としては、刑訴法200条「発付の年月日」等がある。

　b　補説

　①施設上の理由は、④捜査遂行上の理由と関連している場合が多い。そして、拘禁場所が、勾留に代わる観護措置では少年鑑別所であり、勾留では警察署付設の留置施設である、といった想定が、この理由を挙げる前提となっているといえる。いずれの場合でも少年鑑別所に拘禁されるのであれば、この施設上の理由は、ほとんど意義を持ってこない。上記の想定は他の事項についてもいえるが、重複するので、その点の説明は省略する。

　施設上の理由が挙げられるのは、少年鑑別所が原則として各家庭裁判所本庁所在地に各1カ所しか設けられておらず（支部に対応する形で設置されているのは立川（旧八王子）と小倉のみ。なお、八王子少年鑑別所は移転集約されて現在は東京西少年鑑別所であることにつき曹時73巻11号123頁）、収容人員も定められている、といった物理的、人的な制約の存在を前提としたものである。そこから、施設上の理由としては、ⅰ収容人員に余裕がない場合、ⅱ少年鑑別所が遠

71

隔地にある場合（家庭裁判所本庁から遠隔地にある支部事件の場合ということになる）などが想定可能である。

　②少年の資質等は、少年の資質一般ではなく、勾留を請求するための「やむを得ない事由」として主張されるわけであるから、勾留に耐えられる少年の資質等が中心となる。少年の年齢、性行、非行歴等から、成人と同様に扱っても、少年の心身に及ぼす悪影響の程度が少ないことがその主要な内容となる。

　また、当該少年を少年鑑別所に収容することによって、他の少年に悪影響を及ぼす場合も含まれるとされている。この点は、当該少年が他の少年に与える悪影響であるから、勾留を積極的に相当とする事由というよりは、勾留に代わる観護措置が不適切となることで、裏から勾留を相当とする「やむを得ない場合」に該当することを裏付ける事情ということになろう。

　このように、②は、勾留が少年に対して与える影響を少年の資質等に照らして判断する面と、少年を観護措置とした場合の他の少年との関係性を少年の資質等に照らして判断するという、裏から勾留を相当とする面との、方向性の異なる二面性のある判断を包含するものである。

　③被疑事件の性格は、④捜査遂行上の理由と関連している。逆送決定を受けて公訴提起に至る可能性の高い重大事件、事案複雑な事件等、捜査を尽くす必要性の高い（＝勾留が少年に与える影響を考慮しても捜査を尽くすべき必要性のある）事件が、その主要な内容をなすものといえる。

　④捜査遂行上の理由は、これまで説明してきたように、①③④と関連する。そして、勾留に代わる観護措置が、既に説明した勾留との差異を保持した制度であることによって生じる理由に加えて、少年鑑別所が捜査への対処に関して内在している不便性（例えば、面通し、施設外での捜査への被疑者の立ち会い、多数の証拠物や写真等を持ち込んでの捜査等との関係）を反転させた形で主張される理由である。すなわち、ⅰ勾留に代わる観護措置期間では捜査が遂げられない、ⅱ接見等禁止をする必要がある、ⅲ被害者、目撃者等による「面通し」の必要性がある、ⅳ少年を立ち会わせた形での犯行現場等での検証、実況見分、引き当たり捜査等の必要性がある、ⅴ多数の証拠物、写真等を持ち込んでの捜

査が困難である、などの理由である。そして、ⅰⅱはいわば制度的な理由であ
るが、ⅲ～ⅴは、本来は、少年鑑別所の人的、物的改変によって対処されるべ
き事柄であるから、やむを得ない事由として考慮すべきではないとの考えも想
定できる。

　しかし、少年鑑別所は元々捜査への対処を目的として設けられた施設ではな
いから、上記のような考えを全面的に及ぼすことは、やはり相当ではないとい
えよう。そして、公務員の人的制約が強い中での少年鑑別所の現状を前提とす
る限りは、この捜査遂行上の理由も、相応に考慮されるべきこととなろう。

　イ　少年鑑別所での拘禁可能性、取扱の分離

　a　少年鑑別所での拘禁可能性

　少年鑑別所での拘禁が可能とされている点は、48条2項で定められている。
関連する裁判例としては、例えば、参考裁判例7福岡地決平成2年2月16
日家月42巻5号122頁【参考裁判例集327頁】がある。

　また、当該少年が成人に達した場合でも、引き続き同様の措置を取ることが
可能とされている（48条3項）。もっとも、この取扱は、当該少年にとっては
利益な面があるが、成人した者が収容されているということが、同じ施設に収
容されている他の少年に対して悪影響を及ぼす可能性も考慮されなければなら
ない。そのため、刑事施設への移送を原則とすべきだとの見解もある。

　しかし、上記48条3項が特段の条件的な文言も付されていない形で設けら
れていることからすれば、少年として拘禁されてきた者が成人したからといっ
て、直ちに刑事施設へ移送されるべきことになるとは解されない。成人後にお
ける当該事件の進行見込み、当該成人となった者が他の少年に与える悪影響の
内容、程度などを事案に即して判断・対処すれば足りるものと解される。

　b　取扱の分離

　少年の特性に着目して、他の被疑者・被告人「と分離して、なるべく、その
接触を避け」（49条1項）、「成人と分離して収容」する（49条3項）ことが要
請されている。なお、特定少年に関しては後記エで説明する。

　ちなみに、旧少年法では、特別の事情のある場合を除いては、少年は独居と

され（67条2項）、少年の被告人に関しては、上記法49条1項、3項と類似する身柄の分離の規定が置かれていた（旧法68条）。

ウ　関連問題

a　検察官の勾留請求に対して、勾留に代わる観護措置が相当と判断した場合の取扱

この点に関する考え方は分かれている。しかし、実務的には、いきなり勾留請求を却下するのではなく、検察官に対し勾留に代わる観護措置を請求するか否かを釈明し、その意向がある場合には（通常はこの意向があろう）、予備的な形で付加的にその旨の請求をしてもらい、勾留に代わる観護措置を認める★58)、といった運用が望ましいものといえる。

なお、この場合の勾留に代わる観護措置の請求の時期については、刑訴法上の制限時間内に限られる（204条、205条）との見解が有力である。しかし、勾留請求自体が適式に行われていれば、勾留に代わる観護措置の予備的請求を追加するに当たって、上記有力見解のような時期的な制約はないものと解される。その意味では、当初から予備的に勾留に代わる観護措置の請求があっていると解するのと変わりがないことになるが、検察官としては、あくまでも勾留を希望している場合もあろうから★59)、常に、予備的に、勾留に代わる観護措置請求もしていると擬制してしまうのは相当ではないと解される。他方、裁判官の判断時期が遅れたことで、時期的に、勾留に代わる観護措置の予備的請求ができなくなるのも不合理なことであるから、筆者は、上記のように考えている。もっとも、裁判官に対しては、上記の相当性に関するすみやかな見極めが期待されているといえる。

58)　当初の請求に、元々予備的な形で勾留に代わる観護措置の請求があったものとして処理する運用も考えられるが、手続の明確性に欠ける。
59)　この場合には、検査官は、勾留に代わる観護措置が認められても、勾留を求めて準抗告することも想定される。

　b　観護令状発付後に「やむを得ない場合」が新たに生じた場合の措置

　上記のとおり勾留に代わる観護措置の期間は最長でも 10 日であるから，標題のような事態は，実務的には，めったに生じないであろう。そうだからというわけでもないであろうが，この場合に関する特段の定めはない。そのため，解釈によってどこまで可能かということになる（拙著② 346 頁等も参照）。そして，上記の実情からしても，格別の解釈を行うべき実務上の必要性が特に高いとまでは見られない。そうであれば，検察官は裁判所に対し勾留に代わる観護措置の取消と勾留請求とを同時に請求し，勾留に切り替えられるとする説は，解釈としては支持し難いものといえる。

　ではどうするかということになると，例えば，①余罪の関係で捜査の必要性が急に高まったといった場合には，当該余罪について，別途，逮捕・勾留を請求するといった措置を取るべきであろう。②接見等禁止の必要性が急に高まったといった場合には，直接の対応策はないから，当該少年事件の処理を迅速に進める，といった対応が望ましいといえる。③当該事件に限っての事由である場合には，勾留であっても再度の勾留が例外的にせよ認められる場合がある（筆者は積極に解するが，争いがある）から，当該勾留に代わる観護措置の期間経過後に，再度の逮捕・勾留を求めるといったことが考えられる。再度の勾留については慎重な考慮が必要なことは当然であるが，勾留はされていない標題のような場合には，より積極に解される事由を備えているときがあろう。いずれにしても，個別的な事態に即した対処で足りるように思われる。

エ　特定少年の特例

　逆送決定（法 20 条 1 項，62 条 1 項）のあった特定少年に対しては，67 条 1 項により 43 条 3 項が，67 条 2 項により 48 条 1 項が適用されないから，勾留請求に当たって，「やむを得ない場合」の制約はない。

　また，67 条 2 項により 49 条 1 項及び 3 項の規定も適用されないから，分離した取扱いを受けることにはならない。

第3章　家庭裁判所への事件係属

```
　学修のポイント
・　刑訴法における検察官による公訴の提起と対比しつつ、家庭裁判所へ
　の事件係属を理解すること
```

1　概観

(1)　受動的な事件係属

　事件係属が検察官の公訴提起にほぼ限定されている刑事訴訟とは異なり、少
年事件が家庭裁判所に係属する態様は様々である。しかし、家庭裁判所自身が
事件の存在を認めて審判の対象とするといった、家庭裁判所によるいわゆる
「自庁認知」制度は認められていない。これは、家庭裁判所の司法機関として
の中立性、受動性等の反映と考えられる。そのため、家庭裁判所への事件の係
属は、家庭裁判所以外の行為を契機とするものである。その中で実務的に重要
なものは、送致、通告・報告であるから、まず、これらについて概要的な説明
を行う。

(2)　送致

　送致については既に部分的な説明をしているが、「送致」は、権限官庁に既
に係属している事件を家庭裁判所に係属させて、その権限を家庭裁判所に委ね
る行為である。事件は既に存在しているから、当該事件は、家庭裁判所に送致
された段階で、家庭裁判所に係属することになる。

　家庭裁判所に送致する主要な機関は検察官である（42条1項）。その他では、
司法警察員（41条）、知事（児童福祉法27条1項4号、27条の3）・児童相談所
長（同法32条1項により知事から権限の委任を受けている）である。

　なお、特定少年に関しては、年齢的に児童ではないし、また、法 67 条 1 項により 41 条は適用されない（＝司法警察員による送致はない）。手続的な過誤が生じないように留意されるべきである。

　送致の方式は規則 8 条に定められている。送致書によって送致し（同条 1 項）、書類、証拠物等の一件記録を併せて送付することとされ（同条 2 項）、実務的には通常、少年に対する処遇意見も付されている（同条 3 項）。

　このように、刑事事件と異なり、起訴状一本主義は採用されておらず、送致と同時に一件記録や少年に対する処遇意見が家庭裁判所に提出される制度設計になっている。少年事件に馴染んでいない学修者は理解しにくいかも知れないから、刑事になぞられて補足すると、証拠があって、検察官の論告・求刑後の段階から、家庭裁判所の審査が開始されるのである。

　なお、送致に関しては、項を改めて（後記 2、3）更に説明する。

（3）　通告・報告

ア　概観

　通告・報告は、送致と異なり、既に存在する事件に関するものではなく、非行少年に対する新たな通報行為である。

　「通告」は、法 6 条 1 項に定められていて、家庭裁判所外から家庭裁判所に対して行われるものであり、その方式は規則 9 条に定められている。実務的には、通告のほとんどはぐ犯少年に関してであるとされている。

　「報告」は法 7 条 1 項に定められていて、家庭裁判所内部（家庭裁判所調査官）から家庭裁判所裁判官に対して行われるものである。その方式は規則 9 条の 3 に定められている。実務的には、既に係属している少年の余罪非行、特に、ぐ犯の報告が多いとされている。

イ　家庭裁判所への事件係属には立件命令が必要

　通告・報告があった段階で事件が家庭裁判所に係属する、といった制度設計もあり得ようが、現行法はそうではない。通告・報告は、送致と異なり、家庭裁判所に対する職権発動を促すものにとどまり、家庭裁判所への事件係属にはいわゆる立件命令が必要と解されている。これは、通告・報告における通報内

容の多様性（＝立件に値する内容だけとは限らないから）を考慮したものと解される。

なお、立件命令は実務的には日常的なことであるが、**参考裁判例 33（3）イ 千葉家決平成 26 年 6 月 30 日判タ 1410 号 397 頁、判時 2258 号 128 頁【参考裁判例集 356 頁】**も、その一例である。

そして、立件命令の必要性については争いがあるから、補足する★60)。

①事件の調査に関する 8 条 1 項の規定振りが根拠の 1 つとされているから、筆者なりに説明する。

家庭裁判所が事件の調査を行うのは、同項前段は、（通告・報告）により「審判に付すべき少年があると思料するとき」（以下、便宜、「思料要件」という）とされている。他方、後段は「送致を受けたとき」とだけされている。この両文を対比すると、送致には思料要件が付加されていないから、その分、送致は事件の調査と直結した手続であるといえる。

もっとも、送致にも、「審判に付すべき少年事件」の存在が前提とされているから、家庭裁判所が調査をするのは、いずれにしても「審判に付すべき少年」に対してであることには変わりはない。要は、「審判に付すべき少年」との判断が、前段では通告・報告があった後に家庭裁判所において行われることになるのに対し、後段では送致の時点では既に送致機関においてその判断がなされているという違いがあることになる。

換言すれば、通告・報告の場合には、思料要件が付加されているから、法は、通告・報告があっても思料要件を欠く場合があることを前提としているといえる。そうであれば、事件の係属も、通告・報告で直ちに生じることとはせずに、思料要件を介在させて、同要件を充足したときだけ生じるものとすることにも合理性があることになる。このような思考が、①の根拠となっていよう。

②公訴時効の停止を定めた 47 条は、公訴時効の停止の始期について、8 条 1 項前段の場合には「21 条の決定があってから」（＝審判開始決定）と、8 条 1 項後段の場合には「送致を受けてから」と、それぞれ定めている点も根拠とされ

ている。

　しかし、この点については、文言だけでは根拠とはならない。すなわち、刑訴法254条1項が公訴の提起を公訴時効の停止事由として定めていることとの対比でいうと、家庭裁判所に対する事件の係属が公訴時効の停止事由に当たることになる。8条1項後段の場合は、この対比に対応したものといえる。他方、8条1項前段の場合も同様ということになれば、上記立件命令があった時点ということになるはずである。ところが、そうではなく21条の審判開始決定があってからとしているから、上記対比に対応した形にはなっていない。そして、この点は、仮に、通告・報告があった時点で事件が係属するとの考えによっても同様であるから、法は、事件の係属時点を公訴時効の停止時点として一律に規定していることにはならない。そのため、47条の規定をもって、法が、通告・報告があった時点で事件が家庭裁判所に係属するとの考えを否定しているとの根拠とするのは適切ではないと解される。

　その上で更に検討すると、立件命令と審判開始決定とが、同時、少なくとも近接した時点で行われるとの実務を想定すれば、立件命令と審判開始決定の各時点には差異がない、或いはあっても無視しても良いと解することができる。この前提であれば、上記対比にほぼ対応したものということができることになるから、実務の上記想定のような有り様も考慮に入れれば、47条も上記根拠となり得るものと解することも可能といえよう。

　以上のとおり、立件命令を要するとの考えには相応の根拠があることになろう。

　　60)　細かな事項なので、初版では注記にしていたが、長い説明なので、本文に移行させた。少年法の概要を理解したい学修者にも、法的な議論を組み立てを考える参考となろう。

ウ　報告に関する補足

a　報告に先行する調査の範囲・程度

家庭裁判所調査官は、社会調査の権限を持っている。そして、この「報告」に先立つ調査に関しては、7条2項に定めがあって、少年・保護者に対して調

査することは可能である。他方、それ以上に、例えば、参考人調査といったことはできないこととされている。そして、規則10条では、この調査に関して、「報告をするに必要な限度に止め、深入りしないように注意しなければならない」と定められていることからしても、「報告」に先行する調査は、まさに、「報告」に必要な情報を得るのに止めることが要請されているといえる。それ以上の詳細な情報に対する調査は、当該事件が家庭裁判所に係属し、裁判官による調査命令が発せられた後に行うべきことが予定されているといえる。

こういった制度設計は、適切な範囲の調査がメリハリを持って行われることになる点で、合理性があるといえよう。

　b　報告と通告との振り分け

例えば、家庭裁判所書記官にはこういった権限は付与されていないが、家庭裁判所調査官に対して、上記のような事件係属の契機となる「報告」の権限が与えられていることはなぜであろうか。家庭裁判所調査官は法8条2項に基づく調査命令を受けて社会調査をする権限を有する。そして、その調査の対象は、9条で「少年、保護者又は関係人の行状、経歴、素質、環境等」とされている。そうすると、その調査の過程で、上記「報告」の対象となる事象に遭遇することもあり得ることである。そのようなことが家庭裁判所調査官の上記「報告」権限の基礎にあるとすれば、調査命令を受けた調査の過程以外で知り得た情報に基づいて「審判に付すべき少年」を発見したときにまで、家庭裁判所調査官に上記「報告」の権限を付与することは相当とはいえない。このようなことは、家庭裁判所書記官を始め家庭裁判所の職員一般に関して生じ得ることだからである。

そのため、こういった場合には、家庭裁判所調査官も、6条1項に基づく通告をすべきとする見解が支持されるべきである。

なお、上記いずれの場合であっても、対象少年が14歳未満のぐ犯少年であった場合には、児童福祉機関先議（3条2項）の関係から、家庭裁判所調査官は、児童相談所へ通告すべきことになる（児童福祉法25条）。

c　再起

細かなことだが、実務的には重要な事柄なので、ここで説明しておく。

少年の所在不明等の事由を前提に審判不開始決定（不処分決定）がされた後（＝当該事件が家庭裁判所の係属を離れた後）に、当該少年の所在が判明するなどして、審判を行うことが可能となり、しかも審判を行う必要がなお存在する場合がある。こういった場合の当該事件を家庭裁判所に係属させる手続として、家庭裁判所調査官の「報告」手続が活用されている。この手続は「再起」と呼ばれている。そして、再起がされると、当該事件は再び家庭裁判所の審理の対象となっていく。

2　検察官からの送致

検察官からの送致が家庭裁判所に少年保護事件を係属させる主要なルートである★61)。そして、検察官からの送致の基本型は、通常送致（法42条1項前段）である。そこで、まず通常送致について説明する。

> 61)　やや古い資料だが、例えば、平成15年の新受事件では、司法警察員からの送致は2.4％であるのに対し、検察官からの送致は92.3％であることからも、その実情を知ることができよう。

(1)　通常送致

42条1項前段では、検察官が、少年被疑事件について捜査を遂げた結果（なお、この段階は刑事手続である）、犯罪の嫌疑があると思料するときは家庭裁判所に送致することとされている。この送致のことを「通常送致」と称している。そこで、通常送致に関連して3点説明する。

ア　裁量権の不存在

通常送致に当たっては、検察官には送致する・しないの裁量権は認められていない。すなわち、検察官が犯罪の嫌疑があると思料した事件全件が家庭裁判所に送致されるのである。これが全件送致と言われる制度の根拠の1つである。

なお、少年も適式に反則金を納付すれば、道路交通法128条により、当該事

件について家庭裁判所の審判に付されることはない。そのため、この点を全件送致主義の例外と位置付けることも可能ではある。もっとも、法制度上そうなるというだけのことであって、捜査官側に独自の裁量権が認められていて、その裁量行使の結果、当該事件が家庭裁判所の審判に付されなくなったというわけではないから、立法政策上設けられた例外であることに留意する必要がある。

イ　法42条1項後段の意義

同後段で通常送致が義務付けられている「犯罪の嫌疑がない場合でも、家庭裁判所の審判に付すべき事由があると思料するとき」の意義については、刑事的な視点からは不可解というほかはない。しかし、少年法においては、ぐ犯少年を想定したものと解されている。ここにも、ぐ犯を非行の対象としている同法の特徴が現れているのである。

なお、上記は14歳以上のぐ犯少年に関する説明であって、3条2項に基づく児童福祉機関先議主義からして、14歳に満たないぐ犯少年に関しては児童相談所に通告されることになる。

また、特定少年に関しては、ぐ犯は非行事由とされていないことも既に説明している。

(2)　再送致

ア　概観

「再送致」とは、検察官において、家庭裁判所から20条に基づいて送致された事件を再度家庭裁判所に送致する場合のことである。具体的には、45条5号ただし書に定められた場合であって、①「送致を受けた事件の一部について公訴を提起するに足りる犯罪の嫌疑がな」く「訴追を相当でないと思料する」場合、②「犯罪の情状等に影響を及ぼすべき新たな事情を発見したため、訴追を相当でないと思料する」場合、③「送致後の情況により訴追を相当でないと思料する」場合に、再送致が行われることになる。補足して説明するが、第17章5(4)ウ（208頁）の説明も参照願いたい。

イ　①の場合

a　「事件の一部」とされている意義

この点は、事件全部について「公訴を提起するに足りる犯罪の嫌疑がない」と思料されると、不起訴処分とされて、再送致されることはないからである（なお、この場合でも、既に説明したぐ犯に該当する場合は別で、再送致の対象となる）。

b　再送致せずに起訴することの可否

この点については、検察官の判断を介入させることをおよそ否定すると、全面的な消極説になる。しかし、筆者は、20条送致という形で家庭裁判所の当該事件の処理に関する見解は既に表明されているから、検察官が法曹としての見識に基づいて、家庭裁判所が20条送致をした趣旨を忖度し、その趣旨に明らかに反しないと判断して起訴することを許容しても、家庭裁判所先議主義に反することにはならないものと解している★62)。

なお、当然のことながら、検察官の上記判断は再送致を原則形とする前提で行われなければならないから、僅かでも疑念が残れば再送致すべきであって、明白性の要件は必要である。

この点に関しては、非常上告事件で、故意犯から過失犯へ認定落ち処理した関係で再送致せずに起訴したことについて否定的評価をした事例としては、参考裁判例31最判平成26年1月20日刑集68巻1号79頁【参考裁判例集352頁】がある。

62)　典型例は、犯罪の嫌疑が認められないのが送致事実の内の軽微な事件であって、残余の事件だけでも家庭裁判所が20条送致を行うと明らかに認められる場合である。例えば、重大な過失によって犯された過失運転致死罪と軽微な速度違反とが20条送致されていて、その後の捜査で、当該速度違反が認められなくなった場合である。

　　　上記参考裁判例31で紹介の石田・後掲判例解説39頁注12に関係裁判例の紹介がある。

ウ　②の場合

「犯罪の情状等」には少し分かりにくい部分がある。例えば、違法性に関連する過剰防衛が認められる場合は、①には該当しないが、②には該当すると解することができよう。他方、正当防衛が認められる場合は①に該当しよう。

「新たな事情を発見」も、文字どおりに解すると、家庭裁判所からの送致を受けた後に生じた事情だけということになる。しかし、検察官から家庭裁判所への当初の送致時点では既に存在していた事情であっても、その段階で検察官に発見されていなければ、家庭裁判所はその事情を考慮する機会のないまま、検察官送致決定をしていることになるから、その事情も考慮対象に加えた上での家庭裁判所による検討を経ることが相当だといえる。そうすると、文言からは少し離れるが、「新たに発見」の趣旨に含まれるものと解するのが相当である、換言すれば、事情自体には、家庭裁判所からの送致以前に生じていた事情も含まれるものと解するのが相当である。

エ　③の場合

「送致後の情況」には、ⅰ少年の反省、保護態勢の充実等の少年側自身の事実的な変化、ⅱ被害弁償、示談の成立等の少年側以外とも関係する事実的な変化、ⅲ法令の改正、恩赦等の法的な変化が想定される。

そして、親告罪における告訴が取り消された場合には、起訴が不可能となるから、事実の変化が法的な影響を及ぼしたものである。これは、別途、独自の45条5号ただし書該当事項（いわば当然の事項として）とすることも可能であろうが、これも「送致後の情況」に含めて良いと解される。

オ　45条5号ただし書不該当の送致に対する評価

同ただし書の該当性について検察官と家庭裁判所とで判断が異なることは、異なる機関が行う判断であるから、多発しては困るものの、あり得ることである。この場合の評価に関しては争いがある。しかし、再送致として送致された以上は、家庭裁判所としては、そのまま事件処理をすべきであろう。再度20条決定を行うことについては、法的には可能であるが、少年は既に当初の20条決定に伴う負担を受けていることも考慮すると、慎重な運用が多いとの指摘は事柄の性質に沿ったものといえよう。

　他方、当初の逆送決定の存在を看過した、全くの新件として送致された場合には、その後、二重起訴や矛盾した裁判等の不適正処理がされるおそれがあるから、不適法な送致として不開始（不処分）決定をすべきである。

3　司法警察員からの送致

(1)　概観

　司法警察員は捜査を遂げると、検察官に事件を送致するのが原則形である（刑訴法246条）。法41条は、その例外として一定の事件を直接家庭裁判所に送致することを義務付けている。実務的には、この事件のことを「直送事件」と言う。

　同条後段の「犯罪の嫌疑がない場合でも、家庭裁判所の審判に付すべき事由があると思料するとき」の意義については、検察官の通常送致に関して一括して説明している★63)。

　そこで、特定少年に関する特例も含めて、ここではそれ以外の点について説明する。

　　63)　警察官の場合は、検察官とは異なり、6条2項で、14歳以上のぐ犯少年についても、家庭裁判所に送致・通告せずに、児童相談所に通告できる権限が認められている。

　　　　また、14歳に満たないぐ犯少年が処理前に14歳に達した場合には、家庭裁判所に直送することは可能と解されるが、触法少年に関しても、捜査機関は、児童相談所に通告すべきとの見解を採るところが多いとの指摘がある。

(2)　対象事件

ア　概観

　罰金以下の刑に当たる犯罪である（以下、関連する説明においては、便宜、「該当事件」ということがある）。これらの罪は、比較的軽微であって、20条の逆送決定の対象ともならないから、検察官を経由させなくてもよいとの立法的な判断がされたものといえる。

　該当事件としては、刑法116条（失火）、209条（過失傷害）、道路交通法119

条2項（例えば、同条1項9号の過失安全運転義務違反）、軽犯罪法違反等の刑法犯、特別法犯がある。

　もっとも、少年事件の件数としては限られたものであるから、不慣れによる執務の過誤に留意する必要がある。

　　イ　直送対象事件と直送非対象事件とが同時期に捜査対象となっている場合の処理

　①両事件が併合罪の関係にある場合には、直送対象事件は家庭裁判所に送致し、直送非対象事件は検察官に送致すべきであるとするのが、刑法的発想からすれば自然なように考えられる。

　しかし、そうなると、同時に捜査対象である複数の事件の家庭裁判所への係属時期が異なることになって、本来一括して判断されるのがふさわしい要保護性が別々に判断される可能性が高くなるから、相当とは解されない。このような観点からは、犯罪捜査規範210条2項が併合罪関係にある場合を含めて捜査対象事件を一括して検察官に送致すべき旨を義務付けていることには合理性があるといえる。

　②捜査対象事件が観念的競合の関係にある場合には、上記犯罪捜査規範の規定の趣旨が一層当てはまるから、一括して検察官に送致すべきこととなる。

　　ウ　特定少年の特例

　特定少年の被疑事件については、法67条1項により41条の規定は適用されないから、罰金以下の刑の罪の事件でも、司法警察員が家庭裁判所に直送することはできない。

　(3)　送致手続に対する評価

　　ア　直送対象事件が検察官を経由して送致された場合

　この場合には、直送すべき点に過誤があることになり、家庭裁判所への事件係属時期が若干遅くなるが、より鄭重な手続が行われたことになるから、家庭裁判所としては、そのまま手続を進めれば足りよう。

　　イ　告訴、告発、自首にかかる事件が直送された場合

　この場合には、刑訴法242条、245条は司法警察員に対して検察官への送付

を定めているところから、法41条との関係をどのように解するかについて争いがある。そして、告訴、告発、自首の制度趣旨からすれば、司法警察員は検察官へ送致すべきとの説が有力であるのは自然なことと解される。

しかし、いずれの説を前提としても、事件を受理した家庭裁判所としては、そのまま手続を進めるのが相当と解される。

　ウ　直送非対象事件が直送された場合

この場合は明白な過誤であるから、家庭裁判所としては事件を受理すべきではない。そして、過誤によって受理されたときについては争いがある。検察官が関与していない点で捜査に不備が残っている可能性はあるが、家庭裁判所に係属後も補充捜査の権限が捜査機関にあることは既に説明したとおりであるから、上記の不備は補完可能である。そして、少年事件は早期に処理することが望ましいことを考慮すると、送致を有効とする運用を実務が行っているとの指摘は自然なものといえよう。

　(4)　簡易送致

簡易送致に関しては既に一部説明しており、また、警察からの送致を介して検察官から家庭裁判所に対して簡易送致がされる場合があるから、ここで一括して説明しておく。

現在の簡易送致に関しては、平成17年7月13日付け家庭局長通達「簡易送致事件の処理について」及び関連する犯罪捜査規範214条があり、軽微な少年事件の範囲が罪種、被害額の程度で特定されている（簡易送致できない事件も、否認事件等特定されている）。

この基準に基づいて、警察が、該当事件を各月一括して家庭裁判所に対して（いわゆる直送事件の場合）又は検察官に対して送致することになっている。

この送致は、少年ごとに「少年事件簡易送致書及び捜査報告書」によって行われる。犯罪事実、犯罪の動機、事後の状況、警察が採った措置等参考事項も記載されていて、身上調査表その他の関係書類も添付されている（犯罪捜査規範214条1項）。

4 保護観察所長からのぐ犯通告

(1) 概観

更生保護法 68 条 1 項に基づくぐ犯通告である。この通告の性質は「送致」であると解されているから、通告が家庭裁判所に受理された時点で、同事件が家庭裁判所に係属することになる。

この通告に関しては、いくつかの面で特殊性があるから、以下では、要件を明示し、その特殊性も併せて説明する。

なお、保護観察中の少年の行状を踏まえた制度としては、上記ぐ犯通告制度とは別に、準少年保護事件としての施設送致申請事件（法 26 条の 4、更生保護法 67 条）もある。同申請事件では、更生保護法 67 条 1 項は、同申請の前提として「警告」を経ることを要件としているから、同申請を行うまでには一定の日時を要することになる。

そのため、一般的に考えると、保護処分に付する緊急性がある場合には、上記通告制度を活用する、そうでない場合には上記施設送致申請制度を活用する、といった運用が事柄の性質に沿ったものといえよう。

(2) ぐ犯通告の要件等

ア 対象者 法 24 条 1 項 1 号、64 条 1 項 2 号の保護観察処分に付されている者

通告も保護観察中であることが必要であると解される。

なお、保護観察に付される事由は、更生保護法 48 条で 4 つ定められているが、同条 1 号に定めるいわゆる 1 号観察の者のみが対象となる。同じ少年であっても、同条 2 号に定めるいわゆる 2 号観察の者（少年院仮退院者）は該当しない。2 号観察者に対しては準少年保護事件としての戻し収容で対処すべきものとの考えに基づくものであろう。

イ 通告事由 新たに認められるぐ犯事由

保護観察に付されているから、その後の行状が対象である。その行状としては遵守事項違反も想定されるが、そのことは通告事由としては定められていな

い。しかし、多くの場合はぐ犯事由と重なっていようから、通常は、遵守事項違反の有無は、このぐ犯事由の有無の判断に当たっての重要な判断要素の1つとなっていよう。

ウ　ぐ犯性も隠れた要件

ぐ犯事由が認められれば、ぐ犯性も認められることが多いであろう。しかし、ぐ犯性までは認められない場合には、この通告があっても、結局は保護処分を受けることにはならないであろうから、遡って、この通告を行うまでの必要はないことになろう。そうであれば、ぐ犯性の存在も、明示はされていないものの、この通告の要件となっているものと解される。

エ　18歳以上でも可

本人が18歳以上になると、令和3年の法改正で、既に説明したようにぐ犯の規定は適用されない。しかし、同法改正による更生保護法68条2項では、18歳以上（従前は20歳以上と定められていた）であっても、法2条1項の少年とみなす旨定められているから、ぐ犯の適用が可能となり、18歳未満の少年と同様の扱いが行われ得る。

なお、細かな点であるが、更生保護法68条2項によってみなされる本人は「当該通告に係る保護観察処分少年が18歳以上であるとき」とあるから、通告時は18歳未満で、その後に18歳に達した者も、同項が適用されて、法2条1項の少年とみなされるものと解される。

オ　通告事件における決定に関する問題点等

a　保護観察期間経過後でも決定可

この点については争いがある。明示的な定めはないから、文言的には両様に解することが可能である。しかし、保護観察に付されていた者に対して少年法上の保護を加え続けようとの本制度の狙いからすれば、積極説が相当であり、積極説が通説とされているのも自然なことといえる。

b　期間の定め

令和3年の法改正で改正された更生保護法68条3項は、家庭裁判所は保護観察の期間・少年院の収容期間を定める旨定めている。しかし、これは上記み

なし規定の適用のある者に対する規定であるから、18歳未満の少年には適用
がない、換言すれば、本項に基づいて期間（収容期間）を定めると違法と解さ
れる。他方、そういった者に対しても同改正の更生保護法66条の適用はある
から、少なくとも2年間は保護観察に付されることになる。

第4章　審判の基本原理等

┌─学修のポイント─────────────────────────┐
│　・　審判の基本原理等をしっかりと理解する。
└───────────────────────────────────┘

1　概観

　審判は、家庭裁判所が、自ら指定した審判期日において、少年（事案に応じて保護者、付添人も）の出頭を得て、直接面接して行う審理及び裁判のための手続をいい、少年法における重要で基本的な概念である。事件係属後の手続は審判に向けて行われるが、対象が広範に及ぶので、理解が得やすいように、事柄の位置付けや手続の流れに即して説明する。

2　審判の対象

（1）概観

　審判は何を対象としているのかをまず明らかにしたい。審判の対象については、かつては審判手続の独自性を重視した「要保護性」との見解が有力であったが、現在では、「非行事実」と「要保護性」の双方であることに異論はないものと考えている。審判の結果、非行事実が認定されないと、要保護性の判断を行うまでもなく非行なし不処分で事件は終了するから、非行事実も審判の対象であることを肯定するのが自然である。他方、「要保護性」説は、非行事実の位置を相対的に低くし、少年に対する手続的保障を軽視する結果となってしまって、適切とはいえないからである。

（2）非行事実

　既に説明したように事件が家庭裁判所に係属するのには様々な態様がある

が、主要なものである「送致」を前提に説明する。

既に説明したように家庭裁判所の自庁認知が認められていないから、少年事件にも不告不理の原則の適用があり、「非行事実」も事件係属を介して裁判所の審判対象となるものと解される。具体的には、「非行事実」は、送致書に記載された非行事実★64)（以下、便宜「送致事実」ともいう）が当面の審判対象であるといえる。

しかし、少年事件では訴因制度が採られていないから、審判の対象が送致書に記載された送致事実に限定されることにはならない。この送致事実と非行事実の同一性のある範囲内の事実が審判の対象である「非行事実」ということになる。

刑訴法の考えに馴染むと、訴因制度のない少年法の取扱いは理解しにくい面があるから、柔軟な思考でしっかり学修しよう。

もっとも、送致事実以外の事実を非行事実として認定する場合には、これまでも説明してきた認定替えの手続が原則として必要となる。

64) 規則8条1項2号（なお、保護観察所長への準用につき同条5項、通告につき9条1項、報告につき9条の3第1号）に基づいて、送致書には審判に付すべき事由として、非行事実が記載されている。

(3) 要保護性

要保護性は少年事件における極めて重要な概念であるが、その解釈については争いがある。しかし、①犯罪的危険性、②矯正可能性、③保護相当性を要保護性の要素とするのが通説とされている。

ア 犯罪的危険性

非行少年に対して国家が関わる要件である要保護性であるから、犯罪的危険性がその中心概念となるのは自然なことといえる。

過去の一回的な行為に対処するのを基本とする刑事では、行為責任ということが強調されているが、少年法には刑事の発想とは異なる面がある。一回的な非行にとどまる限りは、当該少年を保護する必要性は高いものとは通常ならない。そのため、今後も非行を重ねる危険性、その意味での累非行性への危険性

が犯罪的危険性の中核概念となるのは自然なことといえる。

　そして、犯罪的危険性に対する判断は、審判時に将来を見通した判断となるから、証拠に基づいてその見通しを立証し尽くすことは不可能であって、必然的に、予測的・価値的判断を含むことになる。

　イ　矯正可能性

　他方、保護処分で行えることは、期間的にも★65)、手段的にも限られているから、保護処分として少年を矯正できる可能性にも自ずと限界がある。そのため、保護処分を決するに当たって要保護性を考慮するのであれば、その内容として、このように限界のある矯正が当該対象少年に対して可能な範囲内にあるのか否かといった意味での矯正可能性が含まれていると解するのは自然なことといえる。

　そして、矯正可能性が否定される者に対しては、少年法が定める保護処分以外の刑事処分その他の形で対処するほかはないから、要保護性が否定されるのはやむを得ないことといえる。

　　65)　例えば、懲役刑の場合には、有期刑であっても最長30年となり得る（刑法14条
　　　1項）。他方、原則として未成年者を対象としている保護処分の期間に制約のあるこ
　　　とは明らかである。

　ウ　保護相当性

　保護処分を選択することが当該少年の矯正にとって相当なものであることを要保護性の要素とするものである。この内容からして価値的な要件であることが分かる。要保護性から保護相当性を除外する考えも有力である。しかし、少年法においては、できるだけ刑罰によらずに保護処分その他の教育的手段によって非行性の除去を図るのを原則とする★66)保護優先主義が採られているから、いずれにしても保護処分を選択するに当たっては、保護相当性が考慮されることになる。そうであれば、筆者は、保護相当性を要保護性の中に含めておいて良いと考えている。

　　66)　例外として、例えば、道路交通法違反事件等における罰金処理見込みの検察官送
　　　致が指摘されている。

3 審判の基本的視座

「審判の基本的視座」というと分かり難いかも知れないが、審判の対象が非行事実と要保護性だとの前提で、審判はどのような機能を果たすのだろうかということを考える視点を提供するものである。

(1) 福祉的機能と司法的機能の存在

「非行事実」と「要保護性」の双方を対象とする審判の機能として、標題の両者があり、審判においてこの両機能の調和を図ることが重要であることに異論はなかろう。それでは、そのどちらを先に述べるかとなると、時代の思想が反映しているように思われる。かつては、福祉的機能重視の思想が圧倒的に強かったように思われる。審判の対象を要保護性に限定する考えは、その典型的な反映といえる。他方、近時は、司法的機能を福祉的機能より先に述べる考え方が強くなっているのも、少年の人権意識の高まりその他の社会の変化に応じた自然な側面があるといえる。

しかし、筆者は、司法的機能の重視には家庭裁判所の地方裁判所化を促す側面があるから、慎重な考慮が必要であって、福祉的機能を先に述べる方が家庭裁判所の少年事件裁判所としての特徴を示すものといえるように考えている。

(2) 福祉的機能

ア 概観

1条にある「少年の健全育成」は、直接的には審判の教育的機能を示したものといえる。そのことを根拠に、審判の機能として、教育的、保護的、福祉的機能を指摘するのが一般的である。そして、これらからは、審判の目的は、非行少年を処罰することではなく、非行少年の改善・更生・円滑な社会復帰を目指すところにある、刑事的に換言すれば、一般予防ではなく特別予防（個別処遇）を重視するものであるといえよう。

このような教育的機能は、審判が、心身共に発達途上にあって可塑性に富み、教育的可能性のある未成年者を対象としていることにふさわしいものといえる。

イ　個別処遇の原則に関する補足

　個別処遇の原則は、少年審判が「個別化された司法」と呼ばれる由縁ともなっていて、重要な概念であるから、補足する。

　教育的機能を前提とすれば、処遇判断の基準は、非行の大小（＝刑事における行為責任のような客観性のある座標軸となり得るもの）ではなく、少年の抱える問題性の大小を問うことになる（＝評価性を帯びたもの）。そのため、少年の問題性に対する判断の適正さが常に問われることになり、刑の量定に当たってはそれなりの重要性を持つ、共犯少年との処遇の均衡、非行における役割の軽重による均衡を図る必要性なども、非行少年に対する処遇判断に当たっては重要性を持たないことになる。まさに個別処遇の原則の反映であるともいえる。

　これらの説明からも明らかなように、個別処遇の原則から、少年の問題性に関する情報収集の重要性、換言すれば、社会調査の重要性が導かれる。この点は項を改めて説明する。

　そして、個別処遇の受け皿も重要であって、家庭を始めとする適切な受入れ先の確保・整備も重要となってくる。この面での家庭裁判所調査官、付添人、保護観察担当者等の役割の重要性も導かれる。この点も項を改めて説明する。

　他方、保護処分が3種類に限定されていることは、個別処遇の原則との関係では、ふさわしいものとはいえない。そこから、①保護処分における保護観察・少年院の処遇の多様化、②試験観察・補導委託などの中間的措置の活用、③他の関連機関・制度の活用（児童福祉機関送致、検察官送致）、④1つの行為に複合目的を持たせる（例えば、調査官の調査自体が保護的措置としての面を併せ持つ）といったことが導かれる。

　個別処遇の原則が少年法関連の施策の現状を説明する重要なキーワードとなっていることが、理解されよう。

ウ　社会調査、科学調査の重要性

　特別予防・個別処遇を重視すれば、非行の原因や少年の性格、環境等の個別事情に応じて終局決定の内容が変化する可能性があることになるから、判断の適正化を図るには、少年に関する情報収集が重要だということになる。このこ

とは、法9条が家庭裁判所調査官が行う社会調査に関して、「なるべく、少年、保護者又は関係人の行状、経歴、素質、環境等について、医学、心理学、教育学、社会学その他の専門的智識特に少年鑑別所の鑑別の結果を活用して、これを行うように努めなければならない」と具体的に詳細に規定し、多角的、幅広い調査を要請しているところに端的に表れているといえる。

社会調査の客観性を高めるには調査を科学的に行うことが肝要である。そのために、家庭裁判所には、家庭裁判所調査官がいて、医学的診断等を担当する医務室が設けられ、また、法務省に、少年の心身鑑別を専門的に行う少年鑑別所が設けられているのである。

　エ　保護的措置

保護的措置については、曹時74巻1号145頁に説明されているが、家庭裁判所による教育的・福祉的な配慮・働き掛けのことであって、狭義では、不開始・不処分決定に伴う事実上の教育的・福祉的措置をいうとされる。

非行少年の改善・更生・円滑な社会復帰を目指すには、事件の受理、調査、審判、終局を通じた保護事件手続の全過程が、少年に対する教育的配慮に基づいて行われている必要がある。このことは、審判の方式を定めた22条1項に「非行のある少年に対し自己の非行について内省を促すものとしなければならない」旨定められていることや、保護者に対する措置を定めた後記25条の2の規定からも看取することができる。

このことが、審判の機能を、「司法過程」であると同時に「保護過程」でもあるものとしている。そして、不開始・不処分で終局する理由において、「保護的措置」がその重要な位置を占めているのは自然なことといえる。

このように重要な保護的措置は、家庭裁判所において、事実行為として一貫して行われているが、昭和34年12月10日付け家庭局長通達によって統計処理上もその趣旨が明示されるようになる措置が講じられた。

　オ　受け皿の確保・整備

家庭裁判所が行う保護者に対する措置を定めた25条の2が「保護者に対し、少年の監護に関する責任を自覚させ、その非行を防止するため、調査又は

審判において、自ら訓戒、指導その他の適当な措置をとり」などと定めていることからも、個別処遇にふさわしい受け皿の確保・整備の重要性を窺うことができる。

家庭裁判所調査官、付添人、保護観察担当者等の関係者が協力して、良質な受け皿を確保・整備していく必要性が高いのである。そして、弁護士付添人の中には、刑事事件とは異なる上記のような重要な事項が少年事件にあることへの認識が十分でなく、身柄拘束を消極面からのみ捉えてしまう意識がなおあるところから、それを変革して、事案に即した付添活動が求められることもあろう。

　カ　後見的機能が後支え

家庭裁判所は、事件終了後も、執行機関に対して報告又は意見の提出を要求することができるし（28条）、当該少年の成績視察・処遇勧告をすることができる（規則38条1項、2項）。これらの後見的機能が、福祉的機能を後支えしているといえる。

　(3)　司法的機能

　ア　概観

司法的機能は、それだけでは分かり難いが、実体的には社会防衛的機能であり、手続的には司法保障的機能であるとされる。

まず、保護処分を純然たる利益処分だと考えると、社会防衛的機能は想定困難となろう。他方、保護処分は、その程度を措けば、何らかの形で少年の自由を制約する不利益処分性を持っているから、純然たる利益処分と考えることはできない。また、20条の逆送決定によって少年を保護処分の対象から排除することもある。

これらを総合して考えると、審判に社会防衛的機能があることは否定できない。しかし、それは、審判の主要な目的ではなかろう。

　イ　司法保障的機能

この点については、既に述べたゴールト判決等のアメリカ連邦最高裁の判例の影響もあるが、現在では、審判にこの機能があることは当然視されていよう。

司法保障的機能は、さらに、非行事実の存在の確定と適正手続の保障とに分

かれるとされる。

　a　非行事実の認定

非行事実の認定には合理的疑いを超える（beyond a reasonable doubt）立証がされていることが必要とされている。このような高い立証の程度が求められていることからしても、少年事件においても実体的真実が重要視されているといえる。

　また、既に述べた平成12年の改正で裁定合議制度の採用等の適正な事実認定に資する法整備がされたのも、司法保障的機能の一層の充実に繋がっているといえる。

　b　適正手続の保障

少年審判では、当事者主義を採る刑訴法とは異なり、訴追機関はなく、原則として検察官は立ち会わない。家庭裁判所が事件の調査を行い、審問を行う職権主義が採られ★67)、しかも、審判の方式を定めた22条1項が「審判は、懇切を旨として、和やかに行う」こととしていることからも明らかなように、非形式主義が採用されているから、適正手続の保障に沿う審判の運営が実現するには、裁判官の裁量に負うところが大きいこととなる。

そうなると、その裁量の合理性が問われることになるが、判例上も、**参考裁判例16最決昭和58年10月26日刑集37巻8号1260頁、家月36巻1号158頁【参考裁判例集333頁】**は、非行事実の認定に関する証拠調の範囲等は家庭裁判所の合理的な裁量に委ねられているとしていて、適正手続の保障に資する判断をしている。さらに、平成12年改正で検察官関与制度（22条の2★68)）が設けられるなど、適正手続の保障に向けた法整備がなされている。

---

67)　職権主義は、非行事実自体が比較的軽微で、非行事実の存否に争いがない、といった事件が大半を占める少年事件の特質に合致している。

　他方、否認事件では、家庭裁判所と少年との対峙状況が出現することもあり得る上、裁判官は、調査や証拠調を通じて少年の主張を吟味しつつ、公正な判断を下すという、困難な一人二役を果たすことになる。検察官関与制度は、そういった事態の回避を可能とするものといえよう。

68)　関与する検察官は、職権主義的審問構造を前提とする審判協力者であって、訴追官・原告官として関与するわけではないことが留意されるべきである。

ウ　社会防衛的機能

a　社会防衛的機能は福祉的機能と排斥関係にはない

社会防衛的機能は福祉的機能と排斥的な関係にあるように受け止められがちであるが、そうではない。福祉的機能で説明した個別処遇で少年の非行性が改善されて当該少年が非・非行少年化すれば、その分、社会は防衛されることになるから、この相互の機能は関連性を有している。ただ、社会防衛的機能においては、その力点がいわゆる一般予防に置かれているという、力点の置き方に相違があるのである。

b　社会防衛的機能は、家庭裁判所の選別機能を通じて実現される

社会防衛的機能といっても、対象者の人権が保障されている中で実現されなければならない。少年法の対象者を広く不良な行為を行う少年一般とすれば、社会の防衛には資することになるが、その分、国家の干渉によって、個人の人権が制限、剥奪される割合が高まることになる。少年は、自由を拘束されるなどの強制的措置を受ける可能性があるし、保護者も、少年が身柄を拘束された期間、親権者としての面会等の行動が制限されるなどの制約を受ける可能性がある。

そのため、適切な形で社会防衛的機能を実現するためには、一定の線引きが必要となる。法が3条1項で非行少年を定義して審判の対象とする少年を限定しているのは、立法者として、上記線引きを行ったものといえる。

立法者が設定したこのような枠組みの中で、家庭裁判所が、適切に非行を認定し、保護処分を決定する、児童福祉機関・刑事手続に少年の処遇を委ねる、などの選別を行うことを通じて、社会防衛的機能は実現されることになる。

第5章　家庭裁判所における身柄の処分

```
┌─学修のポイント─────────────────────┐
│ ・ 刑事と対比しつつ家庭裁判所における身柄の処分の特徴をきちんと理 │
│   解すること                          │
└───────────────────────────────┘
```

1　同行状

(1)　概観

少年又は保護者を一定の場所に強制的に連行する裁判・その執行が「同行」とされている。同行状はそのための令状である。家庭裁判所が発付するから、対象事件が家庭裁判所に係属している必要がある。

同行状には、通常の同行状、緊急同行状、執行のための同行状の3種類がある。その有効期間は、原則として発付の日から7日である（規則17条4項[69]）。

同行状の執行は家庭裁判所調査官が行うとある（法13条1項）。しかし、実務的には、警察官に依頼する（同条2項）ことが多いとされるのは、事柄の性格からして自然なことといえよう。

同行後は、少年に対しては、最大限24時間は身柄を留め置くことができる（17条2項参照）。しかし、保護者については、格別の規定はないから、身柄を留め置くことはできないものと解されている[70]。

69)　ここで期間について説明しておく。刑訴法55条1項本文により初日不算入であるから、発付の翌日が起算の初日となる。また、7日より短い有効期間の令状を発付することは刑事では許されない。

少年事件の場合も、規則17条4項ただし書が「7日を超える期間を定めることができる」としていて、7日より短い有効期間については定めていないから、基本的

には刑事と同様である。しかし、対象少年が7日より前に成年に達するといった例外的な場合には、少年法が適用される範囲内の期間を有効期間とするほかはないから、その事情に応じた短期の有効期間の令状の発付も許容されるものと解される。

70) 活用の低い同行状に関してであるから、議論の実益は乏しい。しかし、刑事においては、勾引状の執行を受けた証人に対して刑訴法153条の2で一時的な留置が認められていることと対比すれば、保護者に対して、事由の如何を問わず、およそ一時的な留置すらできないとの解釈には疑問が残らないでもない。

(2) 通常の同行状（法11条2項）

ア 要件、対象者等

従前は、正当な理由がなく11条1項に基づく呼出状による「呼出しに応じない」少年又は保護者とされていたが、令和3年の法改正で、「呼出しに応じないおそれがある」が付加され、要件の緩和が図られた。そのため、「イ」で説明するこれまでの運用が変化するのか注目していく必要がある。

イ 実務的な活用頻度が極めて少ないこと

a 実情とその理解

令和3年の法改正による運用はまだ知り得ないので、これまでの運用を前提に説明する。

例えば、拙著②339頁注9でも、古い資料だが昭和52年でも8件であったことを紹介しているように、通常の同行状の実務的な意義は極めて限られたものとなっており、その原因はbで説明するとおりである。そして、少年法という限られた条文しかない法律においても、制度はあっても実務的に活用されないものを含んでいることを示すものであったといえる。

b 上記実情の原因は簡易の呼出しの頻用

通常の同行状を発付するには、正式の呼出状による呼出し（呼出状の記載要件につき規則15条、呼出状の送達につき16条）が前提となる。ところが、実務上は、審判のための呼出しは、規則16条の2に基づく簡易の呼出しによる事例がほとんどであり、正式の呼出状による呼出しの活用は限られている。このことが、上記のような実情の原因となっていよう。

しかも、保護者については、上記のとおり身柄の留置はできないと解されて

いるから、通常の同行状によるメリットは元々限られたものといえる。

（3）　緊急同行状（法12条）

　緊急同行状の場合は、①対象者が少年のみであって（ただし、特定少年は対象とならない《65条2項》）、②呼出しを前提としない点で、①'保護者も対象者となり得、②'呼出しを前提とする通常の同行状とは異なる。

　このような異なる要件設定の同行状を設ける実質的な理由が、次の③と④である。

　③少年の保護のための緊急性が要件となっている。これは、①の限定、②の不前提を根拠付ける要件といえる。

　④少年の福祉上の必要性が要件となっている。これも、①の限定、②の不前提を根拠付ける要件といえる。そのため、成人である特定少年に対しては、緊急同行状は不適切とされて、対象外とされた。

　このような制度設計からすれば、緊急同行状が発せられるのは、そのままの状態で放置できないほどの緊急の保護の必要性が少年に対して生じていて、少年を同行の上、観護措置等の緊急の保護を加えようとする場合がその典型例といえよう。具体的には、i少年が保護環境から逃走しようとしている場合、ii少年が急速に非行に陥るおそれがある場合、iii少年が暴力団等の反社会集団・犯罪集団に引き込まれようとしている場合、iv少年に自傷、自殺のおそれがある場合等が想定される。

　こういった想定事例を前提とすれば、緊急同行状が設けられている必要性が理解できよう。

（4）　執行のための同行状（26条3項、4項）

　決定の執行等は円滑に行われる必要がある。

　26条2項に定める決定の執行に当たっては、少年に対して呼出状を発することができるとされている（同項）。そして、正当の理由がなくその呼出しに応じない者に対して同行状を発することができるとされている（同条3項）。この執行のための同行状は、通常の同行状に類する制度設計が採られているといえる。

また、同条 4 項が定める執行のための同行状も、上記の緊急同行状に類する制度設計であるといえる。

2　観護措置（17 条）

（1）概観

観護措置は、家庭裁判所による調査、審判を行うために、終局決定に至るまでの間、暫定的に行うものである（実務では観護措置がとられた事件を「身柄事件」という）。少年の身柄の保全（司法的性格）と、少年の緊急の保護（福祉的性格）の双方の性格を帯びたものである。

観護措置は、①請求ではなく職権で行われること（同条 1 項）、②職権行使の主体は家庭裁判所であって裁判官ではないこと（同項）、において、第 1 回公判期日後に受訴裁判所が職権で行う、刑事における勾留の制度設計に類似している。また、観護措置の単位については、刑事と同様に、事件単位に考えるのが相当であると解されている。

観護措置には、調査官観護（在宅観護。同項 1 号）と、少年鑑別所に送致する収容観護（同項 2 号）とがある。しかし、第 2 章 3(1)イ（68 頁）でも説明しているように、調査官観護は実務上ほとんど活用されておらず、実務的には、観護措置は収容観護を指すものとして用いられている。そこで、観護措置の要件等については、収容観護に関する後記説明の際に併せて行う。

（2）調査官観護

法文の構造上は上記のように収容観護より先に規定されているから、観護措置の原則形であるような誤解を生みがちである。しかし、少年の身柄の保全としての実効性に乏しく、実務上ほとんど活用されていない。ところが、このような実情が必ずしも理解されていないので、説明しておく。

調査官観護の場合には、家庭裁判所調査官を指定すべきものとされており（規則 20 条 1 項）、「少年を家庭裁判調査官◎◎の観護に付する。」などの主文の決定を、少年の面前で言い渡す形で告知される（規則 3 条 2 項 1 号）。

調査官観護は、担当調査官の変更は可能であるが（規則 20 条 3 項）、観護措

置取消決定（規則21条、法17条8項）や原則として終局決定で失効する（例外＝45条1号〜3号、45条の2、刑訴規則280条）。

（3）　収容観護

ア　概観

収容観護は、心身鑑別の専門機関である少年鑑別所において、少年の身柄を収容して行うものであるから、少年の身柄の保全に加えて、少年の行動の観察、心身の鑑別が行われることになる。この後者の点が刑事の逮捕・勾留と大きく異なる点である。

法17条1項は、観護措置をとれる場合について、「審判を行うため必要があるとき」としている。そこから、個別の要件が導かれるが、項を改めて説明する。概要としては、「イ」「ウ」は審判を行う関係の要件であり、「エ」は審判を行う関係でも、観護措置をとる関係でも、必要な要件であり、「オ」は観護措置をとる関係での要件である。

一般保護事件の終局総人員における収容監護は、平成22年から令和元年において、人員的には一貫して減少しているものの、比率としては、19.8％から23.6％へとほぼ一貫して増加している。この増加の理由は筆者は知り得ないが、特殊詐欺の事件の増加等が影響しているのかも知れない。

イ　審判を行える状況にあること＝審判条件を満たしていること

審判が行われる前提であるから、審判条件（審判条件自体は後に説明する）を満たしている必要がある。

なお、細かな点になるが、管轄の存在は観護措置の要件ではないと解されている。少年の身柄確保の必要性が重視されているといえよう。そのため、管轄のない場合には、観護措置をとった上で、管轄裁判所に当該事件を移送することになる。

ウ　審判を行う蓋然性があること

上記のとおり「審判を行うため」とあるから、審判を行うことが確定していることを要件とする解釈もあり得なくはない。しかし、観護措置をとった時点ですぐに審判が行われるわけではないから、そういった要件設定は過大な内容

104

といえる。審判を行うことが将来の予測であることと、少年の身柄を拘束することとを衡量すれば、上記のような蓋然性を要件とするのが相当といえる。

そのため、当初から不開始決定で終わることが見込まれるような軽微事案では、観護措置はとられないこととなろう。他方、当然のことであるが、観護措置がとられた事件で審判の結果を踏まえて審判開始決定を取り消して★71)、審判不開始決定で事件が終了するといったことが生じても、その故に、観護措置をとったことが問題視されることにはならない。

71)　規則24条の4で、審判開始決定（法21条）は「いつでも、取り消すことができる」旨定められている。

エ　嫌疑の相当性があること

この点は、身柄拘束という点で共通性のある勾留と同様の要件設定がされている。そして、審判に付すべき事由について上記のような程度の心証が得られなければ審判は開始されないであろうから、この点は、審判を行う関係での要件ともなっている。

オ　観護措置の必要性があること

勾留の必要性の存在が勾留の要件とされている（刑訴法87条1項）のに類似するが、完全に同じではない。付言すると、必要性に関して考慮の対象となる事項は多様であるが、①罪証隠滅・逃亡のおそれ、②住居不定、③身柄確保の必要性は、勾留の要件と同じである。

しかし、④緊急保護の必要性があること（例えば、家出中である、暴力団等からの隔離が必要である、家族から虐待・放置されている、自傷・自殺のおそれがある、薬物中毒である等）、⑤少年鑑別所に収容しての心身鑑別の必要性があることは、少年事件特有の要件であって、実務的にも大きな意義がある。

なお、⑤に関しては、在宅鑑別の方法があるなどとして消極的な見解もある。観護措置を慎重に運用することが要請されているとはいえ、鑑別に必要となる重要な情報が身柄拘束という環境下で得られることもあり得るから、積極説が相当である。

(4) 観護措置をとるべき時期

　観護措置をとるべき時期については、事件係属後であれば時期的な制約はないが、通常は、勾留中の少年が送致されてきた受理の段階である。そして、同行状、逮捕による場合も同様であるが、「到着」から24時間以内にとる必要がある（法17条2項）。

　この起算点については、同行状による場合は、身柄の到着によって同行状の執行が終了することもあって、身柄の到着の時点であることに争いはない。このことは、家庭裁判所が同行状を発付している以上、身柄の到着時点で観護措置の要否を判断できることとも沿った解釈といえる。

　他方、逮捕・勾留中の場合には争いがある。しかし、実務上は、身柄と記録が同時に到着するように運用されており、観護措置の判断も、24時間の起算点如何が問題とならない早期の時期に行われているから、学説の争いを実務的な方法で解消していることになる。もっとも、判断の面で考えると、この場合は、同行状の場合とは異なり、先行して存在する身柄の拘束に家庭裁判所の判断が介在しているわけではないから、身柄が到着したからといって家庭裁判所が観護措置の要否を直ちに判断できる状況にはないのが通常であろう。そのため、身柄と（監護措置の要否判断の資料となる）記録の双方の到着時とするのが相当である。

　これまでの説明以外では、例えば、在宅送致された少年について家庭裁判所調査官の調査の結果、観護措置の必要性が判明した段階（いわゆる身柄引上げ）もある。

　他方、観護措置がとられないこともあり、その場合は「一時帰宅」と呼ばれる。

(5) 観護措置の手続

　観護措置がとられる場合の手続の流れとしては、①人定質問、②供述を強いられることはないこと及び付添人選任権の分かりやすい告知[72]（規則19条の3）、③非行事実の要旨の告知・少年の陳述の聴取（同条[73]）、④決定（法17条1項）の告知（規則3条2項1号、3項）となる。

　勾留質問と異なるものとしては、専門的知識に基づく意見を聴く必要性がある場合には、家庭裁判所調査官を立ち会わせてその意見を聴く運用も行われている。

　また、在宅事件、試験観察中の事件等、観護措置の手続に先行して家庭裁判所調査官が関与している事件では、観護措置の要否についても調査して裁判官に意見を述べるといった運用を実施することは、事案の特性を踏まえた観護措置の要否を適切に判断するのに有用性があるといえよう。

　収容観護の判断がされた場合には、「少年を◯◯少年鑑別所に送致する。」といった主文の決定書が作られ★74)、少年の面前で言い渡して告知される（規則3条2項、3項）。

　少年は少年鑑別所に収容されることになるが、少年鑑別所は各家庭裁判所の本庁所在地に1つある。他方、家庭裁判所の支部に対応するものは、第2章3(2)アb（71頁）で説明したように立川（旧八王子）、小倉にのみ設置されているから、少年を直ちに少年鑑別所に収容できない場合が生じ得る。そういった場合に備えて、収容時から72時間を限度とした仮収容の制度が設けられている（法17条の4、少年鑑別所法123条）。

　また、観護措置をとった場合等には、規則22条に基づき、その旨を、保護者及び付添人のうちそれぞれ適当と認める者各1人（1項。保護者等がないときは少年の法定代理人等のうちの1人《2、3項》）に対しても通知することが義務付けられている（実務的には、この通知を「保護者通知」という）。

　72)　しかし、実際に行うと、分かりやすく告知することは必ずしも容易なことではない。年齢、知能・社会性の程度、理解度、反応の態様等を総合して判断される対象少年に即した内容として説明される必要がある。裁判官としての感性が問われる手続ともいえる。

　73)　勾留質問の場合も同様であるが、観護措置の要否の判断に資する事項について付加的な応答がされることは勿論ある。

　74)　規則2条4項、5項1号によって収容観護の決定書の記載事項は定まっており、非行事実の要旨も記載されている。そして、20条1項に基づき、少年鑑別所が指定される。

(6) 収容期間

ア 通常の事件の場合

収容期間は原則2週間であり（法17条3項本文）、1回更新できる（同項ただし書、同条4項本文）。そのため、通常の事件の収容観護措置の収容期間は最大4週間である。そして、少年鑑別所における行動観察や心身鑑別にはそれなりの日時を要するところから、1回の更新が原則化しているのが実務である。原則と例外が逆転した運用ともいえるが、筆者は、鑑別という事柄の性質を考えると、この点はやむを得ないものと考えている。

イ 通常の事件の場合の変則形

a 再送致の場合

通常の事件であっても、17条5項に定められた場合には、観護措置をとること自体は許容されるが、その更新は許されない。すなわち、検察官からの再送致があり（45条5号ただし書、42条1項に該当する場合）、当該事件について、先に収容観護措置がとられていたり、勾留に代わる収容観護措置がとられていたり、勾留状が発せられていた場合のことである。

b 差戻等の場合

他方、①抗告審から差し戻された（移送された）場合、②刑事裁判所から55条によって移送された場合、③家庭裁判所調査官の報告によって事件が再起された場合において、当該事件について先に収容観護措置がとられていたときに、17条5項が準用されるかについては、積極的な見解もあるが、消極説（更新可能）が相当である。この点については後記cで更に説明している。

なお、差戻の場合に関しては、**参考裁判例9最決平成5年11月24日刑集47巻9号217頁、家月46巻2号180頁【参考裁判例集328頁】**は、差し戻された保護事件でも観護措置をとることは可能で、その期間は先にとられた観護措置の残りの収容期間に限られない旨の判断をしている。もっとも、同判例の射程は更新の可否には及ばないと解されているから、判例上は上記問題は将来の課題とされていることになろう。

c　ａｂの場合の検討

ａの再送致の場合には、通常、家庭裁判所が20条送致をしてからそれほど
の日時を経ずに再送致されてくるから、少年の要保護性の判断に必要な資料収
集のために、観護措置を更新してまで行わなければならないほどの長期間を要
することには通常ならないであろう。このことを前提に考えれば、更新不可の
立法判断にも合理性があるといえる。

ｂの差戻等の場合には、少年に無用な負担をかけるのは避けなければならな
いが、17条5項を準用しなければならない根拠があるわけではなく、理論的
には更新は可能と解される。もっとも、実務的には、更新については慎重な運
用が行われようし、通常は、それまでの資料を利用することが可能であるか
ら、更新をしないままでの事件処理が可能で、更新の可否の問題が顕在化しな
いままで推移するのが一般的であろう。そうであれば、実務的には、更新不可
の考えでも大きな支障は生じないであろう。

ウ　特別更新が認められる事件の場合

a　概観

平成12年改正で導入された特別更新においては、更に2回を限度とする更
新を認めている（17条4項ただし書）。そのため、この種の事件の収容観護の収
容期間は最大8週間である。

該当するのは、①犯罪少年（触法少年、ぐ犯少年の事件は対象外である）に関
する、②死刑、懲役、禁錮に当たる罪の事件で、③その非行事実等の認定に関
し、④証人尋問・鑑定・検証を行うことを決定したもの（既に行ったもの）に
ついて、⑤少年を収容しなければ審判に著しい支障が生じるおそれがあると認
めるに足りる相当の理由がある場合である。要するに、犯罪少年に係る一定の
重大事件で、非行事実等の認定に関して証人尋問等を行う（行った）場合に、
特別更新が認められるときがあるということである。もっとも、実際の活用は
ごく限られたものとなっている。

そして、事実認定との関係で特別更新が認められるものであるから、そのた
めの証人尋問等が終了した後に、要保護性に関する調査のためにのみ特別更新

を行うといった運用は、法の予定するところではない。

　ｂ　複数の事件を対象に収容観護措置がとられている場合

　複数の事件を対象として収容観護措置がとられている場合の特別更新については、観護措置一般に関する解釈が前提となる。既に説明したように、事件単位説を前提とすると、特別更新に当たっては、非該当事件を除いた該当事件のみを前提として更新決定の要否が判断されることになる。

　エ　収容観護措置取消後の収容観護措置期間

　イウの競合的な問題である。17条9項がその根拠規定となるが、場合分けして検討する。

　ａ　先行する収容観護措置の更新が行われる前に観護措置が取り消された事
　　件の場合

　標題の事件で、再度収容観護措置決定がされた場合の更新時期については、争いがあるが、新たに開始した収容観護措置の期間が17条3項に定める2週間を経過した日から更新すべきものと解する通説が支持されるべきである。更新の要否を判断するには2週間という期間をまず確保しておいた方が、無用な更新を回避できて実際的だからである。

　ｂ　先行する収容観護措置更新決定後に観護措置決定が取り消された場合

　標題の事件で、再度、収容観護措置決定がされた場合に、上記通説を前提として更新決定をすると、観護措置期間が通じて4週間を超えてしまう。そうなると、17条4項ただし書の要件を充足していなければならない（同条9項）から、その要件を満たさない事件では、収容期間2週間の通常の更新決定はできないことになる。その場合には、ａの場合には否定されていた残存収容期間経過日説によって更新決定をし、更新時に、17条4項ただし書の要件の充足の有無を検討することになるとする見解が有力である。この見解による場合には、更新決定には収容観護措置の終了時期も明示しておく必要があろう。

　しかし、事案によって、更新決定時期が異なってくるのは適切な解釈とはいえない。翻って考えると、既に紹介した参考裁判例9決平成5年11月24日刑集47巻9号217頁【参考裁判例集328頁】の趣旨からすれば、新たな

収容観護措置の期間は 2 週間とすることが可能と解され、その前提で、17 条 4 項ただし書の要件の充足がなければ、更新はできないと解すべきであろう。

(7)　みなし観護措置

　勾留に代わる観護措置がとられている事件が家庭裁判所に送致された場合には、17 条 7 項により収容観護とみなされる。この場合は法律上当然にみなされるわけであるから、家庭裁判所において改めて観護措置の手続をとることはない。しかし、規則 21 条の 2 に基づき、家庭裁判所は事件の送致を受けた旨を少年鑑別所等に通知することが義務付けられている。身柄拘束の根拠が変わるわけであるから、この通知は重要である。

　もっとも、このようにみなされる前提としては、勾留に代わる観護措置の基礎となった被疑事実と家庭裁判所に送致された非行事実とは事実の同一性がある必要がある。そうでなければ、家庭裁判所に送致された非行事実（甲事実）については、先行する勾留に代わる観護措置がないことになるから、甲事実について観護措置をとる必要があれば、同事実を前提とした観護措置の手続を経る必要がある。刑事において、求令状起訴に基づいて勾留の手続を経るのと同様である。

　ここで、みなし観護措置に対する異議申立事件の裁判例を紹介しておく。

　①罪証隠滅のおそれ、所在不明となるおそれ、資質鑑別の必要性を肯定して異議申立てを棄却したものに那覇家決平成 16 年 7 月 14 日家月 57 巻 6 号 204 頁（暴力行為等処罰に関する法律違反等）がある。

　他方、②罪証隠滅のおそれ・逃亡のおそれ・心身鑑別の必要性をいずれも否定してみなし観護措置を取り消したものに札幌家決平成 15 年 8 月 28 日家月 56 巻 1 号 1423 頁（窃盗未遂）がある（末尾に観護状が参考添附されている）。

　参考までに主文も記載しておくと、①は「本件異議の申立てを棄却する。」であり、②は「少年に対し、平成 15 年 8 月 22 日に事件が札幌家庭裁判所に送致されたことにより、家庭裁判所がしたとみなされる観護措置を取り消す。」である。

　なお、勾留に代わる観護措置として調査官観護がとられている場合も、同様

に調査官観護とみなされる（法17条6項）が、調査官観護の実務例が限られていることは、既に説明した。

(8)　追送致事件

　事件単位に観護措置が行われるから、追送致事件に対しても収容観護措置をとることは可能である。その収容期間については争いがあるが、理論的には、先行する収容観護措置があったことを考慮する必要はないものと解される。しかし、先の観護措置期間中に追送致事件の調査、審判で利用可能な調査等がなされていた場合には、その期間★75) は新たな観護措置の継続の必要性の判断に当たって考慮されて然るべきである。

　　75)　例えば、各種の心理テスト、少年の身上、経歴、家族調査等の調査内容等に要した期間である。

(9)　収容観護措置の効果

ア　面会、通信等の制約

　身柄が拘束されることとの関連で、面会、通信が制約される。関連規定としては、面会に関しては少年鑑別所法80条〜83条（保護者等に関して）、84条（付添人等に関して）が、信書の発受に関しては92条〜98条がある。

　付添人以外の者に対する接見交通の制約については、少年法に規定はなく、争いがあり、家庭裁判所が観護に内在する監督権に基づいて接見・物の授受を禁止できるとの積極説も有力である。しかし、少年の心情に与える影響も考えると、上記制約が行われるのは、家庭裁判所の調査、審判に真に必要な場合に限られようから、積極・消極両説で実務的な差異はそれ程生じないであろう。

イ　余罪の取調

　刑事の手続と少年法の手続とが交錯する場面である。

a　収容観護措置が継続されている場合

　収容観護措置継続中の少年に対して余罪の取調をすることは、①少年に対する精神的な影響、時間的、物理的に★76) 鑑別や調査に与える影響等を考慮すると、観護措置の目的を害する可能性がある。

　他方、②余罪捜査が尽くされて当該事件が追送致されると、その事件や関連する事実も少年に対する終局決定の内容に反映させることができるから、その分、迅速な処理を可能とし、要保護性の判断をより正確なものとすることができるなど、事件処理上有益である。

　そのため、収容観護措置継続中の少年に対する余罪の取調の可否は、①②の比較衡量の中で決せられるべきこととなる。しかし、その判断ができるのは家庭裁判所だけであるから、捜査機関が電話連絡等の方法で家庭裁判所の了解を得た上で、余罪の取調を行うといった運用には、合理性があるといえる。

　関連裁判例としては、観護措置中の取調を適法としたものに参考裁判例 8 大阪高判昭和 42 年 9 月 28 日高刑集 20 巻 5 号 611 頁【参考裁判例集 327 頁】がある。

76)　例えば、引き当たり捜査、面割り捜査その他の捜査との関係で、少年鑑別所技官、家庭裁判所調査官等が少年と物理的に接触できなくなることである。

b　逮捕状の執行による場合

　逮捕と収容観護措置との競合を認めるかについては争いがある。しかし、実務的には、捜査機関から家庭裁判所に対して収容観護措置を取り消す旨の職権発動を求めることが一般的とされている。そして、家庭裁判所が収容観護措置を取り消すと、上記競合の問題は生じない。この場合が収容観護措置が取り消される典型例の 1 つである。

(10)　異議申立

ア　概観

　観護措置に対する不服申立制度が設けられていないのが、少年法における永年の課題の 1 つだった。平成 12 年改正で収容観護措置決定★77)、同更新決定に対する異議申立の制度（法 17 条の 2）が、特別抗告（17 条の 3）と共に設けられた★78)。

　異議申立についての時期的な制限はない。しかし、抗告のように高裁に対する不服制度としてではなく★79)、家庭裁判所で合議体で処理することとされて

いる（17条の2第3項）から、準抗告同様に迅速処理が可能であり、少年事件の特性に沿った制度といえる。

77)　細かな議論となるが、17条8項の変更決定自体については異議申立はできないものの、例えば、調査官観護措置を取り消して収容観護措置を決定した場合には、その収容観護措置決定に対して異議申立をすることはできる。
78)　誤解を招きやすいが、勾留に代わる観護措置は、この異議申立制度の対象外であって、刑訴法上の準抗告の対象となることに留意する必要がある。
79)　刑事的に考えると、観護措置決定は裁判所が行う決定であるから、裁判官が行う命令を対象とする準抗告ではなく、抗告の対象となる裁判である。

イ　手続等

申立書を管轄家庭裁判所へ提出する（17条の2第1項本文、規則22条の2第4項、43条2項）。しかし、付添人は、選任者である保護者の明示の意思に反して異議申立をすることはできない（法17条の2第1項ただし書）。

また、審判に付すべき事由がないことを理由とすることはできない（同条2項）。これは、審判に付すべき事由の有無に関する判断は本案の裁判において行われるべきだからであろう（刑訴法420条3項に類似する規定がある）。もっとも、身柄の拘束は慎重に運用されるべきであるから、真に、審判に付すべき事由がない場合には、異議裁判所において職権による判断が示されよう。

他方、審判に付すべき事由には要保護性も含まれているから、要保護性がないことも異議申立の理由とすることはできないことになる。この点は、要保護性の有無は収容観護措置決定の判断対象となっていないことを理由とするものである。もっとも、非行事実の嫌疑があって要保護性がおよそないというのは通常考えられないから、要保護性がないとの主張が独自の有意性を持つ主張に当たることは通常考え難く、要保護性がないことを異議申立の理由にはできないとすることが不合理とは解されない。

異議申立は執行停止の効力を持たない（＝この点からも異議事件には迅速処理が要請されていることになる）が、原裁判所又は異議裁判所は、執行停止の決定をすることは可能である（法17条の2第4項、34条）。

（11）　観護措置の取消・変更、効力の消滅

ア　観護措置の取消・変更（17条8項）

取消に関しては、①収容観護措置も必要がなくなれば速やかに取り消すべきものとされている（規則21条）。また、②異議申立で取り消されることもある（法17条の2第4項、33条2項）。

他方、変更の例として挙げられる、調査官観護を収容観護へ（この決定に関する異議申立については注77参照）、収容観護を調査官観護へ、の各変更は、調査官観護自体実務上極めて限られているから、一層限定されたものといえよう。

少年鑑別所の指定の変更（規則20条3項、1項）は、通常、身柄付き事件を移送する場合に用いられ（鑑別所を異にすることになる移送の場合は、この変更は必然的である）、実務的には「観護措置変更決定」と呼ばれることが多いとされている。

イ　観護措置の効力の消滅

観護措置の効力は、①収容期間満了、②観護措置取消決定、③終局決定、で消滅する。

①は当然失効である。

②については、例えば、試験観察決定は終局決定ではなく中間決定であるから、試験観察決定がされたからといって観護措置は失効しない。観護措置を失効させるには、②の観護措置取消決定を行う必要がある。

③については、観護措置は上記のとおり「審判を行うため必要があるとき」にとられるものであるから、終局決定があれば、観護措置は当然に終了するのが原則形である。その点では①と同じである。しかし、身柄拘束という点からは、根拠は異なることになるものの身柄拘束自体は継続することがある。ⅰ少年院送致決定の場合には、執行指揮がなされると、執行段階としての身柄の拘束に移行する。また、ⅱ法20条に基づいた検察官送致決定があると、45条4号により裁判所のした勾留とみなされる（19条2項、23条3項に基づく検察官送致決定については、45条の2で同様にみなされる）から、身柄の拘束が継続する。

第6章　調査

┌─学修のポイント─────────────────────┐
　・　少年法に特有な調査の概念をきちんと理解し、裁判官、家庭裁判所調
　　査官の調査における役割を理解すること
└─────────────────────────────┘

1　概観

　家庭裁判所は、事件送致を受けたとき等には、調査をすることが義務付けられている（8条）。事件の受理から終局決定の間に介在する手続として、まず「調査」が位置付けられているといえる。審判開始の有無を問わないから、まさに、少年事件における家庭裁判所が行う主要で重要な手続であるといえる。

　調査は、非行事実と要保護性の存否に関して、後記事件記録に加えて、少年、保護者、参考人の取調その他の手段によって関連する資料を収集し、その収集された資料をも含めて総合的に評価することを含むものである。

　調査には、基本的な性格、担当主体を異にする法的調査と社会調査とがある。それぞれについて以下で更に説明する。

2　法的調査

(1)　概観

　法的調査については、捜査機関からの送致事件を前提として説明する。

　裁判官が、書記官を補助役として活用しながら、主として、捜査機関から送付されてきた当該事件記録（少年保護事件記録。実務では、「法律記録」と呼ばれる）に基づいて、審判条件、非行事実の存否について、行う調査である。既に説明したように訴因制度、伝聞法則の適用はないから、裁判官は、法律記録か

ら直接、非行事実（＝送致事実と公訴事実の同一性の範囲内の事実）について心
証を得るのである。

　身柄事件では収容観護措置期間が限られているから、法的調査は一層、迅
速・効率的に行う必要がある。

（2）　法的調査は社会調査に先行実施

　8条2項に定められている社会調査は、家庭裁判所調査官が法的調査を経た
家庭裁判所から命じられて行うものである（実務的には、この命令を「調査命
令」という）。

　法的調査が社会調査に先行するのはなぜであろうか？

　これは、社会調査の性質に負っていると解される。すなわち、社会調査は、
事柄の性質上、少年や保護者等のプライバシーに深く関わるから、不当な、少
年の権利侵害、自由の制約がないようにする必要がある。換言すれば、非行事
実に対する一定の心証すら得られない事件においては、上記のような少年に
とって不利益な面もある社会調査を行うことなく終局決定（通常は審判不開始
決定）で終了させることが望ましいことといえる。そういった運用を可能にす
るには、法的調査を社会調査に先行して行う必要があるからである。

（3）　社会調査を命じる法的調査における非行事実に対する心証の程度

　それでは、法的調査で事件に対するどの程度の心証が得られたら、社会調査
を命じて良いのであろうか？

　合理的な疑いを超えた立証がなされているとの心証を要求することは、終局
決定時と同レベルの心証の程度を要求することになる。確かに、社会調査は非
行事実の立証のために行われるものではないから、社会調査を経ることで非行
事実に対する心証の程度が高まることを予定するのは不自然なことである。し
かし、少年の言い分を直接聞くことができる審判において、非行事実に対する
心証が高まることはあり得るから、少なくとも審判開始時点では終局決定時よ
りも低い心証でも良いはずである。そして、上記のように社会調査を経ること
では非行事実に対する心証に変化がないとの前提では、社会調査を命じる時点
は、審判開始時点と同程度の心証で良いことになる。このように考えてくる

117

と、社会調査を命じる時点での心証の高さとして蓋然的心証を要求するのが一般的な考えであることには合理性がある。

3　社会調査

(1)　概観

社会調査は、家庭裁判所調査官が担当し、調査結果は書面で報告され、処遇意見が付される（規則13条1項、2項）。調査の方法は様々であるが、①法律記録、それまでに作成されていた社会記録（家庭裁判所係属歴のある少年の場合等）を調査し、②本籍照会、学校照会その他の照会を必要に応じて行い、③それらの調査結果を踏まえて行う面接調査が、主要なものである。④収容監護を経た事件では少年鑑別所が行う鑑別結果も活用される（法9条）。

そして、社会調査の重要性からしても、医学、心理学、教育学、社会学その他の諸科学を活用し、専門的に科学的に総合的に行われることが要請されているといえる。

また、面接調査は資料収集の面だけでなく、少年に対して教育的働き掛けを行って少年の自省心を涵養するなどの保護的措置としても重要な役割を持っている（＝社会調査の複合的性格）。

このような観点からすれば、規則1条2項の定めは、社会調査に関しても、適切な指針を示したものといえる。

調査事項については、法9条、規則11条に定められている。そして、調査の範囲に関しては、個別の調査事項に限定せず、包括調査が命じられるのが一般的である。社会調査の重要性からすれば自然なことといえよう。

また、どのような事件において社会調査を行うべきかについては、かつては全件調査主義がいわれていた。しかし、現在は、実質的に社会調査が必要とされる事件に対して調査命令が発せられるという運用である。限られた人員（全国で約1600人ともいわれる）で家事事件も担当している家庭裁判所調査官を有効活用する観点からは、このような実務の有り様は支持されるべきである。

(2)　非行事実に関する調査

　既に説明したように、社会調査は非行事実立証のために行われるものではないから、非行事実はおよそ調査対象とはならないと受け止められかねない。しかし、要保護性には犯罪的危険性が含まれていることからしても、少年がしたとされる非行事実に関する調査は欠かせないものといえる。例えば、犯行の動機・経緯、共犯者間の人的関係等は、まさに要保護性の内容を構成する事実といえよう。「非行事実に関する調査を離れての社会調査はあり得ない」などといわれる所以である。

　問題は調査の視点・姿勢である。非行事実の調査については、少年との信頼関係に基づいて、少年との心的交流を介して要保護性の有無・程度を調査するという社会調査の目的に沿った形で、要保護性に関する調査の一環として行うことが期待されているといえる。

　他方、事案解明への熱意、正義感等から、過度に糾明的な調査姿勢に陥ることは避けなければならない。非行事実の解明そのものに終始するような調査は、法的調査であって、社会調査とはいえない。

(3)　社会調査の結果と非行事実の立証

ア　問題状況と運用の指針

　家庭裁判所調査官は、例えば、調査の過程で、少年から非行事実に関する供述を得た場合には、調書★80) 又は要旨を記載した書面（規則12条3項。調査報告書である）を作成することがある。

　これらの書面が要保護性の調査資料として用いられることは、当然である。

　他方、非行事実の認定にも用いることができるかについては争いがある。まず、どういった場合に上記のようなことが問題となるかといえば、例えば、①否認の場合、②身代わり・アリバイ等の場合、③通謀・口裏合わせの内容の場合等である。そして、少年が家庭裁判所調査官に対して、①捜査段階では認めていたことについて、否認に転じ、その供述の変遷の経緯を具体的に説明している場合（逆に否認から自白に転じた場合も同様）、②身代わり犯人であることを述べた場合、③主犯者から指示された口裏合わせに沿った供述をしていた旨

を述べた場合等、非行事実の認定において重要な証拠となり得る情報を含む内容の供述をした場合である。

　また、触法事件、ぐ犯事件等では、関係証拠が必ずしも豊富でなく、調査報告書が重要な証拠となる場合もあり得る。

　関連裁判例としては、参考裁判例 10 東京高判昭和 47 年 11 月 21 日高刑集 25 巻 5 号 479 頁（いわゆるメーデー事件）、家月 25 巻 5 号 89 頁、判タ 287 号 173 頁、判時 685 号 22 頁【参考裁判例集 329 頁】は、少年調査官補★81) に対する供述調書を犯罪事実の認定に用いることについて、①黙秘権の告知がされないこと、②家庭裁判所調査官が、対象少年の要保護性の有無、程度を科学的、専門的立場から調査して資料を獲得するため、少年との信頼関係を前提として面接調査した結果作成されるものであるといった法的性質を根拠として（以上は筆者の観点からの要約である）、消極に解した。

　筆者は、基本的にはこの考えに基づく対処が適切だと考えているが、補足する。①に関しては、黙秘権を告知する運用もあるから、全ての場合の根拠とは必ずしもならない。②は全ての場合の根拠となろう。しかし、要は資料の用い方であるといえる。すなわち、裁判官としては、伝聞法則の適用はないから、いずれにしても調査報告書の内容を知って審判に臨むわけである。そのため、まずは少年の審判における言い分を聴き、必要に応じて調査報告書の内容を踏まえた質問をして少年に弁解をさせ、そういった審判廷での少年の応答を証拠として用い、調査報告書は証拠としては用いない運用が望ましいことといえる。

　この点は上記触法事件やぐ犯事件の場合も同様である。また、少年その他の者の供述の任意性、特信性、信用性といった判断の関係でも、同様に解される。

80)　規則 6 条 1 項ただし書、12 条 1 項、2 項。この調書は、実務的には「陳述録取調書」と呼ばれる。
81)　導入編第 1 章 2 (3)（8 頁）、本文で紹介の参考裁判例 10 の箇所で説明しているように、「少年調査官」という名称は、昭和 25 年 5 月から昭和 29 年 5 月まで使用さ

れ、同年6月からは現在使用されている「家庭裁判所調査官」の名称である。

イ　家庭裁判所調査官の対応等

今の説明からも明らかなように、調査段階の少年の供述は審判段階での重要な資料となり得るから、非行事実に関して重要な供述がなされた場合には、速やかにその旨を裁判官に報告して裁判官と協議するのが望ましい。裁判官においても、弁護士である付添人★82) が選任されている事件においては、必要な情報を付添人に伝えて審判の準備に遺漏がないように配慮する必要もある。

82)　弁護士でない付添人の場合には付添人の法律的な知識や防御能力等に差異があろうから、事案に応じた配慮が要請されよう。

第7章　少年事件の記録

学修のポイント

・　馴染みのなさを工夫して、2種類の記録をその特徴を踏まえて理解すること

　調査の説明に関連するところもあるから、ここで少年事件の記録について説明しておく。

　少年事件の記録は、法律記録（少年保護事件記録）と、社会記録（少年調査記録）とからなっている。法的調査と社会調査とに対応したものといえる。実務に接しないと記録は分かり難いと思うが、工夫して、内容だけでなく重要性も含めて理解を深めて貰いたい。

1　法律記録

　捜査機関からの事件送致では、関係記録が全て送られてきて（規則8条2項）、家庭裁判所において法律記録を作成する。そして、既に説明したように予断排除の原則、伝聞法則の適用はないから、裁判官も、法律記録を速やかに読んで検討することが予定されている。

　法律記録は、送致関係書類（第1分類）と裁判所関係書類等（第2分類）との2分類の編成であって、社会記録とは分離して別冊として作成される。刑事訴訟記録と比べると、起訴状はなく（送致書があれば、そこに非行事実の記載はある）、手続としても、冒頭陳述、証拠等関係カードもなく、特に第1分類が、いわば大福帳式★83)なので、読み慣れていないと、どこに必要な書類が編てつされているのか、分かりにくいときがある。

83) 編年体の記録編成＝簡単に言うと、刑事の記録のように事項別に分類された形での編てつではなく、書類が出された・作成された順序に編てつされている。

2 社会記録

(1) 社会記録の作成、内容

社会記録は、緑色の表紙で、法律記録との区別は容易である。社会記録は、社会調査の結果を示す、少年の要保護性に関する資料が綴られていて、秘密性が極めて高い。鑑別結果通知書、調査官が作成する少年調査票（試験観察に付された場合には試験観察経過報告書等も）、終局決定謄本（累非行少年における前件のもの）等から構成されている。

法律記録とは異なり、社会記録は、同一少年の事件が家庭裁判所に係属する都度、前の記録部分に付け加える形（「累加的」といった言葉が用いられる）で作られていく★84）から、累非行少年の場合は、社会記録を通読すれば、少年の生い立ち、資質、問題点、非行歴、処分歴等が分かるのが一般的である。

84) もっとも、審判不開始決定（不処分決定）で終了する見込みが高く、簡単な調査書類しかない場合には、社会記録は編成されずに法律記録の末尾に一括して編てつされる場合もある。

(2) 社会記録の所在とその意義

「社会記録は少年と共に有り」という言葉があるように、少年が保護処分に付されると、社会記録は関係の執行機関に送られ、少年と一緒に移動することになる。逆に例えば、少年院在院中の少年に関して新たな保護事件が家庭裁判所に係属すると、少年院から家庭裁判所に社会記録が移動することになる。

このことからも明らかなように、社会記録は、家庭裁判所での調査、審判において活用されるだけでなく、執行機関においても少年の処遇に関する重要な参考資料となっている。

第8章　事件関係者

学修のポイント

・　事件関係者の範囲とその位置付けを理解すること

　社会調査が終わるといよいよ審判が行われることになる。そこで、審判との関係を中心にした事件関係者について説明する。

1　保護者

(1)　保護者の意義

ア　概観

a　保護者の2類型

　保護者は、2条2項に定められており、①「少年に対して法律上監護教育の義務ある者」（＝「法律上の保護者」といわれる）と、②「少年を現に監護する者」（＝「事実上の保護者」といわれる）とに分かれる。そして、特定少年等に関する改正が行われた令和3年の法改正でも、この2類型に関しては変更がなかった。

b　法律上の保護者

　法律上の保護者には、親権者（民法818条、819条）等が該当する。そのため、実親であっても、離婚して親権者ではなくなった親は、法律上の保護者には当たらない。

　また、民法の改正で成人は18歳となったものの（民法4条）、18歳以上20歳未満の特定少年も少年法上は少年であるが（法2条1項）、上記のように令和3年の法改正で特段の立法的な手当てがされていないから、特定少年に関して

は、親権者という法律上の保護者は存在しない。

　c　事実上の保護者

　事実上の保護者は、「少年を現に監護する者」であって、明確な要件が定まっているわけではない。実質面から判断することになるから、少年の生活場面において、ある程度継続的な関係を持っていることがまず要件とされているといえよう。「親代わり」といった言葉からも推測されるように、少年との関係性において「現に監護」していると認められるか否かに係っているといえる。そのため、事実認定や評価的要素に負うところも多い。

　典型例としては、①非親権者の実親、②継父母、③里親、④住み込み先の雇い主、⑤宿舎の舎監等がある。

　他方、実質面が考慮されるから、同居していなかったり、疎遠となっていた非親権者の実親が当然に事実上の保護者に当たることになるとは限らない。

　なお、特定少年に関しては、導入編第2章7（22頁）で紹介の玉本＝北原・前掲曹時74巻1号16頁は、「民法上の成年者について、『現に監護する者』」は法律上存在しないとの解釈が実務上は一般的に採用されていて、令和3年の改正も「この点に変更を加えるものではない」とされている（同・警察学論集75巻4号35頁も同旨の説明）から、実務的には、特定少年には事実上の保護者の存在を認められないことになる。そうはいっても、特定少年に対しても、一般的には、保護者的立場の者の関与が望ましいときもあろうから、「実質的に保護者的立場にある者」例えば、実の両親等を関与させる運用もあり得よう。

　また、準少年保護事件の施設送致申請事件の場合には、対象者が18歳以上であっても少年とみなされて少年法第2章が適用されるときがある（更生保護法68条2項）。この場合にも争いはあるが、実務では、実質的に保護者的立場にある者を審判に立ち会わせるなどしている。

　そして、少年が婚姻すると民法（旧）753条によって成人とみなされたが、18歳が成人年齢となり（民法4条）、婚姻適齢も18歳となったから（民法731条）、婚姻によって未成年者を成人とみなすといった事態は生じなくなり、上記民法（旧）753条も削除された。

他方、組織暴力団の親分、管理売春を行っている管理者その他違法に少年を管理している者等は、たとえ事実上監護しているように見えても、事実上の保護者には該当しないと解されている。これは、次に説明する保護者の地位からすれば、当然のことといえよう。

イ　法律上の保護者と事実上の保護者との関係

この点については争いがあるが、少年を手厚く保護することになるから、両者は重複して存在し得るものと解するのが相当である。このことは、例えば、少年が、両親が離婚して親権者となった父と折り合いが悪く、非親権者の母と同居しているといった場合を想定すれば、了解されよう。

(2)　保護者の地位

審判との関係での保護者の地位には、主体的地位と客体的地位とがあるとされる。

ア　主体的地位

主体的地位というと分かり難いが、保護者としての権利、裁判所への行動等と位置付けられる。

①少年の権利、利益の擁護者的地位＝付添人選任権（法10条1項★85)）、審判出席権、収容観護措置決定等異議申立権（17条の2）、抗告・再抗告権（32条、35条1項）等がある。

審判出席権について補足する。付添人に関する規則28条4項のように、保護者の審判出席権を明示する規定はない。しかし、規則25条2項で審判期日の必要的な呼出対象者であるから、審判への出席は当然に可能と解される。規則29条の在席許可対象者には、「少年の親族」が例示されているが、保護者は例示されていないことも、上記の解釈を裏付けるものといえよう。

次に、法17条の2、32条、35条1項の場合には、保護者であっても、法定代理人又は付添人になっている保護者に限られる。そして、18歳が成人年齢となった関係で、18歳以上の少年の親は法定代理人ではないことに留意する必要がある。

②少年に対する国家的保護の協力者的地位＝付添人選任権、家庭裁判所への

通告義務（6条2項）等がある。これは、主体的であっても保護者の義務として位置付けられている。

85）付添人となれる権利（10条2項）もこれに準じて考えることができよう。また、付添人選任権は、次の少年に対する国家的保護の協力者的地位としても位置付けられている。

イ　客体的地位

客体的地位というと分かり難いが、保護者としての義務、裁判所の働き掛け等の対象等と位置付けられる。

①資料提供者としての地位＝事件の調査、審判に出頭する義務（11条1項）等がある。

②保護的措置の働き掛け対象者としての地位（25条の2、25条2項2号）。

なお、環境調整に関しては、弁護士付添人の協力も期待されている。

③少年の保護に要した費用の負担義務＝扶養義務のある保護者に限定（31条1項）。

2　付添人

(1)　概観

ア　位置付け、選任の効力等

a　位置付け

付添人に関しては、刑事弁護人と類似する弁護人的性格と、それとは異なる協力者的性格とがあるとされる。この両性格は、審判の司法的機能と福祉的機能とに対応していると解される。

協力者的性格というと少し分かり難いから補足する。この性格としては、例えば、家庭裁判所、家庭裁判所調査官と少年の問題性等について協議することなどが想定される。もっとも、「少年、保護者に対して、少年保護事件の手続の趣旨や処遇決定の意味を説明し、理解させるなどして、少年等が調査、審判において適切な態度、対応ができるようにすること」が例示されることもある。しかし、この例示は、弁護人的性格に位置付けられるものであって、協力

者的性格として指摘する必要はない。

b　選任の効力等

選任に関しては、審級代理の原則が肯定されているから、当該審級に限る選任となる（規則14条4項）。刑事に準じて考えると当然のこととなる[86]。

事件単位の原則が肯定されていて、当該少年の当該事件に対してのみ選任の効力が及ぶ。もっとも、併合審理される事件に関しては、刑訴規則18条の2が参照されて、少年又は付添人が異なる申述をしたときを除き、選任の効力が及ぶものと解されている。

他方、被疑者国選弁護人は、法42条2項により家庭裁判所送致後はその選任の効力を失う。また、**参考裁判例12 最決昭和32年6月12日刑集11巻6号1657頁、家月9巻9号38頁【参考裁判例集331頁】**は、少年被疑者の弁護人でも、当該事件が家庭裁判所に係属後も付添人となるには、付添人選任届が必要だとしていて、通説も同旨とされている。しかし、45条6号で、弁護士である付添人は逆送後に弁護人とみなされるから、こういった一方通行の制度的な有り様は過誤の元であり、上記のような判例や通説に（立法論としては）合理性があるのか疑念が残る[87]。

なお、付添人では弁護士付添人が圧倒的に多いことは既に説明したが、それ以外の者による付添人としては、少年の更生、福祉に協力するボランティア団体である少年友の会もその母体の一つになっている。

86)　少し脇道に入るが、実務感覚は異なる。すなわち、抗告審は控訴審とは異なり、抗告の趣意も抗告申立書に記載することとされていて（規則43条2項）、抗告審の審理も大半が書面審理であり、原決定が取り消されても自判はなく、差し戻されて1審での審理が続くことになる。こういった抗告審の構造・実情に照らすと、原審付添人が引き続き担当すれば足り、審級代理の原則を採用するまでのことはないように感じられる。

87)　場面は異なるが、高松高決昭和34年7月2日家月11巻8号139頁は、少年が捜査段階に検察庁宛に提出した、弁護士を付添人とする付添人選任届が事件送致とともに家庭裁判所に送付された場合には、当該弁護士は適法に選任された付添人であ

るとしている。

　刑訴規則 17 条のような規定が少年法にはないことからすると、このような解釈が可能か異論はあり得ようが、過誤解消を意図した、事案に即した判断といえよう。

　他方、当該事案の 1 審家庭裁判所は当該弁護人に対して呼出手続もせずに審判期日を開いて即日中等少年院送致決定をしている。法律的な違法があるとは直ちにはいえないとしても、上記付添人選任届が記録に編てつされているから、事前に当該弁護士や少年に対して、当該弁護士を付添人として選任するか否かの意向を確認するなどの措置を講じておくのが相当であったといえる（仮に、当該事案でそういった措置が講じられていたのであれば、その経過をきちんと証拠化しておくべきであったといえよう）。抗告審としては、こういった視点の欠ける原審を是正したかったのかもしれない。

イ　権限

a　保護者と共通する権限

①審判出席権（規則 28 条 4 項）。付添人の役割からして当然の権利といえる。

②証拠調の申出、審判での意見陳述等（規則 29 条の 2、29 条の 3、30 条）。少年審判において職権主義がとられているから、証拠調の申出は、請求権に基づくものではなく、証拠の取調に関する裁判所の職権を促す訴訟行為である。

　意見陳述も、裁判所の許可を得て行えるものであって、権利とはされていない。しかし、弁護士付添人の場合には、裁判所が許可しないことは想定し難いから、実質的には権利化しているとの位置付けが可能であろう。

③収容観護決定等に対する異議申立権（法 17 条の 2 第 1 項）。

④抗告・再抗告申立権（32 条、35 条）。

　原審付添人であれば、不服申立自体は可能である（刑訴法 355 条参照）が、上記のとおり審級代理であるから、上級審の審理を担当するには上級審宛ての選任届を提出することが必要である。それを怠った場合に選任届の追完が認められるのは、不服申立期間に限られることについては、**参考裁判例 13 最決平成 24 年 5 月 1 日裁判集刑事 308 号 1 頁、家月 65 巻 4 号 56 頁【参考裁判例集 332 頁】**参照。

　なお、原審付添人に関して、保護処分決定後に選任された付添人による抗告権については、刑訴法の判例の趣旨が及ぶものと解される。すなわち、最大決

昭和63年2月17日刑集42巻2号299頁（安廣文夫・判例解説（刑）同年度95頁）は、それまでの判例を変更し、原判決後選任された弁護人は、その選任者が上訴権を有しない場合であっても、被告人を代理して上訴申立をすることができる旨説示したから、付添人に関しても、保護処分決定後に非上訴権者から選任された場合でも、抗告権が認められるものと解される。

　もっとも、特定少年に関しては、成人であるところから、③④については、特定少年の明示の意思に反しては、異議申立又は抗告をすることはできない。65条4項によって、17条の第1項ただし書等の「選任者である保護者」が「特定少年」と読み替えられたことによる。

　b　固有の権限

　①審判開始決定後の記録・証拠物の閲覧権（規則7条2項[★88)]）

　少年事件の記録は、原則的非公開とされている（規則7条1項）。少年の健全育成の観点に基づく、秘密保持の要請（法22条2項、61条《なお、68条》参照）・信頼性確保の要請[★89)]、情操保護の要請（22条1項、規則31条2項参照）がその根拠として指摘されている。そのため、付添人の上記権限はその例外ということになる。

　この記録に社会記録も含まれることについては、**参考裁判例14大阪高決平成元年12月26日家月42巻10号74頁、判時1348号161頁【参考裁判例集332頁】**がある。

　なお、平成28年の規則改正で、付添人が、少年・保護者に対して記録・証拠物の内容を伝達することに関して、家庭裁判所がその伝達を禁じるなどすることができ（規則7条3項）、付添人に対して記録・証拠物の閲覧を禁ずることができるようになった（同条4項）。

　②少年鑑別所、少年院における立会人なくしての少年との面会（少年鑑別所法81条1項、少年院法93条1項。付添人となろうとする弁護士を含む。**参考裁判例15【参考裁判例集333頁】**参照）。

　③証人尋問等における立会権・尋問権（法14条2項、15条2項、規則19条、刑訴法157条、158条2項、3項、159条）。

④審判での少年への発問権（規則 29 条の 4）。

88）　細かな点だが補足する。規則 7 条 2 項は、付添人の権利に関する定めであって、例
　　えば、弁護士付添人が、審判開始決定前であっても、同条 1 項に基づいて、裁判所
　　の許可を得て、記録・証拠物を閲覧することを妨げるものではない。この点は誤解
　　されがちであるが、審判開始決定を待たずに記録の閲覧を行う必要性を想定すれば
　　了解されよう。

89）　秘密保持を前提として家庭裁判所に対する関係者の信頼関係は保たれることにな
　　り、この両者はほぼ連動する形に位置付けることができるから、一括して記載した。

（2）　付添人の種類

　付添人の種類は、私選付添人と国選付添人とに大別される。弁護士付添人で
は、平成 23 年が私選 93.1 ％、国選 4.6 ％であったが、令和 2 年では私選
37.1 ％、国選 61.8 ％であって、国選付添人の比率が急増している。ちなみに、
保護者付添人は同じ期間で 0.4 ％から 0.1 ％へ減少している（以上につき曹時 74
巻 1 号 167 頁第 20 の 1 表参照）。

ア　私選付添人

a　概観

　私選付添人には、①少年並びにその保護者、法定代理人、保佐人、配偶者、
直系の親族及び兄弟姉妹が選任した付添人（法 10 条 1 項、規則 14 条 1 項〜 3
項）と、②保護者が自ら就任する付添人（法 10 条 2 項）とがある。

　この選任権者は、令和 3 年の法改正で、それまでの「少年及び保護者」を拡
大し、弁護人選任権者を定める刑訴法 30 条と同趣旨の範囲の定めとなってい
る。

　また、少年[90]及び保護者は、触法事件の調査に関しても弁護士付添人の
選任は可能である（法 6 条の 3）。しかし、審判段階でも付添人となるには、改
めて選任届が必要だと解されている[91]。

　なお、保護者は、少年の意思とは無関係に付添人を選任することができ、少
年は保護者の選任に係る付添人を解任することはできないと解されている。こ
の点は、少年の未熟性を前提とした議論かと思われるが、通常は、少年に資力
がなく、保護者と少年との意思に離齬が生じることはないから、上記のような

解釈の具体的妥当性に疑念が生じることはない。

しかし、付添人には上記のように本人である少年の弁護人的地位があることからすれば、現実に少年と保護者との利害が対立した場合で、少年の未熟性を考慮しても不当な選任と思われるときにまで、上記のような解釈を維持して良いのかについては疑念も残る★92)。

次に、上記②の場合には、書面で家庭裁判所にその旨を届け出て（規則14条5項、2項）、家庭裁判所から許可を得る必要がある（法10条2項）。もっとも、この許可は、いつでも取り消すことができるとされている（規則14条6項）。

なお、保護者が自ら付添人となる実益としては、例えば、抗告の申立権者は、少年以外では、法定代理人、付添人だけにあるため（法32条）、法定代理人ではない保護者は、付添人となることで、抗告申立権者となれる点がある。令和3年の法改正で特定少年に関しては親は法定代理人ではないから、付添人になる上記実益があることになる。

また、上記のように、付添人には審判での少年への発問権（規則29条の4）が認められているから、そういった権限を行使する必要がある場合には、付添人となる実益がある。

90)　触法事件であるから、少年は、少なくとも非行時は14歳未満であって（刑法41条）、付添人を独自に選任するには未成熟な場合が少なくないであろう。

91)　審判開始決定後の付添人の記録等の閲覧を定めた規則7条2項の付添人から、本文で説明した法6条の3に基づいて選任された付添人は除外されていることからも、「付添人」とはいえ、審判における付添人には該当しないことが示されている。

92)　選任を不当とする事例としては、例えば、父が子供である少年を強いて犯罪を犯させ、自己が選任した付添人をして、少年に対して自ら（＝父）の刑責を隠蔽するように働き掛けているような場合である。他の事例も想定可能である。

b　選任手続

弁護士付添人の場合は、選任者と弁護士とが連署し、弁護士たる資格を表示した書面（通常、「付添人選任届」と題されている）を家庭裁判所に提出して行う（規則14条2項、3項）。

　非弁護士付添人の場合は、規則14条2項、3項に準拠する点は同じであるが、家庭裁判所の許可を得る必要があり、他方、この許可はいつでも取り消すことができることは、既に説明した。

　弁護士付添人の人数は3名を上限としている（規則14条1項★93)）。他方、非弁護士付添人の数の制限に関する定めはない。しかし、選任自体が家庭裁判所の許可に係っていて、付添人の人数の調整も家庭裁判所がこの許可の判断を通じて行えるから、上記のような定めを設ける必要性は感じられないのであろう。

　　93)　刑訴規則27条1項本文は、被疑者段階の弁護人の人数は3名を上限としている。他方、法45条6項によって、20条決定で送致された事件の少年又は保護者が選任した弁護士付添人は弁護人とみなされる（ただし、国選付添人《22条の3》は含まれないと解されている）ところから、人数的な統一性を図ったものと思われる。
　　　　なお、この制限を超える人数の選任に関する定めである刑訴規則27条1項ただし書に関する判例としては、参考裁判例11最決平成24年5月10日刑集66巻7号663頁【参考裁判例集330頁】がある。

　c　弁護士付添人と特定少年
　これまでは、少年が成人（＝20歳）に達すると、保護事件自体が家庭裁判所に係属しなくなるから、少年が成人に達した後も、少年の親権者が選任した弁護士付添人が付添人として活動し続ける、といったことは、法制度上、生じなかった。
　ところが、令和3年の法改正によって、少年が成人（＝18歳）に達しても、当該少年は特定少年として扱われ、当該保護事件自体は依然として家庭裁判所に係属し続けることになる。そのため、少年の親権者が選任した弁護士付添人も引き続き付添人として活動する事態が、法制度上、生じることになった。
　そのため、少年が成人に達したことで親権者はいなくなるから、上記付添人の選任の効力をどのように考えるかといった問題が生じる。筆者は、親権者は、付添人の選任権者を定めた法10条1項にいう「直系の親族」に該当するであろうから、改めて、従前の親権者を直系の親族との資格で付添人選任届を

出し直すのが法の定めに即した手続といえよう。

それでは、この出し直しがされなかった場合には、当該付添人選任届は少年が成人に達した後無効になってしまうのかといえば、筆者はそうではなく、少年が成人に達する前に親権者として適法な選任権限を有する者が行った付添人選任届は、少年が成人に達した後は、選任者の資格がそれまでの親権者から直系親族と変化するだけで、依然として付添人の選任権を有していることに変わりはないから、その選任の効力に影響は生じず、有効であり続けると解することができると考えている。

イ　国選付添人

国選付添人は、その選任が急増していることは既に説明したが、近時の一連の法改正によってその対象範囲が拡大したのである。すなわち、①22条の3第1項の場合（22条の2によって検察官が審判に関与する場合に対応）、②22条の3第2項の場合（重罪の犯罪少年・触法少年に係る事件で収容観護がとられていて、弁護士付添人の関与が必要と認められる場合）、③22条の5第2項の場合（被害者等の審判傍聴に関する弁護士付添人からの意見聴取との関係）、④32条の5第1項の場合（32条の4第3項に基づいて抗告受理決定があった場合に対応）、⑤32条の5第2項の場合（②の場合の抗告審に対応）である。

具体的には、日本司法支援センター（法テラス）の地方事務所からの推薦を受けて、選任手続が行われる。

3　検察官

(1)　概観

刑事事件においては、検察官は、捜査・公判・刑の執行といった手続全般にわたって重要な役割を果たしている。他方、少年事件においては、捜査段階での役割に基本的な相違はないが、審判段階では、近時の法改正までは審判に関与することがないなど、刑事とは大きく異なっていた。現在では既に説明したように検察官関与制度が設けられて関与事件の範囲も拡大されているが、原告官・訴追官として関与するわけではない。ここにも少年法の特徴を見ることが

できよう。

（2）　検察官関与制度（22条の2）

検察官関与制度は、家庭裁判所の職権による非公開の手続として運営されてきた審判構造を修正する重要な手続改正であったといえよう。

ア　対象事件の要件（22条の2第1項）

①犯罪少年に係る、死刑又は無期若しくは長期3年を超える懲役若しくは禁錮に当たる罪の事件。この事件の範囲は、前記のように平成26年の改正で拡大され、刑訴法289条1項が定める、いわゆる必要的弁護事件の範囲と同じとなった。

②非行事実を認定するための審判の手続に検察官が関与する必要があると認められる事件。

①は事件要件であり、②は検察官関与必要性の要件である。

イ　関与決定の手続（法22条の2第2項）

①検察官からの申出。②それ以外の場合には事前に検察官の意見聴取。

ウ　関与の範囲、関与の態様（22条の2第1項、第3項）

検察官は、原告官・訴追官として関与するわけではなく、家庭裁判所の手続主宰権に服しつつ、公益の代表者の立場から、的確に事実認定が行われるように審判に協力する審判協力者としての立場で関与する。

関与の範囲は、「非行事実の認定に資するため必要な限度で」ある。

この非行事実は、17条4項ただし書で、「犯行の動機、態様及び結果その他の当該犯罪に密接に関連する重要な事実を含む」とされているのと、同義に解されている。

関与の態様は、事件の記録及び証拠物を閲覧・謄写し、終局決定の告知を含む審判の手続に立ち会い、少年・証人その他の関係人に発問し、意見を述べる限度である（22条の2第3項）。

他方、「非行事実を認定するための審判の手続」への関与であるから、要保護性認定のみが対象となる審判手続に関与することは予定されていない。

エ　関与の根拠

指摘されているのは、以下の3点である。

①公益的視点から証拠の収集、検討をして家庭裁判所の事実認定に寄与するのが相当な場合があること

②非行事実の認定過程において、裁判官と少年との対峙状況が出現するのを回避させる措置が必要なこと

③少年側の言い分のみに基づいて審判が行われているのではないかとの被害者側からの不信感を払拭する必要があること

①②は事実認定、裁判の適正化に資する面があり、③は被害者保護に資する面があろう。

オ　運用の実情と関係裁判例

検察官関与事件は、平成23年が17人、0.03％であり、令和2年が35人、0.19％である（以上につき曹時74巻1号168頁第20の2表）。多用されてはいないが、少年事件が減少傾向にある中では僅かとはいえ増加しているのが注目される。

検察官関与決定があって非行事実が認定された比較的最近の裁判例に福島家郡山支決平成26年8月27日判時2252号110頁がある（なお、判時同号111頁の無記名コメントに検察官関与決定のあった裁判例の紹介がある）。

なお、検察官関与は、抗告審、再抗告審にも準用される（32条の6、35条2項）が、実務例は限られていよう★94)。他方、受差戻審は、1審であるから、検察官関与も可能なことは当然である。また、保護処分の取消し手続でも検察官関与は準用されており（27条の2第6項）、事案によってはその実務例もあろう。

94)　筆者はその実情を知り得ない（例えば、令和2年度の少年事件の概況《曹時74巻1号168頁第20の2表》でも、1審の検察官関与の人員数の紹介しかない）。しかし、例えば、最決平成17年3月30日刑集59巻2号79頁では、受理抗告が受理された事件の原々審だけでなく原審でも検察官が関与している（藤井敏明・判例解説（刑）同年度77頁、特に79頁、81頁）から、受理抗告が受理された事件では実務例が蓄積されていよう。

4　参考人

　参考人は刑事では馴染みが少ないが、少年事件では、参考人は、家庭裁判所又は家庭裁判所調査官の求めに応じて任意に出頭して供述する関係人のことと解されている。参考人との用語は、8条2項、規則12条1項、3項、33条2項6号等にみられる。

　家庭裁判所調査官の調査では、証人尋問等の強制調査はできないから、そういった関係者の取調は全て参考人として行われることになる。

　参考人は、証人ではないから出頭義務はないが、旅費、日当、宿泊料を請求でき（法30条2項）、その扱いは証人と同じである（同条3項）。

　そして、参考人の陳述は調書化が可能であって（規則12条）、審判での陳述は要旨記載も可能である（33条2項6号）。

　審判における参考人の取扱いが問題となったものに、**参考裁判例 16 流山中央高校事件**に関する最決昭和 58 年 10 月 26 日刑集 37 巻 8 号 1260 頁、家月 36 巻 1 号 158 頁**【参考裁判例集 333 頁】**がある。

　もっとも、この事件では、①重要証人の内の共犯者等については、証人尋問手続が行われていること、②目撃者に対して裁判官による直接尋問が行われており、他方、参考人について証人尋問を行わないことに、それなりの理由があったこと、からすれば、著しく不当な手続が行われたといった事案では、もともとなかったといえよう。

第9章　少年法における被害者等

┌─学修のポイント─────────────────────────┐
・　被害者等の意義及び被害者保護が行われる範囲・内容を理解すること
└──────────────────────────────────┘

1　少年法と関連する被害者関係法令等

(1)　関係法令等

　審判の非公開性が被害者も例外的な存在とはしていないなど、少年法における被害者等の地位は極めて限定的であった。しかし、平成12年に（なお、次の法律名は平成19年の改正後の名称である）「犯罪被害者等の権利利益の保護を図るための刑事手続に付随する措置に関する法律」（施行は平成12年11月）が、平成16年12月に「犯罪被害者等基本法」（施行は平成17年4月）が、それぞれ成立し、平成17年12月には「犯罪被害者等基本計画」が閣議決定され、少年法も必要な改正が行われた。

　その結果、少年法関係法令にも被害者等に関する規定が設けられているから、それらを一括して説明する。

(2)　「被害者等」の意義

　「被害者等」という用語が関係法令で用いられているが、「被害者」については、例えば、刑訴法230条にある「犯罪により害を被った者」といった定義が参照されよう。「犯罪」とある点は、犯罪非行や触法非行と理解されるべきである。

　「被害者等」の「等」の定義は、「被害者等による記録の閲覧及び謄写」を定めた法5条の2第1項にある。そして、この定義の中で、被害者「の心身に重

大な故障がある場合」は、保護事件の閲覧・謄写との関係で定義されているから、閲覧・謄写との関係性において判断される精神的・肉体的な重大な故障ということになる。

　なお、準少年保護事件の施設送致申請事件（26 条の 4）では、保護観察中の遵守事項違反という新たな非行を対象として審判手続を行うものであるから、ここでいう「被害者等」も当該新たな非行事件における「被害者等」を意味し、当初の事件の被害者等ではない。

（3）　ぐ犯少年の保護事件は対象外

　ぐ犯事件では被害者等が想定されないから、対象外ということになる。

（4）　運用の実情

　個別の説明に先行させて、運用の実情を、平成 23 年から令和 2 年の間で、一括して紹介する。

　記録の閲覧・謄写は、申出人が平成 23 年は 1083 人で、その後 1260 人台にまで増加したが、令和 2 年は 927 人に減少している。許可率は、95.5 ％から99.3 ％という高率で推移している。

　意見聴取は、申出人が平成 23 年は 384 人で、その後 400 人台にまで増加したが、令和 2 年は 254 人に減少している。許可率は、92.6 ％から 97.8 ％という、記録の閲覧・謄写に比べれば低いものの高率で推移している。少年との関係性がある意見聴取という性格からすれば、記録の閲覧・謄写に比べて許可率が低いのも了解可能である。

　審判状況の説明は、申出人が平成 23 年は 501 人で、その後 655 人にまで増加したが令和 2 年は 313 人に減少している。許可率は 93.9 ％から 98.6 ％という高率で推移している。

　審判結果通知は、申出人が平成 23 年は 1213 人で、その後 1400 人台にまで増加したが、令和 2 年は 841 人に減少している。許可率は 99 ％台（99.9 ％もある）で推移していて、申出がほぼ許可されている状況にある。

　審判傍聴は、少年側と申出側との統計があるが、申出人で見ると、平成 23 年の 127 人から令和 2 年の 61 人へと減少している。許可率も 74.4 ％から

94.9％と、80％台を中心に変動している。

（以上につき曹時 74 巻 1 号 169 頁〜 171 頁第 21 の 1 表〜 3 表参照）

2　記録の閲覧・謄写

(1)　概観

　一般的な取扱いは規則 7 条 1 項で定められていて、記録の閲覧・謄写は原則的な禁止の取扱である。しかし、被害者等に関しては、平成 12 年の改正で新設され、平成 20 年の改正で拡大されて、法 5 条の 2 第 1 項に基づいて記録の閲覧・謄写が認められ、上記規則 7 条 1 項の禁止からも除外されている。もっとも、「申出」であって、請求権が認められているわけではないから、不服申立はできないものと解されている。以下同じなので、この説明は繰り返さない。

　また、社会記録は、法 5 条の 2 第 1 項で、閲覧・謄写の対象から除外されている。そして、証拠物も、規則 7 条と対比して、閲覧・謄写の対象外と解される。

(2)　対象事件等

　対象は犯罪少年・触法少年に係る保護事件で、時期は審判開始決定後である。付添人も、上記のとおり審判開始決定後に記録や証拠物の閲覧が認められている（規則 7 条 2 項）ことと対比しても、審判開始決定後の要件には合理性があるといえる。

　他方、審判開始決定がされない事件は、閲覧・謄写は法 5 条の 2 第 1 項では認められず、規則 7 条 1 項の原則形に戻ることになる。審判開始決定がない理由は一義的ではないが軽微事案が通常想定されることからすれば、このことにも合理性があるといえる。

(3)　他の要件

　被害者等からの申出があると、原則的に閲覧・謄写が認められる。除外事由は、①閲覧・謄写を求める理由が正当でないと認める場合、②少年の健全な育成に対する影響、事件の性質、調査・審判の状況その他の事情を考慮して閲

覧・謄写をさせることが相当でないと認める場合に限られている（法5条の2第1項）。

①の場合としては、例えば、報復意図、脅迫意図等から、そのための情報を得るのが目的である場合である。

②の場合としては、例えば、少年のプライバシーに深く関わっていて、秘密保護の要請が高い場合である。

時期的には事件係属中に限定されず、終局決定確定後3年未満は可能である（5条の2第2項★95)）。この期間を超えると、規則7条1項の原則形に戻ることになる。

なお、「犯罪被害者等の権利利益の保護を図るための刑事手続に付随する措置に関する法律」3条2項には、裁判所は、謄写をさせる場合に、「謄写した訴訟記録の使用目的を制限し、その他適当と認める条件を付することができる」とあるが、少年法には同種の規定はない。しかし、司法行政上の措置として同様なことができると解されている。このような解釈がされるのも、閲覧・謄写が権利ではないことに基づいていよう。

95)　3年については、民事の損害賠償請求権の時効期間（民法724条1号）などが考慮されたとされる。以下の他の場合も同様なので、この点の説明は省略する。

（4）　閲覧・謄写者の義務

法5条の2第3項に基づいて、秘密保持等が課されている。同項にいう「調査若しくは審判に支障を生じさせる行為」は、係属中の事件において問題となり得る。

（5）　準少年保護事件との関係

①収容継続申請事件（少年院法138条、139条）、②戻し収容申請事件（更生保護法71条、72条）、③施設送致申請事件（法26条の4、更生保護法67条）、④保護処分取消事件（法27条の2）の各手続については、①少年院法138条5項、139条3項、②更生保護法72条5項、③法26条の4第3項、④27条の2第6項には、「その性質に反しない限り、18歳に満たない少年の保護事件の例によ

る」などと規定されているから、5条の2も適用があるものと解される。以下
この説明も同じなので、繰り返さない。

3　被害者等の意見聴取

(1)　概観

平成12年の改正で新設され、平成20年の改正で拡大されている（9条の2
本文、規則13条の2〜6）。

この制度の趣旨については、以下の点が考えられる。すなわち、①被害に関
する心情等を聴いてもらいたい被害者等の心情を汲み上げることができ、同時
に、被害者等の心情・意見を踏まえて審判を行うことができて、国民の信頼を
得る基盤作りができること、②少年に、被害者等の心情等を認識させ、自己の
非行と向き合わせ、反省を深めて再非行防止に資すること、である。

(2)　対象事件、要件、不服申立の可否等

犯罪少年・触法少年に係る保護事件が家庭裁判所に係属以降終局決定前まで
の間に、被害者等からの申出があることである。

「申出」とあるところからしても、権利性までは認められない。そして、そ
の除外事由は、法9条の2ただし書に定められていて、「事件の性質、調査又
は審判の状況その他の事情を考慮して、相当でないと認めるとき」である。

このように、被害者の申出が認められるかは裁判所の裁量にかかっている
が、本制度の趣旨からして原則的にその申出は受け入れられるべきである。

他方、①申出が認められなかった場合における被害者等からの不服申立、②
申出が認められた場合における少年側からの不服申立、のいずれもが認められ
ないものと解されている。

なお、抗告審、再抗告審に関しては、32条の6、35条2項に各準用規定が
ある。しかし、抗告審に関する32条の6では、準用の対象規定が「家庭裁判
所の審判に関する規定」（傍点は筆者）とされている上、抗告審は、事後審で、
書面審理を原則としていて、仮に事実取調を行っても審判で行うわけではない
から、及び再抗告審は法律審であるから、抗告審、再抗告審には被害者等の意

見聴取に関する条項の準用はないものと解される。もっとも、抗告審で事実取調の手段として、被害者等の意見聴取を行うことは可能である。

これらの点は他の場合も同様なので、この説明は繰り返さない。

（3）　意見聴取の方法等

ア　意見聴取の方法

意見聴取の方法としては、家庭裁判所が自ら①審判廷で、或いは②審判廷外で聴取する、又は③調査官に命じて聴取させる、など★96)　の方法がある（9条の2、規則13条の3、13条の6第1項）。どういった態様で意見聴取を行うかは、事案に応じて選択されようが、基本は、被害者等の意向が尊重されるべきであり、そのような運用が行われている。

そして、意見聴取に当たっては、被害者等の心身の状態に配慮することが要請されている（規則13条の4）。また、証人ではないから、ビデオリンク方式その他の証人に関する刑訴法の準用はないが、準じた取扱いは可能であろう。

「被害に関する心情その他の事件に関する意見」（法9条の2）を聴取することになる。さらに、例えば、被害者の両親が審判廷での意見陳述に際して厳しい処罰感情を示した事例に東京家決平成24年7月11日家月64巻12号46頁、特に49頁があるように、意見聴取の結果が少年の心情に与える影響も考慮して行う必要がある。

96)　家庭裁判所調査官が行う被害者等の調査によって、意見聴取に実質的に代替されることもあり得よう。

イ　被害者等の意見陳述と非行事実の認定との関係

非行事実の認定との関係では、認定のための証拠とするのであれば、証人尋問を行うのが本来形であるから、意見陳述の内容は原則として非行事実認定の証拠とすべきではないと解される。被害者等の心情等に関する意見の陳述について定めた刑訴法292条の2第9項では、同条が定める陳述・書面は「犯罪事実の認定のための証拠とすることができない」とされているのが、参照されるべきである。

　この点に関しては、少年審判には伝聞法則の適用のないことが指摘されている。しかし、筆者は、問題状況が少しずれているように受け止めている。伝聞法則の適用はないから、反対尋問を必ず行わせる必要はないものの、少年側の防御権も適切に尊重されるべきであるからである。すなわち、被害者等の意見聴取は、家庭裁判所が非行事実の認定の必要上その職権を行使して行おうとするものではない、換言すれば、非行事実の認定証拠として採用する観点からされる手続ではないという、元々の性格に由来するものと考えるべきであろう。その意味で、少年側、或いは裁判所が被害者等の意見陳述について、非行事実の認定に関して尋問したい事項が生じたら★[97]、証人尋問として行うのが本則形とされるべきである。

　意見聴取の際に少年側や裁判所（発言の趣旨に関する確認的な尋問を除く）が尋問を行うことに消極な見解が有力なのも、事柄の性質に沿ったものといえよう。

　もっとも、重要な非行事実の認定や保護処分の決定に重要な影響を及ぼすと思料される事柄については証人尋問等を実施するのを提言する見解は、それ以外の事項については、意見陳述を上記の認定証拠とすることを許容していることになる。確かに、少年側の尋問の意向の有無を確認し、意向がある場合でも、家庭裁判所が合理的裁量を行使して、その尋問を実施させる必要がないと判断するときに、実質的に帰一される限度で支持されるべきであろう。

　　97)　少年側がその場に立ち会っているわけではないこともあるから（例えば、家庭裁
　　　　判所が行う場合でも期日外で行われたり、また、家庭裁判所調査官が聴取したりす
　　　　る場合）、意見聴取の場で尋問の必要性が生じるとは限らないことにも留意されるべ
　　　　きである。以下同じ。

(4)　意見聴取後の手続

　家庭裁判所は、被害者等からの意見聴取をした場合には、（関与している）付添人・検察官にその旨を通知する（規則13条の5、30条の9第2項）。そして、この通知は、書記官を介して行うことも可能である（規則6条の2第1項）。

4　審判の傍聴（法 22 条の 4）

(1)　概観

ア　非公開の原則の例外

審判は非公開とされている（22 条 2 項）が、平成 20 年改正で導入された、被害者等による審判の傍聴は、その例外である。生命を奪われた（これに準ずる被害に遭った）被害者等の審判を傍聴したいとの心情に沿い、審判に対する国民の信頼を高めることに寄与する制度といえる。

傍聴については、既に説明したのと同様に、抗告審、再抗告審には適用されず、不服申立もできないものと解されている。

イ　申出が要件

被害者等からの申出が要件である。審判期日における審判の傍聴が申出の対象であるから、申立の時期は、当該事件が家庭裁判所に係属後、終局決定前までということになる。

家庭裁判所が部分的に許可したり、傍聴人を一時的に退席させたりすることも可能である（規則 31 条 1 項）。

他方、請求権は認められていないから、不許可に対して不服申立はできないものと解されている。

また、法 22 条の 4 第 3 項の要件を満たす場合には、傍聴人に対する付添人も認められる。

遮へい措置を講じることは可能と解されているが、慎重な運用が求められよう。

ウ　弁護士付添人からの意見聴取

限定的とはいえ傍聴人がいる前提で審判手続が行われるというのは、少年審判の構造に大きな影響を及ぼす事柄である。そのため、傍聴許可の前提として、弁護士である付添人からの意見聴取が義務付けられている（22 条の 5 第 1 項[★98]）のは、事柄の性質に適切に対処したものといえる。

そして、被害者等による傍聴が許可される場合には、少年に付添人がいない
と国選付添人が選任される（22条の5第2項★99)）。

98)　ただし、少年及び保護者が弁護士付添人を不要との意思を書面で明示したときは、
　　その選任は不要とされている（22条の5第3項、1項、2項、規則30条の3第5
　　項）。

99)　ただし、少年及び保護者が国選付添人を不要との意思を書面で明示したときは、
　　その選任は不要とされている（法22条の5第3項、2項、規則30条の3第5項）。

(2)　対象事件等の要件

ア　対象事件

犯罪少年及び12歳以上の触法少年に係る事件で、具体的には、故意の犯罪
行為により被害者を死傷させた罪、刑法211条の罪、自動車の運転により人を
死傷させる行為等の処罰に関する法律4条（過失運転致死傷アルコール等影響発
覚免脱）、5条（過失運転致死傷）、6条3項（4条の罪の無免許運転による加重）、
4項の罪（5条の罪の無免許運転による加重）である（法22条の4第1項）。

被害者を傷害した場合には、生命に重大な危険を生じさせたときに限るとさ
れている（22条の4第1項柱書）。そして、「生命に重大な危険を生じさせたと
き」とは、事後に重大な後遺症が残ったとかではなく、まさに生命に重大な危
険を生じさせたか否かで判断される。

イ　裁量判断事由

許可の有無の裁量判断事由は、①少年の年齢及び心身の状態、②事件の性
質、③審判の状況、④その他の事情を考慮して、少年の健全な育成を妨げるお
それがなく相当と認めるとき、である（22条の4第1項柱書）。

補足すると、①の少年の年齢に関しては、例えば、触法少年に関しては、22
条の4第2項は「一般に、精神的に特に未成熟であることを十分考慮しなけれ
ばならない」と規定していることからも明らかなように、少年の年齢が重要な
判断要素となることは了解されよう。

②の事件の性質については、例えば、少年と被害者との間に特別の関係が
あって、傍聴を認めるのが相当でない場合があり得る。そして、この特別な関

係についても、ⅰいじめに遭っていた少年がいじめをしていた被害者に加害した場合、ⅱ暴走族その他の不良集団の抗争事件の場合が、それぞれ例示されている。また、ⅲ家庭内のＤＶその他の争いによる事件の場合には、少年と「被害者等」に該当する者との関係も多様であろうから、一律的な判断には馴染まないであろう。

③の審判の状況に関しては、例えば、傍聴希望者、少年に関しては、ⅰ当該傍聴希望者が後の証人予定者である場合が、ⅱ非行事実についてそれまで曖昧な供述しかしていなかった少年が被害者等の傍聴しない状態で真情を述べたいと希望している場合が、想定できる。

また、審理自体に関しては、ⅲ対象事件と非対象事件とが併合審判されていて、非対象事件のみについて審理する場合、ⅳ複数被害者の事件で申出をした被害者等以外の被害者に関する事件の審理を行う場合、なども想定可能である。

④のその他の事情に関しては、例えば、傍聴申出人の数、等が想定される。審判廷は、通常、法廷に比べて格段にこぢんまりとしているから（このことは、裁判官と少年との距離が近く、和やかな雰囲気作りに役立っている）、傍聴申出人の数などが考慮要素となってくる。また、被害者等と事件との関係性、傍聴の動機については、非公開の原則に照らし、傍聴を真に必要な範囲にとどめたいとの視点からの検討も必要となろう。

（3）　準少年保護事件との関係

①収容継続申請事件、②戻し収容申請事件、③施設送致申請事件、④保護処分取消事件の各手続については、閲覧・謄写について説明したのと同じ理由で、5条の2も適用があるものと解される。

また、施設送致申請事件においては、保護観察に付された当初の事件の被害者等が本条の被害者等に当たらないことも、閲覧・謄写の場合と同様である。

（4）　許可・不許可の通知

家庭裁判所は、審判傍聴許可の許否の旨及び（許可の場合には）その審判期日を、速やかに、申出人、検察官（関与決定が既にある場合）、弁護士付添人（選任されている場合）へ通知することが義務付けられている（規則30条の12）。

(5) 傍聴者（付添人）の義務

法5条の2第3項に基づいて、守秘義務等が課される（22条の4第5項）。

5 審判状況の説明（22条の6）

(1) 概観

平成20年改正で導入された制度であって、被害者等が審判の状況について十分な情報を得たいとの心情に沿ったものである。

申出は、家庭裁判所に事件係属後であって★100)、終局決定確定後3年未満まで可能である（22条の6第2項、規則30条の13）。

対象は、犯罪少年、触法少年の事件である。「審判状況の説明」といった基本的事項に関する事柄であるから、重罪性等の更なる事件要件はない。他方、既に説明したように、ぐ犯事件では「被害者等」は想定されないから、ぐ犯事件は対象事件とされていない。

また、事柄に内在する事件要件としては、説明内容が「審判期日における審判の状況」であるから、審判期日のない審判不開始決定で終了する事件では説明すべき内容がなく、対象事件から除外されている。

このような事件要件を満たし、家庭裁判所が「少年の健全な育成を妨げるおそれがなく相当と認めるとき」に「審判状況の説明」が行われる。

他方、既に説明したのと同様に、不服申立ができない。

家庭裁判所が許可を不相当とする事由としては、ⅰ説明対象による事由、ⅱ被害者等の言動等による事由などが想定される。ⅰに関しては、①説明内容が少年のプライバシーに深く関わっている事項である場合、②終局決定前の審判期日における家庭裁判所の非行事実に関する心証を説明する場合などが想定できる。

ⅱに関しては、被害者等が説明される内容をみだりに公表する危険性が高い場合などが想定される。該当の言動は、後記守秘義務等の不遵守ということになろうが、この事由に関しては、どのような資料から認定するのかなど問題も残ろう。

既に説明したのと同様に、抗告審、再抗告審には、この制度は適用されないものと解されている。

> 100)　その旨の規定はないが、事柄からして当然であるから、立法化されなかったものと見られる。22条の6第2項に終期のみが定められていることとの対比から、法の趣旨を看取できる。

(2)　審判状況の説明

説明の担当者　家庭裁判所調査官も可能であるが（規則30条の14）、審判の手続・内容を公証する書記官の方が相当な場合が多いであろう。

通常は口頭で説明されるが、家庭裁判所に来られないなどの事情がある場合には書面によることもあり得よう。

説明内容　審判の客観的・外形的事実に限られ、少年の反省の程度その他、説明者の評価に関するものは含まないと解されている。具体的には、①審判期日の日時、場所、出席者、②非行事実の認定手続等の審理経過、③少年・保護者の陳述要旨、④処分結果等である。

(3)　受説明者の義務

法5条の2第3項に基づいて、守秘義務等が課される（22条の6第3項）。

6　審判結果等の通知（31条の2）

(1)　概観

「審判状況の説明」と関連性のある事項でもあり、「概観」としての説明も共通するところが多い。

審判が非公開であって、被害者等においても、審判の結果等について情報を得ることが困難であるところから、平成12年改正で導入された。

対象は、犯罪少年、触法少年の事件である。「審判結果等の通知」といった基本的事項に関する事柄であるから、重罪性等の更なる事件要件はない。他方、既に説明したように、ぐ犯事件では「被害者等」は想定されないから、ぐ犯事件は対象事件とされていない。

申出の時期は、家庭裁判所に事件係属後であって★101)、終局決定確定後3

年未満である（31条の２第２項。後記のように通知内容は終局決定に関するもので
あるから、終局決定前の申出に対しても、通知は同決定後となる）。

　既に説明したのと同様に、不服申立は認められないが、同条１項柱書本文の
「～通知するものとする」との規定振りからも、通知するのが原則であって、
家庭裁判所が「その通知をすることが少年の健全な育成を妨げるおそれがあり
相当でないと認められるものについては、この限りでない」とされている（同
項柱書ただし書）。

　この不相当の場合については、「5　審判状況の説明」での説明に類似する側
面もあるが、異なる側面もある。ⅰ説明対象による事由では、①説明内容が少
年のプライバシーに深く関わっている事項である場合は該当しようが、審判結
果の通知であるから、②終局決定前の審判期日における家庭裁判所の非行事実
に関する心証を説明する、といったことは生ぜず、不相当事由として問題とな
ることはない。

　ⅱ被害者等の言動による事由としては、被害者等が少年に報復する場合、被
害者等が通知内容をみだりに公表する危険性が高い場合などが想定可能であ
る。該当の言動は、後記守秘義務等の不遵守ということになろうが、どのよう
な資料から認定するのかなど問題も残ろう。

　　101）　この点に関する説明は、関係法令が31条の２第２項となる以外は、前注と同様
　　　　である。

(2)　審判結果等の通知

ア　基本型

通知すべき事項は、少年・法定代理人の氏名・住居（31条の２第１項１号。
法定代理人が法人の場合にはその名称《商号》、主たる事務所《本店》の所在地）、
決定の年月日、主文及び理由の要旨（同項２号）である。

　審判不開始決定の場合は、「審判状況の説明」においては除外されたが、「審
判結果等の通知」では除外する理由はないから、含まれる。

　理由の要旨に関しては、非行事実と処遇選択の理由の各要旨である。補足す

ると、非行事実が争われた場合には、その認定の要旨（縮小認定の場合には関係する非行事実関係も含めて）についても、差し支えない範囲で通知されよう。非行なし不処分決定の場合には、非行事実は認定されないから、送致事実及び同事実が認定されなかった理由の要旨が通知されることとなろう。

イ　関係者、事件が複数の場合

これらの場合には、主文は通常同一であるから、主文は通知することとなろう。補足すると、併合罪関係にある複数の非行事実の内の一部の事実が認定されなかった場合でも、主文では非行なしの旨を明示せずに理由中で非行なしの旨を説示する運用がある。しかし、筆者は、主文においてその旨を明示すべきことを提言している。この提言に沿った主文の場合で、当該申出をした被害者に係る非行事実が非行なし不処分とされているときは、（他の非行事実との関係で保護処分とされていた場合でも）該当主文部分のみを告知すれば足りよう。

非行事実に関しては、当該申出をした被害者等に係る事件の非行事実のみを通知することとなろうが、主文の理解との関係で、他の被害者の事件があることをその罪名も含めて通知することもあり得よう。

ウ　抗告等の場合とその後の場合

既に説明したのと同様に、抗告審、再抗告審には適用されないものと解されている。

当該事件が差し戻された場合には、第1審の審判が再び行われるから、被害者等はその結果を知り得ることとなる。しかし、抗告、再抗告の後に当該事件が確定した場合には、被害者等は、通常、そのことを知る機会がないから、必要に応じてその結果を知らせるのが望ましいように解される。

(3)　受通知者の義務

5条の2第3項に基づいて、守秘義務等が課されている（31条の2第3項）。上記「被害者等が少年に報復する場合」との関係では、5条の2第3項には「～知り得た事項をみだりに用いて、少年の健全な育成を妨げ、関係人の名誉若しくは生活の平穏を害～（する）行為をしてはならない」とあり、このような義務が課されているのである。

第10章　審判総説

┌─学修のポイント─────────────────────────┐
・　審判の全容、特に、裁判官による審判期日における審理及び判断の過
　　程について、刑事の公判手続と対比しつつ的確に理解すること
└───────────────────────────────┘

　審判は少年事件における最重要手続といっても過言ではないから、関係する
事項について章を分けて説明する。

1　審判の意義

　審判については、①家庭裁判所において、少年保護事件に関して行われる、
調査、審判手続の全体を指す場合を最広義とし、②少年保護事件における審判
段階（＝調査段階を除いた審判開始決定から終局決定に至る過程）を指す場合を広
義とし、③審判段階で最も重要な、審判期日における裁判官による審理及び判
断の過程を指す場合を狭義とする、といった説明が一般的である。

　調査については既に説明しているから、ここでは、主に③、関連して①②に
ついて説明する。

2　少年保護事件の二段階構造

　上記①の説明に関連して標題の点を補足しておく。少年保護事件において
は、審判前調査が原則とされているところから、調査段階と審判段階とに二分
される。このことを標題のようにいうわけである。そして、両段階を分けるも
のとして審判開始決定（21条。中間決定）がある★102)。

　そのため、審判不開始決定で終わる事件は、審判段階がないのが原則型であ
る。もっとも、審判開始決定はいつでも取り消すことができるため（規則24

条の 4。例えば、審判開始決定後に少年が死亡したため、同決定を取り消す場合)、審判が行われた後に審判開始決定が取り消されて審判不開始決定で事件が終了する場合もある。このように、両段階の区分は、固定的ではなく、流動的なのである。

102)　審判開始決定については、「調査手続から審判手続への移行宣言」といわれることもある。審判開始決定自体に関する説明は第 11 章参照。

3　審判の目的・機能

後記の(1)〜(3)は直接的には③の意義の審判を前提としているが、後記の(1)(2)は①の意義の審判の司法的機能に対応し、(3)は①の意義の審判の福祉的機能に対応している。そして、これらの機能を規則 28 条 3 項に基づく直接審理の原則が下支えしているものと解される。

(1)　適正手続の確保

ア　適正手続の確保の重要性

少年事件においては、既に説明したように、刑事と異なり予断排除の原則、伝聞法則の適用がなく、裁判官は、法律記録、社会記録を読んで必要な情報を得て、当該少年に対する非行事実・要保護性に関する蓋然的心証を得て、審判に臨むわけである。そのため、審判においては、終局決定を可能とする更なる情報収集を行うわけであるから、後記(2)の「正確な心証の形成」が審判の目的・機能に含まれているのは当然のことである。

しかし、筆者は、その収集過程の手続的な適正さも重要視しているから、審判の目的・機能としては、まずは、当該少年に対して適正な手続で終局決定に至ることを確保することにあることを挙げたい。

イ　適切な告知と聴聞

適正手続の確保の基本にあるのは、非行事実はもとより要保護性に関しても、その判断に必要な事項に関して適切な告知と聴聞（付添人による弁駁も含めて）の機会を確保することにあるといえよう。

少年は、人格的にも社会的にも未熟であるから、上記の告知をされても適切

に理解できないこともあり得る。また、理解はできても適切に弁解できないこともあろう。そういったことを踏まえて、家庭裁判所が後見的役割を発揮して上記目的・機能が十全な形で実現されるようにする必要があるといえる。

　実務的には、少年に語らせることが肝要である。この点は、後記(3)とも関連するので、同所で一括して説明する。

　(2)　正確な心証の形成

　(1)での説明を補足する形で更に説明する。裁判官は、既に形成していた蓋然的心証を、審判の過程でされた少年の弁解、付添人の弁駁等に照らして吟味し、少年や保護者等の関係者と対面することによって、終局決定を可能とする正確な心証へと昇華させていくことが求められているといえる。換言すれば、そのような正確な心証形成を可能とすることが、審判の目的・機能であるといえよう。

　(3)　少年の健全育成の確保

　法1条では少年法の目的として少年の健全育成が掲げられ、22条1項には「審判は、懇切を旨とし」と、規則1条2項には「審判～に際しては、常に懇切にして誠意ある態度をもつて少年の情操の保護に心がけ」とある。

　これらの規定に基づいて、審判においては、少年は、裁判官等から、和やかな雰囲気の下で、懇切で誠意ある態度をもって接せられるわけであるから、自ずと、法律用語等の理解しにくさを解消する形で手続が進むことになろうし、審判の内容全体が分かりやすいものとなって、自分の理解を前提として、自分の言い分を十分述べることができるようになろう（この点が上記(1)(2)の機能とも繋がっている）。これらを介して、法22条1項に、上記文言に続けて非行少年「に対し自己の非行について内省を促すものとしなければならない」とあることを可能とする基盤が醸成されるものといえる。

　そして、規則35条1項に、保護処分の言渡しにおいては「少年及び保護者に対し、保護処分の趣旨を懇切に説明し、これを十分に理解させるようにしなければならない」とあるのに対応した、少年側の理解度をふさわしいものとしよう。

このように審判は、少年に非行事実を始めとする関係事項について理解を深めさせ、そのことを通じて内省を深めさせるものであるから、この少年の健全育成の確保も審判の重要な目的・機能であるといえる。

付言すれば、少年の健全育成の確保には、少年、保護者等の関係者に納得してもらうことが肝要である。しかし、勿論、納得を得るための終局決定の選択といった本末転倒に陥らないことも、同様に重要である。

4　審判の諸原則

(1)　審判非公開の原則（法 22 条 2 項）

被害者等の審判傍聴がこの原則の例外であることについては、既に説明した。

非公開の原則については、まず、憲法 82 条 1 項の「裁判の対審及び判決は、公開法廷でこれを行ふ」との定めとの関係が問題となる。そして、この点に関しては、ⅰ審判は対審ではない（既に述べたように訴追官・原告官は存在しない審判構造である）、ⅱ少年保護事件は訴訟事件ではない、との理解から、憲法違反ではないと解されている。

しかし、憲法が公開を前提としている下で非公開とするのであるから、非公開の原則の実質的な理由が問われることになる。この点については、非公開とすることによって、①人格的にも社会的にも未熟である少年の情操を保護することができること、②審判の目的・機能としてある教育的、保護的措置を少年に対して行うことが容易となることが挙げられよう。まさに、非公開とすることによって、少年審判が効果的に機能することになっており、非公開とすることに合理性があるといえよう。

なお、非公開とも関連する措置として、法 61 条は、記事等の掲載の禁止を定めている★103)。そして、令和 3 年の法改正によって、68 条で、特定少年に関しては、特定少年のとき犯した罪で起訴された場合には、略式命令で処理される場合を除いて、61 条の記事又は写真については適用されないこととなった。当該事件が公開の法廷で審理される場合にまで、同条の定める記事又は写

真の掲載を禁止することは相当ではないとの判断がされたものといえる。もっ
とも、55条決定で当該事件が再度家庭裁判所に係属することになると、再び
非公開の状態に戻るが、それまでの公開情報がなくなるわけではないという問
題が残ろう。

　これまでも、重大な少年非行事件が起こると、61条の規定としての合理性・
妥当性が論議されることがあった。そして、近時のＩＴ機器の発達によって、
同条が主として想定しているマスコミ等を介さずに、私的な情報が氾濫する状
況が出現したりしている。

　このように、審判を非公開とすることを措いても、少年に関する情報を秘匿
することに関しては、時代の変化が影響を及ぼしてきているように感じられ
る。そういった変化の一端が令和3年の上記法改正に発現したとも解される。
そして、実名広報の実務としては、裁判員裁判対象事件に限定した運用が原則
型となるようであり、慎重な運用開始といえ、実務例も生じている。

103)　この種の報道は「推知報道」と呼ばれることがある。関連する規定に犯罪捜査
　　　規範209条がある。旧少年法74条にも出版物掲載禁止の規定があり、罰則も定め
　　　られていた。同法との対比でいえば、現行少年法は、規制の対象も同一ではない
　　　が、少なくとも、罰則が設けられなかった点では、言論の自由をその分尊重して
　　　いると解される。

(2)　併合審判の原則（規則25条の2）

ア　概観

　同一少年に対して複数の事件が同時期に家庭裁判所に係属した場合には、
「なるべく併合して審判」することを義務付けている。これが併合審判の原則
である。

　刑事では併合に関して客観的併合と主観的併合がいわれているが、併合審判
の原則は客観的併合に関するものである。主観的併合は、併合される他の少年
が当該少年の審判に同時存在することになる点で、審判非公開の原則に反する
ことになるから、原則型としては採用されていないのである。

　併合審判の原則の下では、刑事で客観的併合について指摘されている利点に

加えて、少年法に特有の利点も生じている。すなわち、当該少年に関する、その時点で送致されている複数の非行事実を一括して審理することになるから、①手続に関しては、手続（特に社会調査）の重複を回避できる利点がある。②非行事実の認定に関しては、全非行事実を通覧した事実認定が可能となって、事実認定自体を容易にし、矛盾した認定を回避できる利点がある。③要保護性の判断に関しても、全非行事実を総合した判断が可能となる利点がある。④そして、②③によって、矛盾した処分の出現を防止できる利点がある。

　なお、併合審判の原則の発展問題の一つに、抗告受理の申立における移審の範囲の問題がある。この点については、拙著②266頁以下を参照願いたい。

　イ　例外

　しかし、併合審判の要請も絶対的なものではない。客観的併合が行われないまま手続が進行することもある。その典型は、交通関係事件と一般事件とを併合せずに別個に処理する取扱である。これは、交通関係事件という非行事実として類型性が高い上に、要保護性の判断も、他の非行と区別して行うことが可能であって、集団講習などといった形で集団的な取扱になじむ場合がある、といった非行の特性に着目した取扱といえる。

　（3）　個別審理の原則

　ア　概観

　この原則は、主観的併合に関するものである。すなわち、少年保護事件の審判においては、原則として主観的併合を行わないということである。

　この原則は、審判が非公開とされ、少年に対する処遇が個別化していることから、自ずと導かれるものといえよう。刑事では重要視されることもある共犯者間の処分の権衡といったことは、少年保護事件の処遇決定に当たっては、少なくとも正面からは問題とならないのである。

　場面は異なるものの、刑事における取扱の分離を定めているものに法49条1項、2項があり、特に2項の場合には、少年に対する被告事件を、関連する被告事件とも、「審理に妨げない限り」分離すべき旨を定めており、個別審理の原則を刑事訴訟の場面に及ぼしたものと解することができよう。

　なお、特定少年の被告事件については、令和3年の法改正で、49条2項の規定は適用されない（67条3項）から、こういった取扱を受けることはない。

　イ　例外

　個別審理の原則も絶対的な要請ではなく、合理性があれば、その例外も許容される。交通関係事件については既に説明したので、それ以外について説明する。

　a　非行事実の認定の必要性によるもの（限定的な期間における併合審判が原
　　　則型）

　主観的併合を必要とする事由は主観的併合に即して考えるのが本来形であろう。しかし、ここで重視されているのは、客観的併合の合理性を裏付けている①矛盾した認定・処分の出現を防止できること、②手続の重複を回避できること、といったことが当てはまって、主観的併合が合理化される場合である。

　これにも2類型がある。

　i　共通証人の取調の必要による場合

　例えば、集団傷害事件の否認事件で、関係する少年Aと少年Bに対する共通の目撃者甲の証人尋問を行う場合である。この場合には、A、Bが共に在廷している状態において甲の証人尋問を行うことが、上記①②の要請に沿うものといえる。

　他方、甲の証人尋問が終わってしまえば、個別審理の原則に戻っても通常は支障はないであろう。そうであれば、この場合には、甲の証人尋問を行うことに限定して審判の併合を行うのが相当ということになり、個別審理の原則の例外としても、限定された範囲であることになる。

　ii　共犯少年間の対質等の取調の必要による場合

　基本的にはiの場合の説明が当てはまるから、iiの場合に限定した補足的な説明を行う。すなわち、この場合は、上記①の要請によるものといえよう。共犯少年の言い分が食い違っている場合には、対質、或いは、他の共犯少年に直接質問してみることも、有効な手段である。そういった活用が必要な場合には、その手続に必要な限度で主観的併合を行えば足りよう。

　b　非行事実だけでなく要保護性の判断でも必要な場合（非限定的な期間に
　　おける併合審判も想定）

　この場合の典型例は、兄弟等の同一の保護環境にある共犯少年を併合して審
判する場合である。この場合は、上記①も当てはまるが、②がより当てはまろ
う。そして、少年相互のプライバシーに共通部分が多いであろうから、審判非
公開の原則に実質的に反する点が限定されていることにも通常はなろう。

　そのため、この場合には、審判手続を通じて併合審理がなされることがあっ
ても差し支えないことになり、限定的な期間における併合審判が原則型となる
ａの場合とは異なるものである。

　もっとも、例えば、家庭内暴力が絡むなど少年相互に支配・被支配の関係が
ある場合など、併合審判を行うことによって、それまでの不良な関係性が審判
に持ち込まれて、却って当該少年の真情に合致する供述が得られにくくなるな
どの別の弊害の現出が危惧されるような場合には、原則に戻って個別審判を相
当とする事案もあろう。

　このように事案に応じた適切な処理が要請されているといえる。

（4）　直接審理の原則（規則 28 条 3 項）

　少年が審判期日に出頭しないと審判はできない（同項）。少年の出頭が審判
期日開始の不可欠な要件となっている[104] から、逆にいえば、裁判所が少年
に対して直接審理することを意味する。そのことが審判の目的・機能で指摘し
た前記 3 つのものの下支えをしていることについては既に説明した。

　その他直接審理に関連する事項は関係箇所で付言する。

　なお、少し背景的な議論になるが、「少年が審判期日に出頭しないと審判が
できない」といった重要なことがなぜ少年法自体ではなく、規則に定められて
いるのかといった疑問も湧く。旧少年法では、43 条 3 項で審判期日には本人
を呼び出すべしとはあるが、規則 28 条 3 項と同趣旨の定めはない。その意味
では、直接審理の原則を明らかにした同項が設けられた意義は大きいといえ
る。それでも、刑訴法では、283 条〜 286 条の 2 で公判期日と被告人の出頭と
の関係について定められていることと対比すると、少年法でも、規則ではなく

少年法自体に定めがある方が、直接審理の原則がより確固たるものとして位置付けられるように思われる。

104) 正確にいえば、およそ審判期日が開けないわけではなく、実質的な審理には入れないという意味である。この点は、刑事における必要的弁護事件についての定めである刑訴法289条1項にいう「審理」に準じて考えることができよう。例えば、期日の変更等の形式的事項については審理ができる。また、保護者が出頭していれば、少年の不出頭の理由を確認することができる。そして、審判の参考となる事項が述べられた場合には、陳述録取調書・調査報告書の作成も可能である（規則12条）。

第11章　審判開始決定（法21条）

┌─学修のポイント─────────────────────────┐
│ ・　審判開始決定という少年法特有の決定の理解を深めること
└─────────────────────────────────┘

1　概観

(1)　これまでの説明とその補足

　審判開始決定は、①調査の結果を踏まえて審判を開くのが相当と判断されたときにされる決定であり、②調査段階と審判段階とを区分する訴訟行為であり、他方、③いつでも取り消せる決定であることは、これまでも説明した。

　そこで、②の点について補足する。収容観護がとられた事件の審理期間には既に説明した期間的な制約があるから、社会調査が未了の段階で審判開始決定がされ、その後の手続と並行する形で社会調査が継続して行われるのが、実務における、むしろ一般的な運用となっている。

　また、検察官関与事件では、上記のとおり検察官は非行事実の認定に関して審判に関与するだけであるから、要保護性の調査は、審判における非行事実に関する審理が進んでから行われることになるのも、自然な推移といえる。

　このように、審判開始決定は、調査段階と審判段階を区分する性質を持つ決定ではあるものの、両段階を截然と区分するものとしての実務的な働きまではしていないのである。このことは別の視点から考えると、調査段階と審判段階とに相互の流動性があることを意味する。例えば、審判の過程で新たな問題が生じ、その点について補充的に調査を行ってその結果を審判に反映させる[105]ということがあっても一向に差し支えないことからしても、上記の点は了解されよう。

105) 1回の審判で終局決定に至る事案ではこういったことは想定しにくい。しかし、例えば、複数期日の審判を予定している事案で、少年と家族（学校）の関係が急に悪化したため、審判手続を中断して、少年と家族（学校）との調整を行い、その結果を踏まえて審判する、といった場合である。

(2) 審判開始決定の要件

審判を開ける段階にあるとして審判開始決定がされるわけであるから、審判開始決定の要件としては、①審判条件が存在すること、②非行事実の存在の蓋然性が認められること、③審判の必要性があること、の3つが指摘されている。以下で個別に説明する。

2 審判条件

(1) 概観

審判（＝実体的裁判）を行うのに必要な手続的要件を審判条件という。刑事訴訟における訴訟条件に相当するものである。換言すれば、審判条件が存在しないと審判は開けないから、審判不開始決定等の形式裁判で事件は終了することになる。

なお、審判条件については、これを肯定する端的な規定はないが、関係する法条の存在★106)や法条の解釈★107)を根拠として、肯定されるべき旨が指摘されている。

106) 5条3項（管轄家庭裁判所への移送決定）、19条2項（年齢超過逆送決定）、46条（保護処分等の効力による審判不開始決定）では形式裁判で事件が終了する旨が、3条2項では形式裁判で事件が終了することを前提とする趣旨が、それぞれ定められている。

107) 19条1項の「審判に付することができ（ない）～と認めるとき」、23条2項の「保護処分に付することができ（ない）～と認めるとき」には、形式裁判に関する場合も含まれていると解するのである。

(2) 個別の審判条件

アが肯定されてイの判断をするというように判断の段階・流れに応じて説明する。

ア　裁判権の存在

刑訴法 338 条 1 号に相当するものである。裁判権の不存在は、治外法権を有している場合等であり、通常の事件では問題とならない。

イ　管轄権の存在

a　管轄の説明

管轄には土地管轄と事物管轄とがある。

刑事訴訟では、第 1 審を担当するのは高等裁判所、地方裁判所、簡易裁判所[108)] の 3 類型の裁判所であるところから、各裁判所が担当する事件を種類別に分配する事物管轄という概念が必要となる。

他方、少年事件の第 1 審を担当する裁判所は家庭裁判所しかないから、家庭裁判所相互では事物管轄の概念は不要である。

なお、少し細かな説明になるが補足する。事物管轄は、①事物管轄のある裁判所が当該事件を担当できるという管轄肯定の側面と、②事物管轄がない裁判所は当該事件を担当できないという管轄否定の側面とがある。刑事訴訟の第 1 審に関しては、上記のとおり 3 類型の裁判所が第 1 審を担当するから、①②の両側面が日常的に働いている。

他方、少年事件に関しては、①は働くが、1 審裁判所は家庭裁判所以外には存在しないから、②が実務的に働くことは、少年なのに年齢を誤認されて成人として地方裁判所に起訴されたなどの限られた事件を除いては、通常、ない。

---

108)　家庭裁判所が刑事訴訟の第 1 審の管轄裁判所ではなくなったことは、導入編第 2 章 5(2)イ（20 頁）平成 20 年改正の箇所で既に説明した。

---

b　土地管轄

i　概観

家庭裁判所は本庁が全国に 50 庁あるから、土地に応じて管轄を分配する土地管轄の概念は刑事訴訟と同様に必要となる。そして、土地管轄は、「少年の行為地、住所、居所又は現在地」による（法 5 条 1 項）とされている。そして、行為地は通常変動しないが[109)]、住所、居所、現在地は、家庭裁判所へ

当該事件係属後も、当該少年の身柄拘束の有無にかかわらず、変化することがあり得る。

そのため、土地管轄を安定的なものとするには、その基準時が問題となる。この点については、土地管轄は事件受理時に問題とされるものであるから、原則として受理時が基準となるものと解される。

もっとも、他の管轄家庭裁判所への移送を可能とする5条2項には「保護の適正を期するため特に必要があると認めるときは」とあるから、移送しようとする家庭裁判所も、移送されようとする家庭裁判所も、共に当該事件の管轄を有することが前提とされていることになり、競合管轄が前提とされていると解される。そうであれば、事件係属後に土地管轄の基準となる少年の上記住居等が変化した場合には、その新たな住居等に応じた家庭裁判所にも土地管轄を認めることが可能と解される。

ここで、上記とは異なり、管轄のない家庭裁判所から管轄のある家庭裁判所への移送に関する規定である5条3項について説明しておく。

管轄がない場合には、刑訴法では、管轄違いの判決をすることになる（329条本文）が、土地管轄については、331条で被告人の申立が要件とされていたり（同条1項）、証拠調を開始した後は同申立をできない旨（同条2項）の特別な規定がある。

他方、少年法では、5条3項で管轄家庭裁判所への移送義務が定められている。

このように土地管轄については、他の訴訟条件・審判条件とは異なる取扱が定められているのは、土地管轄の特有性にあるといえよう。すなわち、土地管轄が欠けている状態の事件は、当該係属家庭裁判所においては裁判ができないが、どこかの家庭裁判所には土地管轄があるから、わが国の家庭裁判所でおよそ裁判ができないというわけではない。そうであるから、土地管轄は、事件が家庭裁判所に係属しているという状態を前提として、できるだけその状態を維持したいという訴訟経済的な配慮が働く余地のある概念だと解される。その配慮の結果が上記の少年法の定めということになろう。

土地管轄に関する個別の事項については、項を改めて説明する。

> 109)　行為地の意義は後記のとおりであって、行為地には結果発生場所も含まれるから、結果が家庭裁判所へ当該事件係属後に発生したりすると、該当箇所が増えることはあり得る。しかし、それまでの行為地は依然として行為地であるから、土地管轄を認められた事件の土地管轄が上記のような事後的な事情によって否定されることにはならない。

ii　行為地

犯罪少年、触法少年においては、行為地は犯罪地を意味し、結果犯では結果発生地も含まれる。そのため、複数の行為地が存在することもあり得る。

他方、ぐ犯少年においては、犯罪地は存在せず、争いがあるものの、ぐ犯事由に該当する行為の行われた地を行為地と解するのが合理的である。

iii　住所・居所

住所は生活の本拠である（民法 22 条）。

居所は、住所地以外で継続的に滞在する場所であって、住所とみなされる場合もある（民法 23 条）。

住居は住所又は居所の趣旨であり、規則 2 条 4 項 4 号、8 条 1 項 1 号等で用いられている。そして、実務的には、審判調書、決定書等における少年の人定事項としては、「住居」を用いるのが一般的である。

補足すると、少年が保護者と同居している場合には、保護者の住所が少年の住所となる。しかし、少年が保護者と別居している場合には、依然として保護者の住所と同一として良いか、別居後の住まいを少年の住所として良いか、は、事実認定と価値的な判断とが合わさる問題である。

家出、勉学等で別居していても、その期間が短いときは、保護者の住所を少年の住所と認めることも可能である。他方、その期間が長期に及ぶ場合には、別居後の住まいを少年の住所と認めるのが、通常は、相当であろう。

iv　現在地

刑訴法の土地管轄を定めた 2 条 1 項の現在地について、最決昭和 32 年 4 月 30 日刑集 11 巻 4 号 1503 頁は、裁判所に事件が係属した当時に「任意又は適

法な強制処分によって現在する地域」をいうとした。この判示は、少年事件にも当てはまるものと解される。

補足すると、少年が任意に現在する地域が現在地とされるのは当然のことである。そして、適法な強制処分によって少年が現在する地域、例えば、収容観護によって少年鑑別所に収容されているような場合には、その鑑別所の所在地が少年の現在地となることが留意されるべきである。

そして、現在地というと流動的で一時的な印象を与えがちであるが、適法な強制処分によって少年が現在する地域は、一定程度の継続的な期間固定していることがあり得るから、土地管轄の基準事由としての実務的な有用性があるのである。

ウ　少年の生存

審判は少年に対してされるものであるから、「少年の生存」は当然の要件といえる。刑訴法339条1項4号に相当するものである。送致前に少年が死亡すれば、事件が家庭裁判所に係属することはない。しかし、事件係属後に少年が死亡すると後発的に審判条件が欠けることとなり、形式的裁判（審判不開始決定）で事件が終了することになる。

エ　本人が20歳未満であること

2条1項で少年の要件として定められている。しかし、事件係属後に本人が20歳以上であることが判明した場合には、19条2項（判明が調査段階）、23条3項（判明が審判段階）で検察官に送致するのであって、19条1項に基づいて審判不開始決定をするのではない。このように、「少年が20歳未満であること」との審判条件は、審判不開始決定に至らない点で、区別されるべきものである。

他方、施設送致申請事件では20歳を超えた者も対象となる、換言すれば、その限度では「少年が20歳未満であること」との要件は審判条件とはならないことは、既に説明した。

オ　有効な送致・通告・報告が存在すること

事件が係属する契機となった訴訟行為の適法性を要件とするものであって、

刑訴法 338 条 4 号に相当するものである。

　　a　送致

　送致に関する定めには、法 41 条、42 条 1 項、3 条 2 項・児童福祉法 27 条 1 項 4 号、法 6 条の 7 第 1 項本文、2 項・児童福祉法 27 条の 3 がある。

　なお、触法少年・ぐ犯少年で、行為時には 14 歳未満でも送致時には 14 歳以上の場合に知事・児童相談所長からの送致を要件とするかについては争いがあるとされる。しかし、既に家庭裁判所に係属している事件においては、仮に、上記の点について必要説によれば問題とされるべき場合であっても、そのまま手続を進めるのが相当である、換言すれば、必要説は家庭裁判所への送致以前の手続の指針との限度で尊重されるべきであろう。このように解する方が、少年に対する早急な処遇が可能となる点で適切だと考えている。

　　b　通告、報告

　通告に関する定めには、法 6 条 1 項、更生保護法 68 条 1 項がある。告発に関する刑訴法 239 条に通じるが、家庭裁判所に係属させる点で、捜査の端緒となる告発とは異なる。

　報告に関する定めには、家庭裁判所調査官に関する法 7 条 1 項がある。

　カ　当該事件について一事不再理効 (これと類似の効力) が生じていないこと

　46 条に該当する場合には、審判に付することができないとされている。刑訴法 337 条 1 号に相当するものである。

　他方、法 46 条が定める以外の事由、例えば、犯罪少年に対して刑事処分がなされた場合、ぐ犯少年に対して保護処分がなされた場合等について一事不再理効類似の効力を認めるべきかについては争いがある。46 条やこれらの点については、後に関係箇所で補足して説明する。

　キ　その他

　　a　反則事件

　道路交通反則通告制度の適用のある事件については、適法な通告後 10 日を経過し、反則金が未納付であること (道路交通法 130 条、128 条) が審判条件である。

b 二重係属は審判条件ではないこと

この点については争いがあり、刑訴法338条3号と同様に解する見解もある★110)。しかし、二重係属となった該当事件を併合審判すれば一括処理が可能となるから、二重係属は審判条件ではないとするのが実務的には相当と解され、そういった実務例も比較的多い。

110) この見解に基づく二重係属の処理方法としては、前件を適法・後件を不適法とする見解と、いずれか一方を不適法とすれば足りるとする見解とがある。

(3) 審判条件が欠けている場合の処理

この処理については、既に部分的には説明しているが、前記の年齢超過の点を除く基本的な取扱について補足する。

審判条件が欠けると審判を行うことができないのは当然である。そして、事件の調査を定めた法8条1項の「審判に付すべき少年」との定めからしても、事件の調査も審判を前提としたものであるから、審判条件が欠けると調査もできないことになる。

そのため、調査前・調査中を問わず審判条件が欠けていることが判明すれば、審判不開始決定（19条1項）をして事件を終了させることになる。

そして、審判条件が欠けていることが審判段階で判明すれば、①審判開始決定を取り消して（規則24条の4）審判不開始決定をする、又は、②審判開始決定を維持したまま不処分決定（法23条）をすることになる。

3 非行事実の存在の蓋然性が認められること

1(2)②（162頁）で既に説明したが、この要件が認められないときは、非行なしを理由とする審判不開始決定で事件を終了させる。「非行事実の存在の蓋然性が認められること」は審判条件であるから、非行事実の存否に関する判断は、審判前に行われるものである。

他方、この蓋然性を認めて審判を行った結果、非行事実の存在が認められないときは、非行なしの不処分決定をすることになる。

この違いを正確に理解しよう。

4　審判の必要性があること

1(2)③で説明したが、審判の必要性については、以下の3点が指摘されている。いずれも、非行事実を認定して保護処分に付されるという審判の内容・目的に即して導かれるものといえる。

(1)　保護処分に付する蓋然性があること

審判を経て保護処分に付されるから（24条1項、64条、規則3条1項1号）、保護処分に付する蓋然性がなければ審判を開始する必要性がない。

もっとも、不処分決定は審判の結果保護処分に付する必要がないと認めるときもされるから（法23条2項）、審判を経たからといって保護処分に付されるとは限らない。この点に着目すると、「保護処分に付する蓋然性があること」は審判の必要性の絶対的な要件ではないと解することも可能であろう。しかし、必要のない手続を行うことは、少年に無用な負担を負わせることにもなるから、避けるべきである。

これらを考えると、保護処分に付する蓋然性がない場合には原則として審判を開始すべきではないが、次の(2)(3)の必要性が積極的に肯定される場合には、審判を開くことについて積極的な位置付けをすることも可能といえる。このような視点からは、不処分決定で当該事件が終了することを予想しながらも審判開始決定がされる実務例がかなり多いとの指摘も了解できよう。

(2)　審判期日における非行事実の存否確定の必要性があること

保護処分に付するには非行事実が認められなければならないから、審判期日における直接審理によって非行事実の存否を確定する必要性はあり得る。そして、非行事実について争いがある場合には、この必要性が肯定されるのが通常であろう。また、自白事件で非行事実について争いがない場合でも、少年の心身の発達状態も含めて直接確認した上で、非行事実の存否を確定する必要性が当然に否定されることにはならない。

(3)　審判期日における保護的・教育的措置をとる必要性があること

　審判の機能として保護的・教育的措置をとることがあるから、そういった必要性があると審判の必要性があることになる。しかし、上記のとおり少年に無用な負担を負わせることは避けるべきであるから、この「必要性」も慎重に見極められることが要請されているといえる。

5　審判開始決定の効果

　主たる効果は、既に説明したように、手続が調査段階から審判段階へ移行することである。

　付随的な効果としては、既に説明したが、通告・報告事件の公訴時効の進行を停止することである（47条1項、8条1項前段★111)）。

　また、付添人は、家庭裁判所の許可を得ることなく、記録・証拠物の閲覧が可能となる（規則7条2項）し、被害者等は、記録の閲覧・謄写の申出をすることが可能となる（法5条の2）。

> 111)　関連して付言すれば、第3章1(3)イ②（78頁）でも言及しているように、送致の場合には、審判開始決定ではなく、受送致の時点である（47条1項、8条1項後段）。

第 12 章　審判期日

┌─学修のポイント─────────────────────
│
│ ・　審判期日の意義を正確に理解すること
│
└────────────────────────────────────

1　事前の手続

(1)　審判期日の指定

　審判期日は特定の日時に関係者が家庭裁判所の審判廷等（なお、審判の場所については(4)アで説明する）に集まって行うものであるから、まず、裁判長（裁判官）が期日を指定しなければならない（規則 25 条 1 項）。刑訴法 273 条 1 項に相応する定めである。

　指定の時期は個別の事情にもよるが★112)、一般的には、少なくとも当該期日の 10 日くらい前には期日指定が行われる運用が望ましいといえよう。

　審判期日の変更については、少年法には関係する規定はないが、事柄の性質からしても、審判期日の変更は可能と解される。ちなみに、刑訴法には公判期日の変更に関して、276 条、刑訴規則 179 条の 4、180 条（関連して刑訴法 277 条）の定めがある。

　112)　例えば、①少年が 20 歳間近の年齢切迫事件の場合には少年が成人に達する日を、②収容観護の事件であれば観護措置期間の満了日を、それぞれ念頭に置いて期日指定が行われよう。
　　　年齢切迫少年に関しては、上記のような審判期日指定の制約から調査にも制約が及ぶことが生じ得る。例えば、東京高決平成 26 年 1 月 20 日家庭の法と裁判 1 号 129 頁は、年齢切迫少年（＝後記審判期日の 3 日後に成人）に関して、調査命令発出から 7 日後に少年調査票が提出され、その翌日に審判を開いて中等少年院送致決定をした（横浜家決平成 25 年 12 月 13 日家庭の法と裁判同号 132 頁）とい

う事案で、比較的短期間での調査・審理、少年鑑別所の鑑別結果の保留などを認めつつ、自白事件で少年の要保護性の高さは明らかであったこと、面接、協議などを活用した調査や審判少年の陳述を十分聴取するなどした審判の各実情（筆者注　原決定では、家裁初回係属でありながら、少年の生育歴、家庭環境、行動傾向、両親、薬物との関係等を詳細に説示して中等少年院送致とした説明がされており、限られた期間内であってもそれなりに充実した調査、審判が行われたことを窺わせている）などから、「決定に影響を及ぼし、違法となるような不足があったとは認められない」とした。

(2)　呼出し

ア　概観

審判期日が決まっても関係者に審判期日に来て貰う必要がある。そのための手続が呼出しである。呼出しに関してはこれまでも説明しているが、更に説明する。

a　正式な呼出し

正式な呼出しは、呼出状を送達して行う（法11条1項、規則16条1項）。呼出状の記載要件は、規則15条に定められている。刑訴法57条が定める被告人の召喚に相当するものである。

呼出状の送達に関しては、規則16条2項に基づいて、民事訴訟法の送達に関する規定、刑訴法65条2項、3項が準用される。ただし、秘密保持の観点（後記①）や人権保障の観点（後記②③）から、①就業場所における送達、②送達場所等の届出及び③公示送達に関する規定は準用されないこととされている。

正式の呼出しは、送達を受けた少年、保護者に出頭義務を負わせるものであって、正当な理由がなく呼出しに応じないと、家庭裁判所は同行状を発することが可能となる（法11条2項）。

このように正式な呼出しは、同行状の発付とも連動する、整った手続であるが、短期間に手続を進める必要性が生じやすい少年審判においては、必要な機動性に対応しがたい面がある。そのため、実務的な活用は限られている。

制度としての有り様と、実務的な使い勝手とを考える検討対象となっている

といえよう。

　　b　簡易の呼出し（規則 16 条の 2）

　調査及び審判のための呼出しは、「呼出状の送達以外の相当と認める方法によってすることができる」（規則 16 条の 2）。この簡易の呼出しの形態は様々であるが、情報伝達の確実性、プライバシー保護の観点からは、葉書ではなく、封書による普通郵便の方法が相当であろう。

　簡易の呼出しは、簡便で機動性もあるところから、実務の原則的な呼出しの形態となっている。もっとも、簡易の呼出しは、正式な呼出しとは異なり、呼出しを受けた少年・保護者に対して出頭義務を負わせるものではなく、任意の出頭を促すのにとどまるから、正当な理由がなく呼出しに応じなくても、家庭裁判所は同行状を発することはできない。したがって、同行状を発する必要性があるような場合には、簡易の呼出しを用いるのは相当ではないといえよう。

　イ　規則 25 条 2 項（少年・保護者の審判期日への呼出し）は強行規定

　上記のとおり、審判期日が指定されると、その期日に向けて関係者を呼び出す必要がある。規則 25 条 2 項は、少年と保護者の呼出しを義務付けている。そして、この規定は強行規定と解されているから、この呼出しを欠いた審判期日の開催は違法ということになる。

　もっとも、少年がいないと上記のように審判期日は開けないから（規則 28 条 3 項）、少年がいない状態で審判期日が開かれることはない。

　他方、保護者がいなくても審判期日は開けるから、呼出しを欠いた違法があっても審判期日が開かれることはあり得る。この場合には、当該審判期日は違法となるから、抗告理由（法 32 条所定の「法令の違反」）に当たるものと解される[113]。

　もっとも、呼出しを欠いたことに正当な理由がある場合[114] には、違法とは解されないであろう。また、何らかの契機で当該期日を知った保護者が審判期日に出頭した場合には、呼出しを欠いた瑕疵が治癒されて、当該期日は適法に開かれたものとされよう。

113) 例えば、高松高決昭和 34 年 7 月 2 日家月 11 巻 8 号 145 頁は、保護者（抗告
人）に対する呼出状が審判期日の翌日に送達されていて、保護者の出頭のないま
ま開かれた審判期日に言い渡された中等少年院送致決定に対する抗告事件におい
て、上記呼出し手続の不備を前提として、原審の「審判手続には決定に影響を及
ぼす法令の違反がある」として、原決定を取り消して差し戻した。

　　もっとも、実務的には、審判期日において、保護者が出頭しない場合には、送
達が適切にされているのか、保護者が出頭しない理由は何か、などを確認してい
れば、こういった過誤が回避できる場合もあろう。

114) 例えば、調査を尽くしても保護者の所在が判明せずに呼び出せなかった場合
が、実務的には比較的生じ得る事態として想定できる。天変地異等の不可抗力に
よって呼出しをすることができなかった場合等も考えられる。

ウ　審判期日の変更と再呼出しの要否

適式な呼出しがされた後に審判期日の変更があった場合には、その変更を知
らせることは勿論必要である。しかし、呼出し自体は既にされているから、変
更された期日の呼出しを改めて行うまでの必要はないものと解されている。審
判期日の変更は一般に「審判期日変更決定」という裁判形式でされているか
ら、規則 3 条 4 項に基づいて同決定を「相当と認める方法によって告知す」れ
ば足りよう。

エ　複数保護者に対する呼出し

少年は原則 1 人であるが、主観的併合がされると少年は複数になる。しか
し、上記のとおり少年が出頭しないと審判期日は開かれないから、関係する少
年を全て呼び出す必要があるのは当然のことである。

他方、主観的併合がなく審判対象の少年が 1 人の場合でも、保護者は複数存
在し得る[★115]。その場合に誰を呼び出すべきかについては争いがある。実務
的には、保護者に該当する者全員を呼び出すまでの必要はなく、家庭裁判所が
「保護者としてふさわしいと認めた者」を呼び出せば足りるものと解される。
保護者が関与する形で審判手続が行われることが実質的に確保できるからであ
る。

もっとも、これは、審判開始の要件としての保護者の呼出しに関する解釈で
あって、容易に呼び出せる保護者が複数いればその全員を呼び出した方が、通

常は、望ましいことといえる。他方、保護者相互、保護者と少年との各関係等
から、上記のように保護者全員を呼び出すとかえって適切な審判運営が困難と
なることもあろう。

　このようなことをも考慮に入れると、上記のように家庭裁判所が選別した保
護者を呼び出すといった呼出し形態を原則型とすることに、実務的な合理性が
あるといえよう。

　　115)　保護者が複数存在する場合としては、①両親が共同親権を行使している場合の
　　　　ように法律上の保護者が複数存在する場合、②法律上の保護者と事実上の保護者
　　　　とが各 1 人ずつ共存する場合等が想定できる。

　オ　その他

　審判では証人、参考人の供述を求めることがある（規則 33 条 2 項 6 号）。し
たがって、証人や参考人に対しても呼出しを行う必要が生じ得る。呼出しに関
するその他の事項については、これまでの説明を参照願いたい。

　(3)　呼出しではなく通知を行う場合

　①付添人に対しては、審判期日を通知する（規則 28 条 5 項）。

　②検察官は、既に説明したように原則的には審判期日に出席しないから、当
該審判期日を知らせる必要もない。しかし、検察官関与決定がされていて、当
該「事件の非行事実を認定するための手続を行う審判期日及び」その終局「決
定の告知を行う審判期日」については、「検察官に通知しなければならない」
（規則 30 条の 6 第 2 項）。

　③保護観察所・少年鑑別所に対しても、審判期日を知らせる必要は原則的に
ない。しかし、少年の処遇に関し、審判期日に、保護観察官・保護司・少年鑑
別所勤務の法務技官・法務教官の意見を聴く場合には、保護観察所・少年鑑別
所にその旨及び当該審判期日等を通知しなければならない（規則 26 条）。

　なお、上記意見の聴取方法としては、昭和 27 年 4 月に改正された規則 26 条
には「審判期日」ではなく「意見を聴くべき日時」とあるから、審判期日でな
くても行うことが可能と解され、聴取すべき意見の内容等によっては審判期日
外の方がふさわしいこともあろう。しかし、審判期日においても意見を聴取す

ることは可能であるから、上記のような形で紹介した。

（4）　審判の場所等

ア　審判の場所

審判は、家庭裁判所で行うのが原則である（裁判所法69条1項）が、家庭裁判所外でも行える（規則27条、裁判所法69条2項）。そのため、刑事に比べて審判の場所選定の自由度が高いといえる。具体的には、①少年鑑別所（例えば、少年が収容観護されていて、審判をする家庭裁判所が当該少年鑑別所から遠隔地にある支部の場合等）、②別件等で少年が収容されている少年院、③試験観察における補導委託先、④他の家庭裁判所等、事案に応じて適切な場所が選択されて審判が行われることがある。

イ　審判廷の秩序維持

審判廷の秩序維持については、裁判所法71条〜73条及び法廷等の秩序維持に関する法律の適用がある。しかし、裁判所外で審判を行う場合には、これらの規定を活用して審判廷の秩序維持を図るには人的・物理的に限界のあるときがあり得る。そのため、審判廷の秩序維持を図る必要が生じる事態の発生が予想される事件における審判廷の場所の選択には、その分慎重な判断が要請されることとなろう。

2　審判期日

（1）　審判の関与者

ア　裁判官等

a　概観

審判期日には、裁判官（合議体又は単独体）、書記官が列席する（規則28条1項）。審判の担当者である裁判官と審判手続の公証官である書記官が列席しない状態で審判期日が開けないのは当然のことであるから、この定めはその旨の規定といえる。

そして、単独体であれば、裁判官がいない状態で審判が開始されることはあり得ない★116)。しかし、合議体だと3人の裁判官がそろっていなくても審判

が開始されてしまう過誤の生じる可能性がおよそないとはいえないから、少年
事件でも合議体による審理が行われるようになったことで、規則 28 条 1 項の
意義が高まったといえよう。

116)　その意味では、規則 28 条 1 項が裁判官を審判の構成員としているのは、確認的
　　　な意味しかないことになる。

b　単独体と合議体

少年事件は単独体で裁判されることとされていたが、前記のとおり平成 12
年の法改正で裁定合議制度が導入された。しかし、少年事件に関しては、刑事
事件のように法定合議事件（＝裁判所法 26 条 2 項 2 号所定の事件）といった類
型の事件はないから、裁定合議に関する対象事件の限定はなく、まさに裁定に
よって合議事件となるところに少年法の特徴があるといえる。もっとも、頻繁
に活用されているわけではない★117)。

117)　裁定合議決定のあった事件は、平成 23 年から令和 2 年で、最多が 39 人、比率
　　　で 0.14%（平成 28 年）で、最少が 14 人（令和 2 年）、0.06%（平成 23 年、24 年）
　　　となっている（以上につき曹時 74 巻 1 号 168 頁第 20 の 2 表）。実務例としては、
　　　例えば、東京家決平成 24 年 7 月 11 日家月 64 巻 12 号 46 頁（初等少年院仮退院中
　　　の再非行で再度初等少年院送致）がある。

c　除斥・忌避、回避

刑訴法には、除斥・忌避（20 条〜 25 条、書記官への準用は 26 条）、回避（刑
訴規則 13 条、書記官への準用は 15 条 1 項）の各規定が書記官も含めてある。他
方、少年法の関係法令は限定的であって、裁判官に関してだけ回避のみが定め
られており（規則 32 条）、旧少年法でも同様であった（22 条）。

そうであれば、少年法の関係法令には除斥・忌避に関する定めはないと解す
るのが自然である。しかし、例えば、除斥事由のある裁判官が少年審判を主宰
することに合理性があることにはならないから、事柄の実態を考えると、除
斥・忌避に関する規定を欠いていることに合理性があるとは解されない。

裁判例では、参考裁判例 18 東京高決平成元年 7 月 18 日高刑集 42 巻 2 号

131頁、家月41巻10号166頁、判夕710号271頁、判時1322号161頁【参考裁判例集338頁】は、規則32条は、除斥・忌避及び回避をすべて包含する規定としておかれたものと解するのが相当であるとし、少年事件における忌避申立ての適法性を認めている。法解釈としては、上記のように3種類の制度がある中で1種類しか規定されていない文言を拡張的に解するわけであるから、かなり異例な手法ではないかと思われるが、結論としての妥当性はあるといえよう。

　なお、回避は刑訴規則13条からしても、裁判官が自らの判断で行うものであって、当事者に申立権が認められる性質の訴訟行為ではない。【参考裁判例集339頁】で紹介した東京高決平成17年11月2日東京高等裁判所判決時報（刑事）56巻1＝12号85頁が、少年側からの回避の申立権を否定しているのは当然の判断といえよう。

　イ　家庭裁判所調査官

　家庭裁判所調査官は、原則的に審判に出席するが、裁判長（裁判官）の許可を得た場合には出席しなくても良いことになっている（規則28条2項）。この点に関しては、家庭裁判所調査官は調査段階で必要な調査を遂げ、処遇意見も明らかにしているから、その出席がなければ常に適切な審判が行えなくなるものとは解されない。また、家庭裁判所調査官の執務の効率的集中化を図る必要もある。そうであれば、収容観護のとられている事件等、家庭裁判所調査官の出席によって審判が円滑に進行したり、少年に対する教育的、保護的効果が期待できる事件などに、その出席を限定的に運用している実務の有り様も了解されよう。

　ウ　少年

　少年については既に説明しているが、少年が審判期日に出頭しないと審判を行うことができない（規則28条3項）。

　エ　保護者

　保護者に関しても、既に説明しているが補足する。保護者については、審判期日の列席者等を定めた規則28条には定めがないから、その出席がなくても

審判を開くことが可能な場合はあり得る★118)。しかし、規則25条2項によって審判期日への呼出しが義務付けられているから、その出席は事実上前提とされているものと解される。

118)　例えば、少年の希望を容れて父を審判の冒頭からは在席させない措置がとられた事例として、東京高決平成26年1月20日家庭の法と裁判1号129頁、特に131頁で紹介の原審（横浜家決平成25年12月13日）の審判（同号132頁）。

オ　付添人

付添人は審判に出席できると定められている（規則28条4項）。しかし、必要的弁護事件を定めた刑訴法289条のような規定はないから、付添人の出席がなければ審判が開けないといった類型の事件はない。そうであっても、付添人の重要性からして、審判期日への付添人の出席は確保されていくべきである。

カ　個別事件に応じた関与者

本章1(3)「呼出しではなく通知を行う場合」で説明した検察官、保護観察官、少年鑑別所法務技官等が該当する。

それ以外では、規則29条に基づいて裁判長が在席を許可した「少年の親族、教員その他相当と認める者」が該当する。

(2)　審判における手続の流れ等

ア　概観

審判に関する基本原理等については既に説明しているから、補足的に説明する。

審判の有り様は、「審判は、懇切を旨として、和やかに行うとともに、非行のある少年に対し自己の非行について内省を促すものとしなければならない」（法22条1項）とされている。そして、職権主義がとられているから、審判をどのように進めていくかは裁判官の裁量に任されていて、その分非形式的である。しかも非公開の手続であるから、その実情に関する外部への情報発信は限られている。それでも、少年の権利を実質的に保障する中で必要な審理を行うわけであるから、そこに関係法令に則った合理性が求められるのは当然のことである。このことは、抗告の理由として「決定に影響を及ぼす法令の違反」が

本編

挙げられていることからも窺うことができる。

イ　裁判官の権限等

裁判長（裁判官）は、審判指揮権を持っており（法22条3項）、上記の在席の許可に加えて、少年等に対して意見陳述の許可を与えることができる（規則30条。検察官につき30条の10）。また、発言の制止（31条1項）、少年の退席（31条2項）、少年以外の者の退席（31条1項）等をすることもできる。

このように裁判長（裁判官）は大きな権限を持っているが、適正にその権限を行使すべきことが要請されていることは当然のことである。

ウ　審判における手続の流れ

a　冒頭手続

刑事事件における冒頭手続（刑訴法291条）に相当する第1回審判期日における冒頭の手続が行われる。

①人定質問が行われる。人違いの有無を確認する手続である（刑訴規則196条参照）から、一般に、氏名、年齢、職業、住居、本籍地が裁判官の質問によって確認される。

②「供述を強いられることはない」旨の説明（規則29条の2）が行われる★119)。

③「審判に付すべき事由の要旨」の告知が行われる（同条）。

④少年・付添人に対し、「審判に付すべき事由」に対する陳述の機会が与えられる（同条）。

119)　同内容の告知は、収容観護の措置をとる際にも義務付けられている（規則19条の3）。

b　②についての補足

審判において少年に黙秘権（憲法38条1項）が保障されているかどうかについては、争いがある。同項にいう「自己に不利益な供述」が最終的には「自らの刑事訴追」に連なる供述だとすると、触法少年、ぐ犯少年に対しては黙秘権を保障する必要がなく、他方、犯罪少年★120)に対しては保障すべきだという

ことになる。そして、権利の保護は幅広く行うことが一般的には望ましいことからすれば、少なくとも犯罪少年については黙秘権が保障されるべきであるとの考えが支持されるべきである。

また、触法少年やぐ犯少年に対しても、黙秘権の直接的な保障はなくても、少なくとも、その供述の自由（この最低限の自由が供述の任意性ということになろう）は保障されている必要のあることも当然のことである。

このように考えてくると、規則 29 条の 2 の上記定めは、非行少年全体に対して、最低限の供述の自由のあることの告知を求めているものと解することができよう。

このように、刑事では当然と考えられることが当然とはならないことがあるのも、少年法特有の事象ということができる。

次に、冒頭手続を終えた後の手続については、その流れを取り敢えず説明し、個別には章を改めて説明する。

> 120)　特定少年を除く犯罪少年も、細かくいえば、罰金以下の刑の罪の場合には逆送
> されることはないから（法 20 条 1 項、62 条 1 項）、ここでの説明は当てはまらな
> いことになり、触法少年らと同様ということになる。
>
> 　また、現在は刑事責任年齢と逆送可能年齢とが一致しているが、逆送可能年齢
> が 16 歳であった時代には、14 歳から 16 歳未満の犯罪少年も同様であったことに
> なる。その時代であれば、犯罪少年といっても 16 歳から 20 歳未満で禁錮以上の
> 刑の罪の少年だけがここでの説明に当てはまるから、消極説も、実務的にはそれ
> なりの意味を持っていたと解されなくはない。

c　③④についての補足

少年側に非行事実の内容を告知し、それに対する弁解を聴取して防御の機会を与えることは、審判の重要な目的の一つであり、少年側（保護者・付添人も含めた趣旨である。以下同じ）に対して、適正手続を保障する重要な要素となっている。

また、この手続を経ると、当該事件の争点も明らかとなって、非行事実に関して合理的な疑いを超えた立証がされているか否かの心証を得ることも容易になる。

これらを踏まえると、非行事実の内容を告知するに当たっては、少年が社会的な成長段階にあって、法的用語に馴染（なじ）んでいなかったり、知的能力に限界があったりすることがあるから、対象少年に応じた工夫・配慮をしながら、告知内容が少年側に適切に理解されるようにし、また、その言い分も少年側の意図するところを的確に汲み取って聴取することが肝要である。

　d　冒頭手続後の手続

冒頭手続後の手続は、⑤非行事実の審理、⑥要保護性に関する事実の審理、⑦終局決定の告知（規則3条1項等）である。

　e　裁判官の交代

刑事では、裁判官の交代があると公判手続の更新がなされる（刑訴法315条本文、刑訴規則213条の2）。起訴状一本主義、伝聞法則が採用されておらず、起訴と同時に一件記録が裁判所に引き継がれていた旧刑訴法においても、「開廷後判事ノ更迭」に関する公判手続の更新の定めがあった（354条）。

他方、少年法には関連する規定はない（旧少年法も同様）。このことからして、少年法は、裁判官が交代しても、刑事におけるような更新手続を経ることを要しないとの前提であることが窺われる。これも、少年法の特徴の1つといえよう。

そこで、筆者なりに検討すると、確かに、少年法においては、心証の根拠を審判での結果に置く必要はなく、審判を経ない審判不開始決定で終了する事件もある（＝更新手続をしようとしても、その手続をすべき「場」がない）から、裁判官が交代したからといって、必ず更新手続が必要だということにはならない。そして、事件の係属期間が刑事に比べれば一般的に短く、1回の審判で終局決定までされる事件も多い少年事件においては、審判段階において裁判官の交代が起こるのは、ごく限られた事件においてであろうと推測される。

そうであっても、終局決定が審判を経ることを要するとされている事件において、裁判官が審判の結果と全く無関係に、全面的な心証をとって良いことにはならないはずである。そうでなければ、保護処分に関して審判を経ることを要件としていることの意義が失われよう。

　そうすると、終局決定が審判を経ることを要するとされている事件において
は、審判段階での裁判官交代があった場合には、その後の審判期日において、
少なくとも、新たな裁判官が審判に付すべき事由の要旨を告げて少年の言い分
を改めて聴くことによって、直接主義の要請を充たしていくことが望ましいこ
とといえよう。

第13章　非行事実の審理

```
┌─学修のポイント─────────────────────────┐
│ ・　審判の司法的作用の中心的な事項である非行事実の審理について、刑 │
│ 　　事と対比しつつ的確な理解を得ること                │
└────────────────────────────────┘
```

1　審理の実情

(1)　概観

ア　刑事事件の手続と対比した手続の流れ

　刑事事件であれば、検察官による冒頭陳述（公判前整理手続がされた事件であ
れば、被告人側からも行われる《刑訴法316条の30》）があり、証拠請求（双当事
者）、相手方の証拠意見（双当事者）、証拠採否の決定、採用証拠の取調（検察
官立証、次いで弁護側立証との流れが一般的）、といった流れとなる。

　他方、少年事件の場合には、こういった手続は予定されていない。法律記録
は裁判所の手元にあって、裁判官は既にその内容も点検している。また、職権
主義が採用されており、非行事実の認定に関する証拠調の範囲等は、家庭裁判
所の合理的な裁量に委ねられている★121)。そして、当事者の証拠調請求権を
定めた刑訴法298条1項は当事者主義を前提としたものとして、少年事件には
その準用はないものと解されている。そのため、少年、保護者、付添人、検察
官（検察官関与している限度）は、証人尋問等の証拠調の申出はできるが（規則
29条の3、30条の7）、請求権は認められていない★122)のも、少年法の構造に
沿ったものといえる。

　その他の刑訴法の手続との関係では、証人尋問、検証等を定めた法14条1
項、15条1項が「家庭裁判所」の職権に基づくことを定め、各同2項におい

て刑訴法の規定を準用するに当たって「保護事件の性質に反しない限り」と
いった限定をしているのも（両条に基づく規則 19 条も同じ限定がある）、当事者
主義をとっている刑訴法との相違も念頭に置いているためと解される。例え
ば、検察官が関与していない事件では、刑事的にいえば検察官請求証人に対し
て主尋問をすべき立場の者がいないから、裁判所がまず尋問することになり、
その後に少年側に尋問の機会を与える流れとなる。

　そして、証拠調は職権に基づくから、職権不発動に対しては、刑訴法 309 条
のような規定もなく、直接不服を申し立てる方法はない。しかし、合理的な裁
量を逸脱している場合（職権調査の義務があるとすれば、その義務違反の範囲と重
なろう）には、法令の違反として抗告の理由とすることはできよう。

　なお、補充捜査に関しては後に項を改めて説明する。

　121）　参考裁判例 16 最決昭和 58 年 10 月 26 日刑集 37 巻 8 号 1260 頁、家月 36
　　　巻 1 号 158 頁【参考裁判例集 333 頁。流山中央高校事件】参照。
　122）　証人尋問権を定めた憲法 37 条 2 項は「刑事被告人」に関する規定であるから、
　　　少年法の関係規定が同条に違反するものではないと解されている。

　イ　証拠調
　刑事の場合のように予断排除の原則、伝聞法則の適用があって、法廷での証
拠調を介して心証を形成するといった手続構造とは異なり、少年法には、証拠
調に関する格別の規定はなく、上記のとおり裁判所は、既に、証拠を吟味し、
蓋然的心証を得ている。そして、事実関係に争いがなく、要保護性に関する審
理が審判の主要な内容となっているときもあろう。そのため、審判が開かれた
全ての事件において証拠調を行うまでの必要性はないといえ、証拠調実施の有
無は、家庭裁判所の合理的な裁量に任されているものと解される。

　その上で審判廷での証拠調を必要とする場合を想定すると、①非行事実の認
定に証人尋問等を実施する必要のある場合はもとより、少年との関係では、例
えば、②少年に対して証拠内容を知らせて吟味・防御を行わせる、③関係者の
供述に食い違いがある点について、少年の言い分を確かめて家庭裁判所の心証
形成を可能とする、などのために証拠調をする必要性がある場合が想定される。

185

　なお、証人尋問が行われる場合には、刑訴法157条の4〜6が定める遮へいその他の証人保護の制度も準用されることになろう。証人保護について検討するに当たっては、既に紹介した流山中央高校事件も参照されるべきである。

　（2）　尋問権、発問権

　審判を主宰する裁判所に、証人等に対する尋問権、少年に対する発問権があるのは明らかであるから、他の審判関与者について説明する。

　ア　検察官（検察官関与している限度。以下、この項に関して同じ）

　関係規定のある検察官から先に説明する。尋問権、発問権に関しては、規則30条の8は、見出し自体が「検察官の尋問権等」とあって、検察官に尋問権、発問権があることを明らかにしている。そして、その規定振りも、証人等に対する尋問でも（同条1項）、少年に対する発問でも（同条2項）、「裁判長に告げて」とあって、「裁判長の許可を得て」とはされていないから、尋問権、発問権があるものと解される。

　イ　少年、保護者、付添人

　付添人に関しては、少年への発問権に関して規則29条の4が検察官と同様の規定振りとなっているから、発問権があるものと解される。

　しかし、それ以外には規定がなく、解釈に任されている。上記のように少年側の言い分も聞いて適正手続を保障することが審判の主要な目的の1つであることからすれば、「保護事件の性質に反しない」限度で刑訴法、刑訴規則の準用を認めて、付添人には検察官同様に尋問権を認めるべきであろう。そして、保護者にも尋問権、質問権を、少年にも尋問権、質問権（主観的併合がされている場合の他の少年に対するもの）を認めるべきであろう。

　もっとも、少年、保護者が自ら行う尋問、質問については、法的知識の程度や尋問技量等の面からすれば、弁護士付添人の場合にはその付添人によって、そうでない場合には聞きたい内容を告げて裁判所によって、まずは尋問・質問を行ってもらう方が、実質的にも少年、保護者の尋問・質問の意図が手続結果に反映されるなど、実務的には望ましいことといえよう。

　証拠法則等に関しては項を改めて説明する。

2　証拠法則概観

（1）　非行事実の認定と証拠法則

　刑事に関しては、刑訴法317条が証拠裁判主義を定めている。少年法には格別の定めはないが、この規定が実質的に及ぶものと解するのが相当である。しかし、公判廷で証拠を取り調べることはないから、少年事件においては、いわゆる厳格な証明が求められているわけではないことは明らかである。

　このような構造的な違いがあるものの、証拠から心証を得て必要な事実を認定する過程そのものには違いがない。そのため、刑訴法で認められている各種証拠法則が少年事件には一切適用されないと解するのは相当ではなく、どの範囲で適用されるのかを見極めることが重要事である。

（2）　要保護性に関する事実の認定と証拠法則

　要保護性に関する事実の認定については、証拠の制限がないことに争いがないとされている。他方、刑事では、量刑に関する事実の認定については、自由な証明に足りるとして証拠能力の制限からも自由であるとの考えもあるが、実務では、原則的には、厳格な証明によっているから、少年事件とは異なっている。

　少年事件に関しては、伝聞法則の適用はないから、刑事的には伝聞証拠として証拠能力が否定される証拠に基づいて、要保護性に関する事実を認定しても差し支えない。しかし、任意性のない証拠、違法収集証拠等の、刑事的には人権保障、司法の廉潔性等の観点から証拠能力が否定される度合いの高い証拠についてまで、要保護性に関する事実の認定に供して良いかについては、一律的な判断には馴染まず、個別・具体的な事情を踏まえた慎重な検討が必要であり、上記事実の認定に供することができる証拠からは除かれる場合もあろう★123)。

　要保護性に関する事実の認定に関して補強証拠が必要かについては、補強証拠不要との判断をした裁判例とされる**参考裁判例21広島高決昭和59年12月27日家月37巻8号102頁【参考裁判例集341頁】**は、筆者が同所で説

明しているように、事例判断と解するのが相当であって、同裁判例の判断を一般化することには慎重な検討を要しよう。補強法則自体については「6　補強法則」で説明する。

123)　例えば、任意性が否定される自白調書に基づいて、そこに記載されている余罪事実を認定する場合である。

3　伝聞法則

(1)　概観

審判手続に伝聞法則の適用があるかについては争いがある。しかし、既に説明したように、少年事件においては、審判開始前に裁判所の手元には法律記録があり、裁判官はその内容を点検し、非行事実について蓋然的な心証を得た上で審判に臨むわけであるから、伝聞法則の適用がないことは明らかといえよう★124)。このことは、伝聞法則に馴染む当事者主義が採用されておらず、職権構造がとられていて、主尋問担当者となるべき原告官・訴追官の存在が予定されていないという審判構造からも裏付けられているといえよう。

124)　この点は、学修者が、刑訴法の知識を得て少年法に接した際に覚える、主要な違和感の1つといえよう。逆にいえば、そこに少年法の特徴の1つが現れていることになろう。
　　なお、民事訴訟でも伝聞法則の適用はないから、伝聞法則不採用の訴訟構造は少年事件に限られているわけではない。

(2)　少年側の反対尋問権の保障

伝聞法則の適用がないと少年側の反対尋問権が保障されないような印象を与えかねない。しかし、実務はそうはなっておらず、家庭裁判所の合理的な裁量によって、実質的に反対尋問を保障する運用が定着しているといえる。例えば、犯人性が争点となっていて、少年側から、目撃者の証人尋問の申出があった場合には、勿論少年側の主張内容や他の証拠関係によるとはいえ、原則的には当該証人の尋問は実施されることとなろう。こういった運用は、前記流山中央高校事件における最高裁判例の説示にも沿っていよう。

4　違法収集証拠排除法則

刑事に関しては、最判昭和53年9月7日刑集32巻6号1672頁を嚆矢とする判例の集積によって違法収集証拠の排除法則の判例法が形成されてきている（この点に関する判例や学説については、文献も豊富で手軽に参照できよう）。

少年事件においても、違法の重大性と排除相当性といった判断枠組みを含む上記の判旨が及んでいくのが相当であると解される。すなわち、少年は、社会的に未熟で心身ともに発達段階にあるから、捜査官からの違法な誘導その他の違法捜査の対象とされる可能性は、成人より高いともいえる。また、違法捜査によって受ける精神的な影響も成人より大きいことがあり得るから、上記排除法則を堅持して違法捜査の抑制を図る政策的な利益は、成人よりも高いと解することができよう。

そして、覚せい剤の収集手続の違法の重大性を基礎付ける事実の立証に関して、最判令和3年7月30日刑集75巻7号930頁が、当該事実の存否を確定し★125)、これを前提に収集手続に重大な違法があるかどうかを判断する必要があると指摘しているのは、少年事件にも当てはまろう。

> 125)　細かな点になるが、「当該事実の存否を確定し」というと、存在又は不存在が積極的に確定される必要があるような印象を与えかねない。しかし、検察官に立証責任があるから、そういった趣旨ではなく、当該事実の存在が合理的な疑いを容れない程度に立証されれば、当該事実が存在するものとして、次の判断に移行する、そういった趣旨での「確定」と解される。同最判の戸倉裁判官の補足意見中の、「収集手続の違法の重大性を基礎付ける事実の存否に争いがあれば、検察官が当該事実の不存在の立証責任を負い、その立証に失敗すれば、当該事実があったものとして収集手続の違法判断がされる」との指摘が、上記の趣旨を的確に説明している。

5　自白法則

任意性のない自白の証拠能力を否定するのが自白法則であるが（憲法38条2

項、刑訴法319条1項）、少年事件にもその適用があるものと解される。この点に関しては、下級審のやや古い裁判例であるが、参考裁判例19仙台家決昭和41年2月8日家月18巻11号97頁【参考裁判例集339頁】が任意性に疑いのある少年の供述調書の証拠能力を否定しているのは、昭和41年という時期に自白法則を前提とした判断がされている点で注目されよう。

なお、任意性のない自白の証拠能力が否定される根拠については、周知の争いがある。少年法特有の議論を展開する必要性はないように思われるから、虚偽排除説、人権擁護説等の考え方が参照されるべきである。

違法収集証拠の箇所でも説明したように、少年は社会的に未熟で心身ともに発達段階にあるから、任意性、信用性に欠ける（乏しい）供述をするおそれは、成人よりも高いといえ、自白の任意性、信用性については、より慎重な判断が求められる。

上記「おそれ」について補足すると、その要因は様々に想定が可能である。例えば、①自分の考えができていないので、暗示に掛かりやすい、②成人である取調官からの追及的・誘導的取調に対して、きちんと自分の意見を述べられず、迎合しがちである、③自分の状況（例えば、上記仙台家決昭和41年2月8日の事案のように帰宅が困難となっている状況など）をきちんと説明できず、安易に自己の記憶に反する供述をしてしまう、などである。

また、任意性には問題がないものの信用性に問題が生じる事例としては、参考裁判例24東京高決平成21年11月6日家月62巻5号79頁【参考裁判例集344頁】の事案が興味深い。それ以外では、例えば、共犯事件において、共犯者間で安易に通謀し、その通謀内容に沿った虚偽の供述をする、といったことも生じ得る。

6　補強法則

(1)　概観

刑事において、有罪とするには自白の他に自白の証明力を補充・強化すべき他の証拠（補強証拠）を必要とするのが、補強法則である（憲法38条3項、刑

訴 319 条 2 項）。補強法則を前提とした自白の証拠能力の理解については、判例に変遷があった。しかし、現在では、自白自体の証拠能力はあるが、その証明力に制限があり、その限度で刑訴法 318 条の自由心証が制約される、といった理解がされている（最大判昭和 33 年 5 月 28 日刑集 12 巻 8 号 1718 頁。いわゆる練馬事件）。

そして、補強法則と少年事件との関係については争いがあった。しかし、下級審のやや古い裁判例であるが、参考裁判例 20 福島家決昭和 39 年 7 月 13 日家月 17 巻 1 号 170 頁、判タ 180 号 165 頁【参考裁判例集 340 頁】は補強法則の適用を前提とした判断をしている。この判断は支持されるべきである。

(2)　ぐ犯と補強法則

ぐ犯の場合には、ぐ犯事由とぐ犯性とが要件としてある。そして、ぐ犯性は評価的な要件であるから、補強法則の適用はないと解されていることは理解できる。他方、ぐ犯事由の存否は通常の事実認定と異ならない。しかし、ぐ犯では刑事責任が追及されることはないところから、補強法則の適用の有無について争いがある。そして、ぐ犯の場合には十分な証拠が収集できないときもあり得る。そういったこともあるが、保護処分を受ける可能性があることを考えると、補強法則の適用はあるものと解するのが相当である。

(3)　審判廷における自白と補強法則

この点については争いがある。刑事では、判例（最判昭和 23 年 7 月 29 日刑集 2 巻 9 号 1012 頁等で確立している）は、憲法 38 条 3 項との関係では、公判廷における自白には補強証拠を要しないと解している。しかし、刑訴法 319 条 2 項は「公判廷における自白であると否とを問わず」自白に補強証拠を要するものとしているから、同条がそのまま少年事件にも適用されると、積極説ということになる。刑事と取扱を異にする合理性があるとは解されないから、積極説が支持されるべきである。

7　補充捜査の依頼は可能

(1)　概観
ア　見解の対立と判例による解決

　家庭裁判所が捜査機関に対して補充捜査を依頼できるかについては、消極説
（＝裁判所の中立性等を根拠。かつての大勢）、積極説（＝家庭裁判所の公正を害す
るものではない）に分かれていた。そして、その前提となる捜査機関の補充捜
査権限についても、積極説、消極説、折衷説（家庭裁判所の事前の許可が必要）
の争いがあった。そのような中で、参考裁判例 22 最決平成 2 年 10 月 24 日
刑集 44 巻 7 号 639 頁、家月 43 巻 1 号 146 頁【参考裁判例集 341 頁】は、
捜査段階では犯行を認めていた少年が、家庭裁判所への送致後に犯行を否認し
てアリバイ主張を含む新たな主張をした事案で、捜査機関は家庭裁判所への事
件送致後も補充捜査をすることができることを肯定し、家庭裁判所は、事実調
査のため、捜査機関に対し、捜査権限の発動を促し、又は法 16 条の規定に基
づいて補充捜査を求めることができるとし、実務的には積極説によることが明
らかとなった。

イ　検討
a　補充捜査の権限

　補充捜査の権限については、犯罪がある限り捜査権限は失われないと解され
る。これは、①共犯事件であれば当該少年に対する事件が家庭裁判所に送致さ
れても未送致の共犯者に対する捜査は続行されるであろうし、その関係で当該
少年に関する捜査が続行されるであろう、② 20 条送致があると、補充捜査が
必要な場合もあろう、などといったことを想定するだけでも理解されよう。

　他方、41 条、42 条 1 項にそれぞれ「捜査を遂げた結果」とあることを消極
説の根拠とすることには無理があるといえよう。補足すると、この「捜査を遂
げた結果」の意義については、捜査官が当該事件を送致しようと判断する時点
における捜査の進展状況を表したものであって、その後における捜査の可能性
を何ら制約するものではないと解するのが相当である。そうでなければ、極論

すれば、「捜査を遂げ」ることなどいつまでもできず、通常送致など永遠にできないことになるともいえるからである。上記①②の場合以外にも、例えば、当該事件自体に関して、少年が送致後に新たな供述を始めた、共犯者が捕まってきて新たな証拠が得られた、また、当該少年の余罪の関係等様々な事情から、送致後に当該事件に関して捜査の必要が生じることは、事柄の性質上、容易に想定可能であるからである。したがって、送致後も、捜査官に対して補充捜査の権限は認められるべきなのである。

　b　家庭裁判所による補充捜査の依頼

　家庭裁判所は、法律記録と審判の結果に基づいて非行事実に対する心証を形成するのが原則型である。この原則型に限定した形で事実認定を行うべきだとの考えもあり得よう。しかし、それでは実体的真実の発見から離れてしまう場合があり得る。そして、仮に結論的には不処分で終わったとしても、誤った事実関係を前提としてされる終局判断は、少年からも信を置かれず、将来にわたる少年の健全な成育に良い影響を及ぼさない場合があり得る。

　他方、当事者主義ではなく職権主義がとられている少年審判においては、判断者が公正な判断機関として存在しているかは、当該家庭裁判所自らが判断するほかはない構造となっている。

　これらを総合して考えると、家庭裁判所には、公正な判断機関としての存在を害さない限度で、新たな証拠を求める権限があると解することは可能であって、上記平成2年最高裁決定は支持されるべきものと解される。そして、補充捜査の依頼は、家庭裁判所が司法機関として自らの証拠調の一環として行う手続と位置付けられるべきであると解される。

　c　補充捜査の報告の追送と少年側への通知

　補充捜査の結果が追送されてきた場合には、家庭裁判所は、速やかにその旨を付添人に通知することが義務付けられている（規則29条の5）★126)。そして、この条項に定めはないが、補充捜査を依頼したことについても付添人への原則的な通知の運用も確立されるべきである★127)。

126)　この条項は平成12年改正に関連した平成13年の規則改正で設けられたが、その直前の最決平成10年4月21日刑集52巻3号209頁（三好幹夫・判例解説（刑）同年度60頁）は、恐喝・同未遂保護事件で非行事実が争われた事案で、審判での証言の信用性に関して法16条に基づく援助協力依頼により捜査機関から送付を受けた証拠も事実認定に供しながら、当該証拠の存在を付添人に了知させなかった原々審の措置を違法とはいえないとした（違法との1裁判官の意見あり）。上記依頼をしたことも知らせておらず、不意打ち認定措置に対する救済的な判断をしたものと解され、最高裁としては、できるだけ家庭裁判所の判断を尊重しようとの考えの現れかもしれない。当該証拠を除いても非行事実を優に認定できる事案であったとしても、少年側の防御の必要性を裁判所の視点からのみ判断しているかのような印象を受ける判例であって、批判もあろう。本文で紹介の規則条項の新設は適切な措置であったといえよう。

127)　もっとも、前注で紹介の三好・前掲71頁は「法解釈としてその（＝筆者注　事前の通知の）必要がないと解すべきことには、それほど異論はなかろうかと思われる」とする。

(2)　新たな証拠を求める場合

この場合には、既存の証拠の提出を求めるときと、新たに補充捜査を求めるときとがあり得る。

ア　既存の証拠を求める場合

例えば、①送致すべき証拠（例えば、被害届）が送致漏れになっている場合、②送致後に捜査機関の手元に存在するようになった証拠がある場合（例えば、送致時点では作成未了であった少年の引き当たり捜査報告書）等があり得る。記録の送致漏れは簡単な事件では考えにくいが、証拠多数の複雑な共犯事件等を想定すると、生じないとはいえない。

他方、これらの場合には、そういった証拠を求める必要性がある限りは、家庭裁判所がそれらの証拠の送致を求めることに問題はないといえよう。

イ　新たに補充捜査を求める場合

この場合は、家庭裁判所の求めに応じて補充捜査がされて、新たな証拠収集がされるわけである、換言すれば、家庭裁判所がそういった求めをしなければ収集されなかった証拠が、家庭裁判所に送致されてくるわけであるから、まさ

に、判断者としての公正さが問われる場合といえよう。

捜査機関に対し補充捜査を求める現実的な必要性が生じるものとしては、大別すれば、①手元にある証拠に対して生じた疑問を新たな証拠によって解明したい場合、②少年側から新たな主張・供述（アリバイ・身代わり等の全面否認だけでなく、部分的な否認、従犯性等の責任を軽くするものも含む）がされ、それとの関係で、手元にある証拠に新たな証拠を加えて解明したい場合、③共犯少年、目撃者の発見等それまでの捜査で得られていない証拠の存在が明らかとなって、そういった証拠との関係で既存の証拠関係を吟味し直したい場合、④これらが競合した場合、などが想定可能である。

②に関するものとしては、上記最決平成2年10月24日刑集44巻7号639頁が該当する。また、補充捜査の事案ではないが、捜査段階ではない時期に身代わりの主張がされた事例としては、**参考裁判例23 那覇家決平成19年12月21日家月60巻6号71頁【参考裁判例集343頁】**がある。

付言すれば、少年の言い分によっては、証拠調をするまでの必要のないときもあろうが、関係証拠（証拠自体の存否も含む）を調べて、少年の言い分を吟味する必要のあるときもあろう。例えば、自分は従属的だったとして、それまでは具体的に述べておらず、法律記録にある証拠からはその存在も窺われない共犯者について具体的な供述をした場合に、その共犯者の存在や共犯者の言い分を確認する必要のあるときである。

③の典型例は、少年が、それまで秘匿していた共犯者その他の関係者について氏名等を具体的に述べた場合等が想定される。

ウ　捜査の態様と限界

捜査の態様としては、任意捜査に限定されず、強制捜査も可能であると解されている。しかし、捜査対象として問題のある証拠もあり得る。すなわち、一般的には、①審判を受ける立場の少年本人への取調は、少年側の防御の観点だけでなく、少年に与える心身への影響も考慮すると、相当でない。また、②家庭裁判所が尋問を予定している証人の取調も、少年側の防御の観点からすれば原則的には控えられるべきであろう。

195

8　否認事件の審理

　刑事訴訟における証人尋問の流れは、関係当事者から証人尋問の請求、相手方の意見、証拠決定を経て、請求者側からの主尋問、相手側の反対尋問、再主尋問～、裁判所からの補充尋問といった経緯を辿るのが一般的である。

　他方、検察官、付添人のいない少年事件の場合には、裁判所が証人採用を決めて裁判所自ら尋問（少年側から尋問してもらいたい事項を聴取した内容も含めて）を行うのが基本型となる。このような流れからしても、否認事件における弁護士付添人の存在の重要性が窺われよう。

　裁判所は、公正な立場を堅持し、感情的になること、当事者的傾向となること、ひいては、少年と対峙する形になることは避けなければならない。そうはいっても、少年に不利となる事実も尋問しないと適正な事実認定はできないから、どこまで尋問できるかは、まさに合理的な裁量の範囲内の事柄といえる。そして、特に少年側が対峙するような状況に陥る可能性のある事件では、検察官関与の必要性が窺われよう。

9　心証と事実認定

(1)　合理的な疑いを超える（容れない）心証（確信）

　非行事実を認定する最終的な心証の程度は、刑事と変わらないものと解されている。それでは、合理的な疑いを超える（容れない）立証がされた状態とはどういうものかと正面から問われると、なかなか適切な説明はできにくい。そこで、筆者は、当該事実に関して様々な疑問を提起してみて、そういった疑問が全て否定された状態にあることが合理的な疑いを超える（容れない）立証がなされている状態だと理解するのが良いと考えている。この場合に、各疑問が否定される根拠となるのは、証拠と疑問との関連性・認定可能性が一番であるが、疑問に含まれている論理則、経験則等の合理性の有無に最終的には帰着するものと解される。

　このような前提でいえば、証拠に関する吟味の視点が肝要である。検察官が

関与していない事件では、当該事件に対する少年側からの主張・視点の提供は
あっても、捜査官側からの視点の提供は法律記録に含まれているものに限られ
るから、裁判所としては、適切な視点に基づいて証拠の吟味ができるようにし
ておく必要があるといえる。

(2) 事実認定上の留意点

事実認定に関する詳細な説明は、拙著③『実践的刑事事実認定と情況証拠』
(第4版、立花書房) に譲り、本書ではしない。少年事件における事実認定も、
成人事件の事実認定と基本的に異なることはないから、科学的証拠の重要性、
供述証拠の信用性を客観的証拠との対比で検討する重要性等、刑事における議
論が基本的には当てはまる。

補足すれば、少年は、被暗示性が強く、捜査側を始めとする他人からの威
圧、誘導等に弱いことに留意して、供述証拠の信用性の判断を慎重に行う必要
がある。

また、集団事件では、仲間的な連帯感、社会的な未熟さもあって、口裏合わ
せの可能性(仲間を庇う、他人の罪を容易に引き受けるなど)が高く、共謀の認
定に関して困難性を帯びることがあることなどである。

(3) 認定替えの手続

この点については、既に部分的に説明しているが、訴因制度がないから、送
致事実と非行事実の同一性の範囲内の事実については、認定替えは可能であ
る。しかし、新たに認定しようとする事実について少年側に対して告知・聴聞
の機会を与えていない場合には、その状態のままで新たな事実を認定すると、
通常は不意打ち認定となって適正手続を保障したことにはならないから、新た
に認定しようとする事実について告知・聴聞の手続を経ておく必要がある。

第14章　要保護性の審理

┌─学修のポイント─────────────────────────┐
・　要保護性に対する的確な理解を前提として、その資料収集の時期と方
　法を理解すること
└──────────────────────────────────┘

1　概観

（1）　認定構造

　要保護性の認定対象はまさに少年の全人格的な事柄であるが、要保護性の審
理は、非行事実に対する審理の後に行われる。しかし、例えば、非行事実の審
理の内容は同時に要保護性に関する情報を包含しているのが通例であるから、
実質的には、非行事実の審理と平行して要保護性に関する審理も始まっている
のが通常である。

　要保護性の内容として、ⅰ犯罪的危険性、ⅱ矯正可能性、ⅲ保護相当性が指
摘されていることからしても、基本となるのは、まずは、①非行そのものに関
した事項（非行の動機、原因、態様）が認定対象となろう。

　次に、②直接的な情状関係事実★128)、非行事実の認否・反省の状況等があ
ろう。

　次に、③従前の非行歴、今回の非行との関係★129) があろう。

　次に、④より広い視野から見る少年の人格的側面★130) があろう。

　そして、⑤将来の事柄（進学、就職、転職、家族関係・勤務関係の改善）があ
ろう。これらの事柄が既に変化していると、既存の事情ということになる。

　このように漠然と様々な事柄を包括的・混交的に考えるのではなく、階層的
に分析して各事情の重要性をきちんと位置付けた形での判断が望まれていると

いえよう。

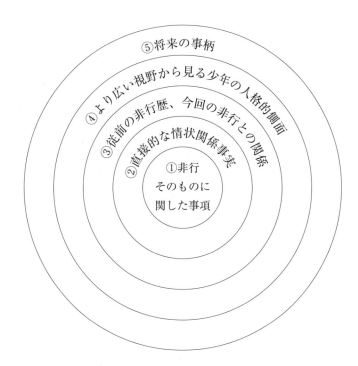

128)　非行に至る経緯＝例えば、交友関係や家出中が原因となっているとすると、その家出の原因も含めて←後記④にも関係してくる。
129)　例えば、同種、異種、態様が悪くなっている、ひいては、遊び型の万引きから本格的な恐喝事件への発展等。
130)　少年の家族関係、生い立ち、性格、学校、職場の環境、交友関係←保護者との関係が重要だが、保護者の監護能力に期待できないと、雇い主、教師等の代替的な資源の有効活用の可能性も探ることになる。

(2)　主要な判断資料

　主要な判断資料は、非行事実に関連した事柄に関しては法律記録であり、要保護性固有の事柄に関しては家庭裁判所調査官が作成した少年調査票を中心とする社会記録である。

　なお、要保護性に関する事実の認定と証拠法則との関係については、既に説

明した。

(3)　審判における要保護性の当面の認定対象

　裁判官は、原則的には保護処分に付する蓋然性を認めて審判に臨み、終局決定において、審判の結果を踏まえて最終的な要保護性に関する判断をすることになる。

　しかし、要保護性の審理においては、終局決定に至る前に当面の判断が示される場合がある。この点も、非行事実の認定とは異なる要保護性に関する認定における特徴の1つといえよう。それは、試験観察を必要とするか否かの見極めの場面であって、①既に調べた資料で終局処分決定を決めることができない・決めるのが相当でない、②新たな資料の必要性、③ある程度の時間を掛けた少年の行動観察・環境調整の必要性、等の存否・程度を見極め、これらが肯定される場合には、試験観察を活用することがその選択肢となるといった場面である。

2　要保護性の審理の特徴

　標題の点についても1で既に一部説明しているが、全体を補足する形で説明する。非行事実の事実認定においては、既に発生している非行事実を証拠に基づいて再確認するところにその基本構造がある。

　要保護性における事実についても、同様な認定構造となるものがある。しかし、福祉的機能として家庭裁判所から様々な働き掛けがなされて、少年の要保護性は変容を遂げていくのが予定されているといえる。そのため、終結決定において認定される要保護性は、当該事件の係属時における要保護性ではなく、そういった変容後の要保護性である。このように事件係属後も変容する事柄を認定することになる点が、非行事実に関する認定とは異なる要保護性の審理の特徴といえよう。

第15章　交通関係事件の調査、審判

┌─学修のポイント─────────────────────────┐
・　交通関係事件特有の事象を理解すること
└────────────────────────────────┘

1　概観

　基本的には一般事件と異ならないが、交通関係事件ということで類型的な処理が可能なところから、特有な取扱もされている。換言すれば、要保護性の構成要素である、①犯罪的危険性、②矯正可能性、③保護相当性といった観点から見て、他の一般非行とは連動しない形で非行を行う少年がいるということである。例えば、当該少年の犯罪的危険性が他の一般非行と連動しているのであれば、交通関係事件において特有の取扱をする必要性・相当性が減じることになる。こういった視点は、交通関係事件の調査、審判にも反映されているといえる。

2　交通関係事件に特有の調査、審判

(1)　調査

　要保護性に関する社会調査の対象が交通関係に限定されるところにその特徴がある。そして、交通事故の態様・結果、交通違反の程度、家庭裁判所への係属回数等を基にして、一般的にどのような終局処分が見込まれるかといった事前の一応の目安となるインテーク（分類、選別）基準・取扱基準が各庁で定められていて、その基準に沿った取扱がされるのが一般的である。

(2)　審判の特徴

ア　調査即審判

　調査から審判に移行する場合にも、審判のための別期日を設けるのではな

く、調査に引き続いて調査即審判といった形の運用も行われている。このような運用には、少年・保護者の負担を軽減するだけでなく、裁判所からの働き掛けの効率的な活用を実現するといった側面もあろう。

イ　反則金不納付事件

　同事件の場合には、家庭裁判所は、審判に移行した後に（審判開始後であるべきことが道路交通法130条の2第1項に明記されている）、少年に対して反則金（＝道路交通法に定められた金額の範囲内で家庭裁判所が定める額）の納付指示を行う権限があり（同法130条の2第1項）、指示に応じた納付がされれば[131]不処分決定がされるのが一般的取扱とされる。

> 131)　同法128条2項には、納付すれば審判に付されないこととされているが、同法
> 　　　130条の2第3項でその準用が定められている。

ウ　集団審判・集団講習

a　集団審判

　既に説明したように、少年事件は個別処理が原則であって、秘密性も高く、審判は主観的併合はされずに非公開で行われるのが原則とされている。しかし、交通関係事件の場合には、①非行内容が同一・同種である、②犯した非行に関する要保護性に共通性があって相互の差異が少ない、③非公開、秘密性といった面からの問題性が少ない、などの事情が認められる少年も少なくない。

　そのため、こういった少年に対しては、多数の個別事件を対象に、集団として一括的な審判を行うことにも合理性があるといえる。そして、早期に保護的措置を講じることができる点でもメリットがある。

　もっとも、集団審判に馴染まない少年[132]も当然いるから、そういった選別は適切に行われる必要がある。そして、審判に移行した後でもそういった少年が発見されたら、すみやかに当該少年は個別処理に移行されるべきである。

> 132)　①集団的な取扱に馴染まない少年はもとより、②他の非行傾向があって、交通
> 　　　関係事件としての処理だけでは適切な対処ができない少年、③他の少年に対して
> 　　　適切でない影響を及ぼす可能性のある少年等が想定できる。そして、通常は、上

記インテーク基準等によって事前に選別されていよう。

b　集団講習

保護的措置として行われる講習には、①当該家庭裁判所において、家庭裁判所調査官等による交通安全等に対する講義・講話、ＤＶＤ視聴、保護者も交えた少年相互の討論等を行う自庁講習と、②関係機関に委託して行う委託講習が活用されている。

①については、その後に不処分決定がされる運用が多いが、審判開始前に同講習を行ってその後に審判不開始決定が行われる運用もある。

②は、試験観察の付随措置としての補導委託として行われる。しかし、交通短期保護観察の充実等に伴って漸減傾向にあるといわれている。

第16章　試験観察（法25条）

┌─学修のポイント─────────────────────────────────┐
・　家庭裁判所の大きな特徴の1つである試験観察に関する正確な理解を
得ること
└──┘

1　概観

(1)　試験観察の意義

ア　終局決定前の措置

試験観察は旧少年法にはなかった制度である（なお、事情に従い、少年保護司の観察に付す等の類似の制度はあった《37条1項4号》）。法25条1項の定めに即すると、保護処分を決定するために必要があると認めるときに、中間決定★133) に基づいて行われる。

すなわち、直ちに保護処分に付することができない・相当でない事情の存在がその前提となっている。他方、速やかに終局決定を行うべきときはそうすべきであり、試験観察を活用すべきではない。また、試験観察を実施した場合でも、終局処分の見通しが立ったら、すみやかに審判を開いて終局決定を行うのが相当である。もっとも、その判断を誤らないことが肝要であって、拙速も優柔不断もいずれも良くないのである。

> 133)　規則40条1項により、必ず担当の家庭裁判所調査官を指定する必要があるから、主文例としては、「少年を家庭裁判所調査官◯◯の観察に付する。」などが想定される。

イ　試験観察の狙い

試験観察の目的に関しても争いがあるが、以下に述べるａｂの狙いを肯定し

た上での位置付けの違いによるものといえよう。そして、この2つの狙いは併存的なものと解することが相当である。

　a　新たな情報の収集

　試験「観察」であるから、少年の行動、生活状況その他全般的な事柄に対する「観察」を通じて、終局決定に必要な情報（例えば、将来的な行動予測も含めた要保護性に関する情報）を得るところに、その狙いの1つがあることは明らかである。

　終局決定の内容に、捜査機関側から送致された証拠、情報だけでなく、家庭裁判所が事件係属後に収集した情報をも反映させようとするものであって、まさに、家庭裁判所の特質がよく出る制度といえる。

　試験観察の実施割合は、平成23年から令和2年において、一般事件が3.1%（平成24年）から5.4%（平成30年）へと増加している。他方、交通事件では、過失運転致死傷等事件が7.3%から0.1%へと減少（平成28年は0.2%で同年以降はほぼ横ばい）し、道路交通保護事件では1.5%から0.3%へと微減（平成25年は0.8%で同年以降はほぼ横ばい）している。（以上につき曹時74巻1号172頁第22表、第11図参照）

　初版でも説明したように、試験観察の積極的な活用が長年望まれていたが、一般事件に上記上昇傾向が現れていることは好ましいことといえる。

　b　保護的措置の機会提供

　試験観察は、少年に対する静的観察を行うのではなく、「試薬を与えて反応を見る」とも言われるように能動的観察を行うものである。家庭裁判所調査官がその専門的知見を生かして、少年に助言、補導、働き掛け等を行い、そのことを通じて、少年の性格の矯正、環境の調整その他の少年の要保護性の変容を試みるものである。換言すれば、試験観察はそういった保護的措置が行える機会を提供しているといえ、ここにも試験観察の狙いがあるといえる。

　処分不当との抗告理由の中で、試験観察を求める主張がしばしば行われるのも、逆からいえば、試験観察に関する上記ａｂの狙いを十分に実現してほしいとの期待の表れであるともいえよう。

c　副次的な狙い

　試験観察は終局決定を留保して行われるものであるから、そういった状況下で、換言すれば、そういった心理的強制効果が期待される中で、試験観察を行って保護的措置の効果を高めようとするものである★134)。これを副次的な狙いとして位置付けることができよう。

> 134)　この点を踏まえて、試験観察はプロベーションの機能を果たしているとの理解が有力である。

(2)　個別の要件

ア　保護処分に付する蓋然性の存在

　保護処分を決定するために必要があるということは、保護処分に付する蓋然性の存在を前提としたものと解される。このことは、試験観察は限られた期間内に行われるものではあるが、少年側に一定の負担を掛けるものであるから、無用な負担を掛けることを回避することを可能とするものといえる。

　そして、終局処分との関係では、その結論が直ちに判断できる状態にあれば、試験観察に付する必要はないから、そこに不確定要素があるのである。補足すると、保護処分か非保護処分かといった抽象的な形で見極めができないといったことは通常想定し難い。より具体的に、例えば、①保護観察・少年院送致か逆送か、②保護観察か少年院送致か、③保護観察か不処分か、といったことが試験観察で行われる見極めの主な対象となるのであって、④不開始と不処分を見極めるために試験観察を行う、といったことはあり得ない。

　もっとも、そうだからといって、試験観察を経た少年に対する終局決定が保護処分ではなく不処分・不開始決定であったとしても、何ら違法となるわけではない。例えば、保護的処置が上手くいって少年の要保護性が減少し、保護観察か少年院送致かの見極めが課題とされていた当初の時期には想定できなかった不処分で終わるといったこともあり得ることだからである。これはまさに試験観察の成果といえ、違法視されることにはならない。

　逆に、少年の要保護性が高じてしまい、保護観察か不処分かといった見極め

が対象とされていた当初の時期には想定されなかった少年院送致、逆送といった判断がされて当該事件が終了することもあり得よう（試験観察としては失敗事例ということになろう）。

令和2年の一般保護事件で試験観察を経た事件では、不処分が9.7％であり、審判不開始が1.4％である。他方、保護観察が74.6％、少年院送致が12.1％である。（以上につき曹時74巻1号192頁第40表参照）

審判不開始は例外的な事態だといえるが、不処分が約1割もあるのは、上記のとおり、保護的措置の有効性を示しているとみることができよう。

保護観察が主要な結果となっていることは、試験観察を実施するに当たって、保護観察の可能性が考慮要素になっていたこと、保護的措置の効果によって当初は少年院送致も考慮された事件が保護観察に付された事例も含まれていることを看取することができよう。このことからしても、保護観察か少年院送致かの見極めを主たる目的として実施される試験観察が一定の割合を占めていることが分かろう。

　イ　相当期間内に適切な終局決定可能との見込みの存在

試験観察では家庭裁判所調査官の観察活動が必要であるが、そういった観察活動の結果に基づいて適切な終局決定ができる見込みがあることが要件とされている。しかも、その観察は概ね3～4か月という限られた期間内で行われるのが前提とされている。もっとも、それ以上の長期間をかけた試験観察事例もそれなりにあるから、上記期間は固定的なものではない。それでも、やみくもにやっても成果が上がらず、結果として時間の空費に終わることもあるから、期間的にもメリハリを持って行われる必要がある。

令和2年の一般保護事件の審理期間では、3月以内が合計56.2％、6月以内が36.2％、1年以内が7.6％であるから、試験観察が行われた事件も、3月～1年以内に処理されていることを看取することができよう。（以上につき曹時74巻1号175頁第26表参照）

　ウ　保護観察との違い

　用語的に似通っている「保護観察」との区別を的確に理解しておく必要がある。この理解に資する限度でいえば、保護観察については、別途説明するが、保護処分としての制度であって、執行機関が担当する。

　他方、試験観察は法25条1項の定めからも明らかなように、保護処分を決定するため必要があると認めるときに、おおむね3〜4か月といった限られた期間を前提として行われる、終局決定前の制度であって、家庭裁判所調査官が担当する。

　こういった基本的な制度設計の違いを理解しておく必要がある。

（3）　付随的措置（25条2項）

ア　遵守事項の履行（25条2項1号、規則40条2項）

　上記各条項に基づいて遵守事項を定めてその履行を命ずる場合には、適切な遵守事項の設定が肝要である。その観点からの遵守事項としては、①終局決定の判断に資するもの、②少年の改善更生に資するもの、であって、③履行可能なものが望ましいことといえる。

　具体例としては、保護観察における遵守事項を定めた更生保護法50条（一般遵守事項）、51条（特別遵守事項）が参考となろう。

イ　保護者への引渡し（法25条2項2号、規則40条3項）

　条件を付して保護者に引き渡す場合としては、例えば、少年に対して体罰を加えないことなどを条件とすることが想定できる。

　同趣旨の定めは、旧少年法4条1項4号、51条にもあった。

ウ　補導委託（法25条2項3号、規則40条4項）

　委託先は、施設、団体、個人である。少年が委託先に居住・宿泊して行うのが身柄付き補導委託であり[135]、自宅（それまでの住居）から委託先に通う形で行うのが在宅補導委託である。

　一般保護事件の試験観察においては、平成23年から令和2年では、身柄付き試験観察の割合が8.2％から14.2％（前年の令和元年は19.6％）へと増加している。（以上につき曹時74巻1号173頁第23表参照）

　こういったことも、一般保護事件における試験観察の割合が増加した要因と

なっていよう。

　他方、交通関係事件の在宅補導委託が漸減傾向にあると指摘されているのは、交通関係の試験観察が上記のように減少していることと平仄が合っている。

135)　補導委託の事例紹介としては、少し古くなったが佐藤傑＝河野郁江「身柄付き補導委託の意義と今後の課題について」家月 65 巻 8 号 15 頁、特に 28 頁以下等。

　(4)　決定の時期

　この点については争いがある。実務的には、審判を開いた後が一般的であろうし、筆者としても、裁判官が審判の場で、少年や保護者と直接面談した上で行うのが自然だろうと考えている。しかし、必ずそうでなければいけないとまではいえず、必要があれば、調査段階で実施するのも可能と解される。

　また、上記のとおり制度が異なるから、保護観察中の少年に対して試験観察を行うことは可能である。しかし、両制度の特色が生かされて試験観察の実が上がるように（例えば、保護司と調査官の協働によって少年の要保護性が減少するように）工夫・配慮する必要がある。

　(5)　期間の定め（規則 40 条 1 項後段）

　試験観察の期間を定める際は、当該事案に即した判断要素に加えて、上記のように、試験観察が概ね 3 ～ 4 か月の期間で行われていることも参照されよう。

　(6)　決定の告知

　面前告知である（規則 3 条 2 項 1 号）が、面前告知ができないとき又は相当でないと認められるときは、相当と認める方法（普通郵便での送付が一般的とされる）による告知も可能である（3 条 4 項後段）。

　(7)　決定の取消・変更（規則 40 条 6 項）

　中間決定であるから、その決定の取消・変更は可能であって、時期的な制約もなく、「いつでも」可能である。このことは、試験観察の流動性・柔軟性を示すものといえる。

　例えば、前記のとおり家庭裁判所調査官を指定しているから、当該家庭裁判所調査官が異動等で交替する場合が典型例として想定できる。それ以外では、付随措置の追加・変更・取消の場合もあり得る。

　(8)　効力の終了・消滅

　試験観察は、試験観察期間の満了、試験観察決定の取消（規則40条6項）、終局決定によって消滅する。

　試験観察が終了する際は、家庭裁判所調査官が「意見書」などといった標題の文書で、最終的な処遇意見を付して試験観察の成績を裁判官に報告することになる（規則40条5項、13条）。

第17章　終局決定

┌─学修のポイント─────────────────────────┐
・　少年事件の係属を終了させる終局決定の意義と各内容を的確に理解す
ること
└──────────────────────────────────┘

1　終局決定概観

(1)　終局決定の意義

ア　終局決定の類型等

終局決定は、当該事件を当該審級の係属から離脱させる決定であって、後記
のとおり中間決定とは異なる。

終局決定には、①審判不開始決定、②不処分決定、③保護処分決定、④知
事・児童相談所長送致決定、⑤検察官送致決定の5種類がある。

そして、終局決定は、その性状に応じて、更に2種類に分けることができ
る。ⅰ上記①～③の決定のように当該事件に対する最終的な処理を家庭裁判所
が行うものと、ⅱ上記④、⑤の決定のように、当該事件の最終的な処理を家庭
裁判所ではなく、他の機関に委ねるものと、である。

イ　終局決定と対比した中間決定

中間決定は、終局決定の前に行われる決定であるが、「中間決定」という言
葉から、中途半端な決定などといった受け止めをするのは誤りである。審級離
脱の効力がない点で終局決定と異なるものの、それ自体として完結した決定で
あって、その意味では終局決定と異ならない決定である。

中間決定には、これまでも紹介しているが、観護措置決定（法17条1項）、
審判開始決定（21条）、試験観察決定（25条）、検察官関与決定（22条の2第1

項）等がある。

　なお、移送決定（5条2項、3項）の位置付けは、少し分かりにくい。すなわち、移送決定は、移送する家庭裁判所における当該事件の係属を失わせる（この点では終局決定と同じである）が、移送先の家庭裁判所に当該事件の係属を生じさせるものであって、当該事件が我が国の家庭裁判所に係属している状態に変化はないから、終局決定ではなく、中間決定なのである。

　(2)　終局決定の概観

　終局決定の分布状況は大きくは変わっていないから、令和2年の一般保護事件で見ると、審判不開始が39.5％、不処分決定が19.1％であって、両決定で6割近くを占めている。この意義については、家庭裁判所が何もしていないといった理解は実情を無視した全くの誤解であって、家庭裁判所が行った保護的措置の効果によるところが大きいと理解される。

　次に、保護処分決定では、保護観察が29.8％、少年院送致が8.1％、児童自立支援施設等送致が0.5％であって、保護処分決定が4割弱を占めていることが分かる。そして、保護観察が大きな割合を占めていて、施設送致となるのは、終局決定全体の1割に満たないことが分かる。

　これらからは、家庭裁判所は、保護的措置を活用し、保護処分、特に施設送致処分に関しては謙抑的な運用をしていると見ることができよう。

　また、検察官送致は、年齢超過が1.8％であり、刑事処分相当が0.5％である。このように検察官送致は年齢超過を含めても限られているが、特定少年が設けられたことでどのように変化していくのか注目していく必要がある。

　知事・児童相談所長送致は0.7％で、上記児童自立支援施設等送致とほぼ同じ比率であり、いずれも限られた事件において活用されていることが分かる。（以上につき曹時74巻1号176頁第28表参照）

　(3)　終局決定の種類

　終局決定を分類すること自体に格別の意義があるとまでは考えないが、各決定相互の位置付けを理解するには資することになろう。

　ア　調査、審判との関係に基づく分類

a　調査結果に基づいて行う決定＝①審判不開始決定。

b　調査結果、審判結果のいずれに基づいても行える決定＝④知事・児童相談所長送致決定、⑤検察官送致決定。

c　必要的審判経由決定＝②不処分決定、③保護処分決定。

イ　判断対象に基づく分類

a　形式的裁判＝審判条件の不存在、法律上・事実上の障害事由の存在を理由とするもの←⑤年齢超過を理由とする検察官送致決定（19条2項）。

b　非行事実及び要保護性の存否について判断する実体的裁判＝③保護処分決定、④知事・児童相談所長送致決定、⑤刑事処分相当の検察官送致決定。

c　ab両者の場合があるもの＝①審判不開始決定、②不処分決定。

(4)　決定の方式

規則2条が決定の方式を定める基本規定であって、決定書の記載要件（4項）、署名押印とこれに代わる記名押印（1、2項）等が定められており、決定を調書に記載して決定書に代えることも認められている（7項★136)。

136)　実務上、この決定様式は「調書決定」といわれる。用いられる典型例は、不処分決定、試験観察決定等である。類似する制度としては、刑事では調書判決（刑訴規則219条）、民事では調書判決（民訴法254条2項、民訴規則67条1項7号）がある。

(5)　付随する裁判

付随する裁判には、没取決定（法24条の2）、被害者還付決定（15条2項、刑訴法347条）、費用徴収命令（法31条1項）、環境調整命令（24条2項）等があるが、ここでは、没取決定について説明しておく。

没取は、性質は刑事の没収に類似するが、刑でないのは明らかで、保安処分の性格を有するものと解される。そして、没取対象物を定めた24条の2第1項の1〜4号の規定は、没収の対象物を定めた刑法19条の規定と同様に解されることからしても、ぐ犯少年は対象となりようがない。法24条の2第1項

の柱書でぐ犯少年が除外されているのは、当然なことといえる。

　対象終局決定は、18条、19条、23条2項、24条1項に基づく場合である（24条の2第1項の柱書）。

　もっとも、18条に関しては強制的措置許可決定が（18条2項）、19条に関しては19条2項に基づく検察官送致決定が、23条2項に関しては、所在不明、非行なし、審判条件なしを理由としてされる審判不開始・不処分決定が除かれると解されている。いずれも、非行事実の認定を前提とした保安処分を行うべき決定には当たらないからである。

　他方、没取対象物については、本人の所有物と無主物が対象となる点に変わりはないが、刑法19条2項では「犯人以外の者に属しない物に限り」とされているのに対し、法24条の2第2項では「その物が本人以外の者に属しないときに限り」とされているから、共犯者の所有・共有物は没取の対象とならない点が刑事と異なっている。この点については、主観的併合が原則として行われないことも、併せて考慮すべきであろう。

　また、24条の2第2項ただし書は知情の第三者の所有物の没取も可能としているが、何人の所有をも許さない、いわゆる禁制品は別として、「刑事事件における第三者所有物の没収手続に関する応急措置法」のような定めのない少年事件においては、第三者の所有物の没取はできないと解されている。

2　審判不開始決定（19条1項）

(1)　主文、理由、告知

ア　主文、理由

既に説明したように、審判不開始決定には、形式的裁判の場合と、実体的裁判の場合とがある。審判不開始決定は、通常、法律記録に編てつされている書面に同決定に関係する文言が印刷されていて、当該事件に必要な記載をしてその決定が作成されている。そのような実務の中で詳細な説示のある審判不開始決定としては、例えば、参考裁判例1（2）青森家八戸支決平成24年9月27日家月65巻2号92頁【参考裁判例集318頁】がある。

　主文は「この事件については、審判を開始しない。」である。そして、理由
は記載する必要はないが（規則2条5項）、理由の記載として、「1保護的措置
　2別件保護中　3事案軽微　4非行なし　5所在不明等　6その他」が例示さ
れている。決定の理由としては、これらの理由が競合することもあり得る。上
記各理由については、決定の類型に応じて、(2)で個別に説明する。

　イ　告知

　少年に対する面前告知は求められておらず、相当と認める方法で告知すれば
足りる（規則3条4項前段）上、それができないときは告知不要とされている
（3条5項）。

　(2)　審判に付するのが相当でない場合（＝実体的裁判）

　この場合に該当するのは、審判に付すべき非行事実の存在を前提とした上
で、審判に付するまでの要保護性が認められない場合、換言すれば、審判を経
て行われる終局決定（不処分決定を始め、不開始決定以外の終局決定というこ
とに
なる）が見込まれる状態にないことを要することになる。

　ア　保護的措置

　保護的措置は保護事件の係属中に行われるが、審判不開始の場合には、審判
は開始されないから、保護的措置も調査段階のものに限られる。そうすると、
裁判官が関与する機会は限られるから、ここでの保護的措置の主な担い手は、
家庭裁判所調査官ということになる。すなわち、家庭裁判所調査官による保護
的措置（教育的指導、環境調整、訓戒等）の成果が審判不開始決定の理由として
の「保護的措置」の主たる理由となるのが通常の形態ということになる。

　イ　別件保護中

　別件保護中とは、別件の保護処分による保護に委ねて、本件については審判
を開始しないということである。実務的なテクニカルタームだが、全件送致が
前提とされていることから生じる少年法特有の現象ともいえる。

　「別件保護中」には、保護自体ではないものの、上記④知事・児童相談所長
送致決定、⑤検察官送致決定がされている場合も含まれるものと解されてい
る。

　施設送致申請事件として紹介している**参考裁判例 33（2）仙台家決平成 24 年 10 月 18 日家月 65 巻 6 号 126 頁【参考裁判例集 354 頁】**も、その一例である。

　ウ　事案軽微

　簡易送致事件が、通常、該当する。非行事実が極めて軽微であって、関係する警察、学校、家庭等で適切な措置が既に講じられていて、少年の要保護性が審判に付する程度までに至らなくなっている場合ということになる。

　（3）　審判に付することができない場合（＝実体的裁判、形式的裁判）

　ア　非行なし（＝実体的裁判）

　審判開始決定を行うには非行事実に対する蓋然的心証が得られていることが要件となるが、ここでは、その程度の心証が得られていない場合ということになる。

　それ以外では、事実自体が構成要件不該当・非行として成立しないといった場合が含まれる。**参考裁判例 25 大津家決平成 22 年 3 月 23 日家月 62 巻 7 号 105 頁【参考裁判例集 345 頁】**を参照されたい。

　イ　所在不明等（形式的裁判）

　所在不明等は、調査、審判を行うことが法律上、事実上不可能であることと解されている。具体的には、少年の所在が不明となった場合が典型例である。審判開始後に少年の所在が不明となって、審判開始決定が取り消されて審判不開始決定となることもある。所在不明の期間については格別の規定はない。少年の年齢（20 歳間近）、事案に即して判断されることとなろうが、ある程度の経過観察は必要であって、所在不明の期間については 3 か月〜6 か月程度で運用されているとの指摘は了解可能である。

　疾病、海外居住等の場合も同様に解される。

　少年が死亡した場合には、既に説明したように審判条件が欠けることになるから、該当する。

　他方、例えば、所在不明だった少年の所在が判明した、外国にいた少年が帰国した、などの事態が生じて該当事由が消失し、対象事件が再度家庭裁判所に

係属する（このことは「再起」といわれる）ようになることもあり得る。再起の事例としては、例えば、参考裁判例 27（2）イ水戸家決平成 21 年 6 月 16 日家月 61 巻 10 号 87 頁【参考裁判例集 348 頁】がある。

　心神喪失（＝審判能力の欠如）の場合に関しては、審判不開始の事案ではないが、参考裁判例 1（1）静岡家決平成 7 年 12 月 15 日家月 48 巻 6 号 75 頁【参考裁判例集 317 頁】、同 1（3）東京家決昭和 60 年 1 月 11 日家月 37 巻 6 号 96 頁【参考裁判例集 319 頁】も参考となろう。

　ウ　その他

　例えば、少年の生存を除く審判条件が欠けている場合である。もっとも、既に説明しているように、管轄権が存在しないときは法 5 条 3 項の移送決定がされ、対象者が 20 歳以上のときは 19 条 2 項による検察官送致決定がされるから、これらも、ここでいう「その他」からは除外される。

3　不処分決定（23 条 2 項）

（1）　主文、理由、告知

ア　主文、理由

　不処分決定は、審判の結果、①保護処分に付することができないと認めるとき、②保護処分に付する必要がないと認めるとき、に行われる。

　不処分決定も、通常は、審判不開始決定と同様に、法律記録に編てつされている書面の記載を利用して作成されている。主文は「この事件について少年を保護処分に付さない。」であり、理由の記載方法は審判不開始決定と同じである。

　もっとも、非行なし不処分の場合には、非行なしとの認定理由を説明するために決定書を作成する取扱が多いとされていて、特に、検察官関与事件では、理由の省略ができない（規則 2 条 5 項 5 号、4 項 2 号）。この場合の不処分決定は抗告受理の申立の対象となっているから（法 32 条の 4 第 1 項）、理由の記載が求められているのである。

イ　告知

少年に対する面前（規則3条2項1号）又は相当と認める方法（3条4項後段）による告知が要件とされている。そのため、少年の所在不明等によって告知ができない場合には、審判開始決定は何時でも取り消せる（24条の4）ところから、審判開始決定を取り消して審判不開始決定をして告知を不要とする（3条5項）、などの対処方法が必要となってくる。

理由の記載については、項を改めて補足して説明する。

(2)　保護処分に付する必要がないとき（実体的裁判）

この点に関しては、審判不開始決定では③事案軽微があるが、事案軽微な事案は審判不開始決定で処理されているから、不処分決定の理由としては、①保護的措置と②別件保護中とである。そして、②は、例えば、別件による保護が審判開始決定後に生じた、といった事項を除けば、審判不開始決定と同義であるから、①について補足して説明する。

保護的措置は、審判不開始決定では調査段階のものに限られていたが、不処分決定では審判段階も含まれるから、両過程を通じて、しかも、家庭裁判所調査官だけでなく裁判官も関与する形で保護的措置が行われる。そして、事案によっては試験観察も経ることもあるから、保護的措置への関与者、手続、期間、態様も審判不開始決定の場合とは異なる過程を通じて、要保護性が保護処分に付する必要がない程度に低減した場合に、不処分決定がなされることになる。このように、同じ理由であっても、手続の内容に応じて異なる意味合いを持つことがあるから、学修者としては、そういった総合的な理解を得るように心掛ける必要がある。

(3)　保護処分に付することができないとき

この場合は、審判不開始決定と同じア〜ウの理由が該当するが、「ウその他」は同じなので、アイについて必要な範囲で補足する。

ア　非行なし（実体的裁判）

審判を経るから、非行事実に対する心証の程度としては、審判開始段階の蓋然的心証より高度な「合理的な疑いを超える心証」が求められる。そのため、この程度の心証に達しない場合が該当する。この点でも、審判不開始決定とは

異なるのである。

　イ　所在不明等（形式的裁判）

　この場合は、不処分決定を少年の面前で告知する（規則3条2項）ことができないから、既に説明したように、審判開始決定を取り消して審判不開始決定をすることになる。

　(4)　不処分決定の効果

　終局決定なので事件は終了する。そのため、観護措置、試験観察等の中間決定は失効する。

　一事不再理効との関係については、7(1)エ参照。

4　知事・児童相談所長送致決定

　標題の送致には2種類あるといわれている。そこで、児童福祉法上の措置の必要性を認めて法18条1項に基づいて行う送致（「通常送致」「児童相談所長送致」といわれる）が、家庭裁判所に係属した保護事件を他の機関に送致する、本来的な送致であるから、まず、その点について説明する。

　(1)　通常送致（18条1項、23条1項）

　ア　概観

　a　通常送致の送致先は児童相談所長

　18条1項は、通常送致の送致先として「都道府県知事又は児童相談所長」としているが、児童福祉法26条1項は当該送致を受ける主体を「児童相談所長」としているから、相互の規定に齟齬があることになる（少年法を改正すべきとの指摘もある）。しかし、実務的には「児童相談所長」宛てに送致が行われているから、実質的に規定の統一が図られている。

　なお、同種の齟齬については、「送致の主体」の箇所でも説明している。

　b　通常送致決定の法的性質

　通常送致は、調査段階でも、審判段階でも可能である（18条1項、23条1項）。そして、通常送致決定は、当該事件を家庭裁判所の係属から離脱させるという意味での終局決定ではあるが、当該少年に対する最終的な処遇判断とし

てされるのではなく、その処遇判断を（知事）児童相談所に委ねることにするものである。その意味では、処遇過程の判断ということになる。

　c　児童福祉法上の措置

　児童福祉法上の措置については、26条、27条に定められていて、訓戒、誓約書提出、児童福祉司等による指導、里親への委託、児童養護施設・児童自立支援施設への入所等が規定されている。

　そして、32条1項は、知事の権限（27条1項・2項の権限又は児童自立生活援助の実施の権限の各全部又は一部）を児童相談所長へ委任できる旨を定めている。

　イ　決定の主文、理由、告知

　a　決定の主文、理由

　主文は送致先を具体的に指定することが求められているから（規則23条）、「この事件を◎◎児童相談所長に送致する。」などが想定される。

　理由については、その記載を省略することができるが（2条5項）、理由を記載するのが一般的な取扱であるとされている。上記のように、通常送致決定は処遇過程の判断であって、送致を受けた児童相談所長に通常送致をした趣旨が的確に伝わる必要があるから、的確な説明がされていることが肝要である。この観点からは、上記の一般的な取扱は事柄の性質に即した適切なものといえる。

　b　告知

　告知もその方法が分かれる。審判を経て本決定が行われる場合（法23条1項）には、少年に対する面前告知が要件とされる（規則3条2項）。他方、調査の結果に基づいて本決定が行われる場合には、相当と認める方法によって告知されることになる（法18条1項、規則3条4項）。

　ウ　対象少年と選別基準

　a　対象少年

　児童福祉法の適用が前提となるから、18歳未満の児童（同法4条）に限られる。

　b　選別基準

　法 18 条 1 項は「児童福祉法の規定による措置を相当と認めるとき」と規定しているから、家庭裁判所における処理（保護処分はもとより、不開始、不処分も含む）よりも、児童福祉法の規定による措置が相当と認められるとき、ということになる。すなわち、保護処分に付すまでのことはない（＝要保護性の程度がそのような程度までには達していない）し、不開始、不処分で終了させるよりは要保護性が高い（児童福祉法上の措置を講じた方が良い）、といった少年が対象となろう。具体的には、家庭環境等の生活環境面に問題があって、継続的な保護、指導を必要とするが、非行性の程度はそれ程高まっていない少年などが想定される。

　c　保護処分である児童自立支援施設・児童養護施設送致決定との関係

　上記のとおり児童福祉法上の措置の中には、児童養護施設・児童自立支援施設への入所（27 条 1 項 3 号）が定められている。他方、少年法にも保護処分の 1 つとして児童自立支援施設・児童養護施設への各送致（法 24 条 1 項 2 号）が定められているから、この両者の関係が問題となる。

　上記選別基準からしても、保護処分を要すると判断されているときは、保護処分としての上記送致が一般的であろう。

　しかし、児童自立支援施設への入所を目的とした通常送致の実務例もあるようであるから、両者の法制度上の差異に留意されている必要がある。すなわち、24 条 1 項 2 号に基づく場合には、審判を経て言い渡される保護処分であるから、①審判条件を充たしていて、非行事実が認められている必要がある。そして、裁判所の判断として送致されるのであるから、②少年の親権者等の意向とは無関係に行えるものである。

　他方、児童福祉法に基づく場合には、①はそもそも問題とならないが、②に関しては、親権者等の意に反して行うことは原則としてできないこととされている（27 条 4 項）。

(2)　特別送致（法 6 条の 7 第 2 項、児童福祉法 27 条の 3、法 18 条 2 項）

ア　概観

強制的措置許可申請事件における強制的措置許可決定に基づく送致である。

221

法18条2項、6条の7第2項、児童福祉法27条の3によって、その要件等を説明する。

　a　対象少年

　法6条の7第2項では「児童福祉法の適用がある少年」と、児童福祉法27条の3では「児童」と、それぞれされている。そのため、原則的には18歳未満の少年ということになり（4条1項）、実務上は、ほとんど年少少年のみが本決定の対象とされているとのことである。

　しかし、31条1項に基づいて18歳以上20歳未満の少年も児童自立支援施設等に入所中であれば、対象となり得るとされている。

　b　送致・許可の性質

　法6条の7第2項、児童福祉法27条の3に基づく送致は、当該少年に対する強制的措置＝「行動の自由を制限し、又はその自由を奪うような強制的措置」（法6条の7第2項）の許可申請であると解される。

　そのため、18条2項に基づく決定も、当該申請に対する応答としての限度で、調査・審理の上で行われることになる。

　なお、この決定を行える時機に関する定めはない。そして、少年の自由を制限するといった決定内容からして、審判を開き、少年、児童福祉機関の意見（児童福祉司の出席を得ているのが実務の通例）等を聴いた上で行われるのが適切とされているのも、合理性があるといえる。

　ただし、この強制的措置が可能な施設は、現在では、「国立武蔵野学院」（男子）、「国立きぬ川学院」（女子）に限られているから、この決定がされると長距離の移動を要する者も出てくることになる。

　イ　決定の主文、理由、告知

　a　許可決定の主文、理由

　主文としては、「この事件を◎◎児童相談所長に送致する★137)。

　少年に対し、令和◎◎年◎月◎日から◎年の間に通算◎◎日を限度として、その自由を制限する強制的措置をとることができる★138)。」などといったものが想定可能である。

　なお、この期限の意義の理解に関しては争いがある。すなわち、所定の期間を経過した後に強制的措置がとれない点では争いがない。しかし、期間内に関しては、①強制的措置をとれるとの有効期間を示すのか、②当該期間内では許可された強制的措置の日数を超える部分については一切強制的措置がとれないことを定めたとの規制期間を示すのか、といった争いである。

　②の考えは少年の保護に資するものではある。しかし、②の考えは実務的な柔軟性に欠けるから、強制的措置をとれる日数について、いわば柔軟な対応を可能とする安全弁としての予備日を確保しておくといった趣旨などに基づいて、必要と見込まれる日数を超える日数が指定されるといった不合理な運用に陥る危険性も想定される。これでは、少年の保護に資するとの②の考えが生かされない実務の運用が発現することになる。

　そして、少年の可塑性の高さ★139) を考えると、期間内であれば再度の強制的許可の申請を可能とする①の趣旨に解するのが相当といえる。再度の申請を認めるのは一見すると、少年の保護に欠けるようにも思えるが、②に関して指摘したような運用に陥ることはないから、必要な日数だけが指定されて、結局は少年の保護に資することになるものと解される。

　理由の記載は省略可能である（規則 2 条 5 項）。

137)　法 18 条 2 項は、「送致を受けた少年」とする一方で、家庭裁判所が送致するのは「事件」と定めている。そして、規則 23 条で、事件の送致決定をするには、送致すべき児童相談所長の指定が求められているから、このような主文となる。
　　なお、児童福祉法 27 条 1 項は、都道府県に対して法 18 条 2 項に基づく送致への措置をとる権限を与えているから、都道府県知事も、本決定の送致の宛先になれることになる。しかし、実務上は知事は指定されないのが一般的であるから、主文例には含めていない。

138)　このような主文例が示されているのは、① 18 条 2 項は「期限を付して」と定めているから、期限を定める必要があること、②同項は「保護の方法その他の措置を指示して」と定めているが、求められているのは自由に関する措置であるから、そのことに関する指示をする必要があること、からである。

139)　この可塑性には両面性がある。要保護性が急激に改善されるといった良い面が含まれているのは当然のことであるが、要保護性が急に高まるといった負の面も

含まれている。

b　告知

上記のとおり本決定は審判を経て行われる（23条1項）から、少年に対する面前告知が要件とされている（規則3条2項1号）。

c　不許可決定

不許可に関しては、特段の定めはないが、不許可決定でも、理由と告知は特別送致決定の場合と基本的には同様である。もっとも、審判を開くまでもなく不許可と判断できる事案もあり得よう。そういった事案では、法18条2項に基づく不許可決定となるから、少年に対する面前告知は要件とされず、相当と認める方法によって告知されることとなろう（規則3条4項）。

次に、不許可決定の主文に関しては、実務の運用も差異があるようである。しかし、申請に対して強制的措置不許可の趣旨を表す必要がある。そして、事件を児童相談所長に送致することも必要であるから、その趣旨も明示する運用が相当なように解される。

ウ　本決定の効果

許可・不許可いずれの決定であっても、終局決定であるから、事件は終了し、観護措置の効果も消滅する。

そして、参考裁判例26最決昭和40年6月21日刑集19巻4号449頁、家月17巻7号139頁【参考裁判例集346頁】は、強制的措置を指示した児童相談所長送致決定には抗告不可との判断を示しているから、実務的には抗告はできないこととされている。しかし、強制的措置は少年の身柄に対する不利益処分であるから、この判例の合理性には疑問も残らないではない。

他方、許可決定があった場合には、（知事）児童相談所長は、親権者又は後見人の意に反しても少年を児童自立支援施設に入所させることが可能と解されている（児童福祉法27条3項）。家庭裁判所の許可を既に得ている、すなわち、親権者等の意に反してでも強制的措置をとることができる明確な根拠（＝司法による判断）があることになるわけであるから、このような解釈は妥当といえる。

5　検察官送致決定

(1)　概観

ア　検察官送致決定の意義等

検察官送致決定は、既に説明したように、調査の結果、審判の結果、いずれに基づいても行える決定である。しかし、公訴提起の可能性が前提となるから、犯罪事件のみが対象となり、ぐ犯事件、触法事件は対象とならない。

検察官送致決定には、①刑事処分相当を理由とする場合（20 条）と、②年齢超過を理由とする場合（19 条 2 項、23 条 3 項）とがある。

平成 23 年から令和 2 年までの一般保護事件では、①は 0.3 〜 0.5 ％で推移しており、限られた活用といえよう。②は 0.7 〜 2.0 ％、人員では 300 人台で推移しており、執務の慢性的な遅延などの執務上の問題の存在は窺われない。（以上につき曹時 74 巻 1 号 176 頁第 28 表参照）

このように検察官送致決定は限られた事件において活用されており、説明すべき事項も限定されているから、項を改めて説明する。

イ　みなし勾留と規則 24 条の 2 の告知

検察官送致決定があると、収容観護（法 17 条 1 項 2 号）は、勾留とみなされる（45 条 4 号前段、45 条の 2）。そのため、規則 24 条の 2 に基づいて、あらかじめ、罪となるべき事実並びに刑訴法 60 条 1 項各号の事由及び弁護人を選任することができる旨（この点は、既に弁護士たる付添人が少年・保護者から選任されているときは不要）を告げなければならない。その際に、立ち会った書記官が作る調書（規則 24 条の 2 第 4 項）は「告知調書」と呼ばれている。

(2)　年齢超過

ア　概観

年齢超過は審判条件の欠如を意味するから、年齢超過だけが問題であって、本決定は、当該事件に対する実体判断とは無関係に行われる形式的裁判である。そのため、未特例判事補でも担当することが可能である（法 4 条）。

年齢超過が事件受付の段階で判明すれば、当該事件は受理されないであろ

う。調査や審判の段階で判明すれば、その時点でこの決定がされることになろう。

　犯罪の嫌疑が全くないと判断した場合でも、この決定は可能と解されている。もっとも、犯罪の嫌疑が全くないといった事件は、送致後に真犯人が決め手的な証拠を伴って名乗り出た、など限られた事例であろう。そして、嫌疑の相当性がない事件で観護措置がとられているときは、観護措置を取り消した上で、本決定を行う必要がある。

　本決定は、理由の記載を省略することができる（規則2条5項）。

　審判を経てされる場合（法23条3項）には、少年の面前（規則3条2項1号）又は相当と認める方法（3条4項後段）での告知が要件である★140)。

　調査段階でされる場合には、相当と認める方法（3条4項前段）での告知が要件であり、それができないときは告知不要である（3条5項）。

　140)　3条5項は法19条の決定に関する定めであって、23条3項は19条2項を準用しているから、同項に基づく決定の場合には、規則3条5項も準用されて、告知不要ということもできると解される。しかし、審判開始決定を取り消せば3条5項が直接適用されることになるから、実際の運用としては後者の形が一般的であろう。

イ　年齢超過の立証

　戸籍のある日本人であれば、戸籍によって年齢の立証が容易にできるから、この立証の点で問題となることは、通常、ない。ところが、そういった制度のない外国人の場合には、ときに、その生年月日が明確でなく、ひいては20歳未満か否かの立証が困難なときが生じ得る。そういった場合の取扱いがここでの問題である。そして、ぐ犯の場合には、更に検討すべき点があるが、その点は後に説明する。

　年齢の点は審判条件であるから、裁判所の職権調査事項と解される。そのため、裁判所において、提出されている事件記録でこの点が確定できないと思えば、検察官に釈明を求め、必要があれば補充捜査を依頼するなどといった推移となろう。しかし、その結果を踏まえても当該少年の年齢が確定できない場合

もあり得る。それでも、正確な生年月日は確定できなくても、資料から少なくとも 20 歳未満である、あるいは、少なくとも 20 歳以上である、と確定できれば、少年事件として、あるいは、20 歳以上の者として取り扱うことは可能となる。

しかし、資料からは 20 歳未満か否かが確定できない場合もあろう。そういった場合には、少年事件として扱う方が少年にとって一般的に利益であるから、少年事件として取り扱うことになると解される。換言すれば、20 歳以上であることについて、少年事件においても、検察官に実質的な立証責任を負わせている、ということになろう。

例えば、横浜家決平成 28 年 10 月 17 日家庭の法と裁判 16 号 133 頁は、当初 20 歳以上の者として地方裁判所に起訴されたものの、公判中に被告人が旅券等に記載されている生年月日より 1 年後に出生した旨の供述を始めた事案で、被告人が 20 歳に達していることについて合理的な疑いが残るとして、公訴棄却の判決をされた少年に対して、同じく、少年が 20 歳に達していることについて合理的な疑いをいれる余地があるとして、20 歳に満たない者との前提で審理し、「保護処分によって少年を矯正改善させる余地は極めて限定的である」として、法 20 条 1 項の検察官送致決定をしている★141)。

この事案では、20 歳を超えていれば法 19 条 2 項に基づく、起訴強制のない検察官送致決定となるが、20 歳未満者としての 20 条 1 項に基づく検察官送致決定の場合には起訴強制となるから、少年として扱われたことが少年にとって不利な結果を生じさせている。しかし、これは当該事案（＝不正に入手した他人名義のキャッシュカードを複数回用いて銀行のＡＴＭから合計 537 万余円を引き出した組織的窃盗事案。少年は本決定から間近の時期には 20 歳となる）に基づいた判断であって、一般的に、20 歳未満と扱うことが少年にとって利益であるとの上記説明と矛盾するものではない。

では年齢に関しては常に少なく認定しておけば良いかといえば、そうともいえない。令和 3 年の法改正で特定少年の特例が設けられ、特定少年にはぐ犯は非行事由ではなくなった。そのため、非行事実がぐ犯の場合には、特定少年で

あれば、ぐ犯保護事件としての処理は許されない（この点は犯罪非行が認定落ちしてぐ犯となる場合も同様である。以下同じ）から、家庭裁判所としては、年齢不詳の少年のときは、上記認定構造から20歳未満との取扱いを受けることになっても、特定少年ではないとの積極的な立証がないと、審判条件を満たさないものとして審判不開始決定を行うこととなろう★142)。当該少年を非特定少年として扱うのは、不利益処理ということになって許されないからである。

　補足すれば、刑事手続の逮捕・勾留は犯罪者に対して行われ、触法少年は対象とならない。換言すれば、14歳以上であることが積極的に立証されないと、この刑事手続は行われることにならない。そのため、この場面では、14歳以上の積極的な立証が必要となることは、上記ぐ犯の場合と同様である。

141)　ほぼ同様の推移、判断をした事案に、海賊行為の処罰及び海賊行為への対処に関する法律違反保護事件の東京家決平成23年11月30日家庭の法と裁判8号113頁がある。

142)　①20歳以上か未満かは分からなくても、②18歳以上ではある（＝18歳未満ではない）ことは認められる、といった事案もあろうから、①の事案が全て非特定少年かどうかが分からない事案になる、ということにはならないであろう。

　ウ　本決定の効果

　送致を受けた検察官には起訴強制の制約を受けない（法45条5号不該当）から、通常の事件同様に訴追裁量権を有し、起訴猶予も可能である（刑訴法248条）。また、20歳を超えているから、当然のことながら家庭裁判所に再送致することもない。

　（3）　刑事処分相当（法20条、23条1項。いわゆる検送・逆送）

　ア　概観

　20条決定にも、同条1項に基づく場合と、同条2項（原則逆送）に基づく場合とがある。そして、令和3年の法改正で特定少年の特例が設けられたから、それぞれについて説明する。

　20条決定は、当該事件を保護手続から刑事手続に移行させる点で、少年に大きな影響を及ぼす重要な決定であるから、未特例判事補は担当できない（4

条）。そうはいっても、既に説明したように、20 条決定がされる事件は限られ
ているから、あらかじめ全ての事件を特例判事補以上で担当するわけにはいか
ない。未特例判事補担当の事件が 20 条決定相当と判断された段階で、特例判
事補以上の裁判官の担当に変更される、といった運用が実務の通例といえよ
う。

　全件送致主義がとられているから、制度上、検察官が 20 条決定を得ていな
い少年に対して公訴提起をすることはあり得ない。すなわち、20 条決定は訴
訟条件といえる（20 条、42 条 1 項、45 条 5 号本文）から、これを欠く状態での
起訴は無効であって、公訴棄却の判決がされることになる（刑訴法 338 条 4 号）。

　他方、訴訟条件は公訴提起（実体的裁判）の要件であるから、法 20 条決定に
おいては、親告罪における告訴のような訴訟条件の具備は要件とはされない。
もっとも、起訴の時点でも当該訴訟条件が充足されないと、起訴はできないか
ら、家庭裁判所に再送致されてくることになる（45 条 5 号ただし書、42 条 1 項
前段）。そのため、逆送決定から公訴提起までの間に訴訟条件が充足される可
能性を見極めておくことが求められているといえる。

　令和 3 年の法改正で、特定少年については、41 条（司法警察員からの送致）、
43 条第 3 項（勾留請求について「やむを得ない場合」との制限）は適用されない
ことになった（67 条 1 項）。

　イ　主文、理由、告知、不服申立不可
　a　主文、理由
　20 条 1 項では、送致先が「管轄地方裁判所に対応する検察庁の検察官」と
定められているから、検察庁を特定する必要はある。しかし、検察官を特定す
る必要はないから、「この事件を◎◎地方検察庁検察官に送致する。」などと
いった主文が想定される。

　規則 2 条 4 項で定められた事項に加えて、「罪となるべき事実」と「その事
実に適用すべき罰条」を示すことが求められている（24 条）。この規則の定め
は、家庭裁判所に対し、起訴強制を前提として、起訴強制の対象となる事実と
その法律的な構成を明示することを求めるものである。

b 告知

①収容観護措置がとられている事件では、少年に対する面前告知が要件である（3条2項2号）。

②そうでない事件では、相当と認める方法によって告知される（3条4項）。

この①②の告知方法の区分は、①は、主として重大事件が該当しようし、②は、比較的軽微な道路交通法違反等による罰金刑を前提とした逆送決定が該当しよう。

c 不服申立不可

不服申立については、消極説が通説とされている。不服申立を認める規定がないことが結局は主たる理由となろうが、本決定は中間決定であって具体的な不利益が生じ得ないことも理由とされている。

ウ 法20条1項に基づく場合

a 対象少年

かつてはあった16歳以上との要件が法改正によって削除され、刑法41条以外の制限はなくなった。

b 法定刑による制限

死刑、懲役又は禁錮の刑に当たる罪の事件の場合であって、その判断は法定刑による（法20条1項）。他方、罰金以下の刑については逆送決定はできない。この点に関連した過誤事例の発生が絶無ではないから、十分留意されるべきである。

複数の事件においては、観念的競合の場合には事件の単一性を分断することはできないから、逆送可能な刑の事件が含まれていれば、罰金以下の刑の事件も一括して逆送決定をすることは可能である。

他方、併合罪の場合には、こういった一括処理の必要性はないから、各事件単位で刑の重さに応じて逆送の可否を判断することになる。

c 非行事実に対する心証の程度

争いがあるが、①蓋然的心証説が通説とされる。②合理的疑いを超える心証を得ていればそれに超したことはない。しかし、逆送後の捜査によって心証の

程度を上げることが可能な事案もあり得ることを考えると、②の合理的な疑いを超える心証を要件とするのは、過重要件を設定したものと解される。

他方、蓋然的心証すら得られていないと審判開始決定も行えないから、審判不開始決定又は不処分決定（審判開始決定後なら）による処理となろう。

これらを考えると、①の通説は支持されるべきである。

　d　罪質・情状

刑事では、裁判員裁判の実施を契機として行為責任が強調されている。このことを踏まえて罪質・情状を考慮することが、刑事裁判と実質的に齟齬しない判断に資するものといえよう。そのため、「罪質」といっても、罪そのものの抽象的な評価ではなく、「犯罪的行為自体の当罰的特徴」といった理解が上記観点に沿うものといえよう。

「情状」もそのこと自体を過度に重視するのは相当とはいえない。他方、「内心的・外界的行為環境の当罰的特徴」といった理解も抽象的で分かりにくい。要は、「情状」の考慮が行為責任の修正要素との位置付けにふさわしいものとして評価されているかが問われよう。

　e　刑事処分相当性

　i　概観

争いがあるが、①保護不能（＝保護処分による矯正の見込みのない場合）と②保護不適との双方を含むものと解するのが通説とされる。保護不能は説明を要しないと思うが、保護不適は、保護不能ではない、その意味で、少年事件としての保護の可能性を否定しないものの、事案の内容、社会に与える影響等から、保護処分で対処するのが不相当な場合を意味するものと解されている。この概念構成からも分かるように、保護不適の広狭で、逆送の範囲が変化することになる。

補足すると、この点は、55 条による刑事裁判所の移送決定とも関連して論じられている。すなわち、①のみとする見解は、刑事処分を、保護処分ができないときの例外的な処分という補充的な関係にあるものと位置付けており、福祉的機能が重視されているといえる。

　①②を刑事処分相当性に含める考えは、刑事処分を上記のような補充的な関係に止めず、より積極的な位置付けをするものであって、社会公共の安全を維持する司法的機能も重視するものといえる。

　この点に関して、保護処分と刑事処分とを「並列的関係にある」とする理解もある。しかし、「並列的」の意味にもよるとはいえ、少年に対してはまずは保護処分と考えるのが本来型であろうから、補充的な関係との視点を全く欠いた形の「並列的関係」との理解ではおそらくないであろう。

　他方、少年は、犯罪という形で社会との関係性を持っているわけであるから、司法的機能が完全に無視されるのも相当とはいえない。

　このように考えてくると、①②を刑事処分相当性に含めて考える通説は支持されるべきである。

　そして、①の判断は共通した理解が得られよう。他方、②は保護処分による矯正の可能性のあることを認めつつ刑事処分を相当とするものであるから、立場によって判断の相違が生じがちである。そのため、社会は変化していくから困難な面があるとはいえ、どういった事案に関してそういった判断をするのが相当かについて、実務的な安定した見方が確立していることが望ましい。

　もっとも、実務では、罰金見込みで逆送決定がされるのがほとんどを占めている★143)から、①②に関する理解が実際の処理の判断に与える影響の程度は限られたものとなろう。

　　143)　例えば、検察官送致は、令和元年では交通関係事件が全体の95.0％を占めている（曹時73巻1号40頁）から、その大半は罰金刑で処理されていよう。

ii　否認事件

　否認事件だからといって、自白事件と同様の基準で20条決定をする限りでは、格別、新たに説明すべきことはない。ここでは、そうではない要素を考慮して20条決定をすることの当否に関して説明する。

　これまでも説明したように、審判は、裁判官と少年（保護者）とで構成されるのがいわば最小限度の形態である。そのため、少年が否認したら、裁判所

が、その言い分を反対証拠に照らして吟味したり、少年側の有利な証拠を調べたり、などといった必要十分な証拠調を、中立の立場を保ったままで実施するには、元々困難な面を帯びた構造であるといえる。

しかし、そうだからといって、非行事実の確定を目的として刑事処分相当との判断をすることが適切だとは解されない。仮に当該非行事実が認められても逆送決定が相当とはいえないと判断される事案において、上記の目的で逆送決定を行うのは避けるべきだからである。

他方、非行事実に対して蓋然的心証が得られない事件について逆送決定をするのは相当でないとの指摘もある。しかし、この意味は分かりにくい。すなわち、法律記録によって蓋然的心証が得られず、しかも、補充捜査を依頼することなどが相当とされない事案であれば、審判を開始できないから、審判不開始決定をすることとなるはずであって、逆送決定が選択肢として登場することには元々ならないはずであるからである。

ⅲ　再度の逆送決定の可否

①検察官からの再送致事件（45条5号ただし書、42条1項）、刑事裁判所からの移送事件（55条）において、再度逆送決定を行うことができるかについては、これを禁じる規定はないから、可能と解される。

しかし、身柄事件では、事件が家庭裁判所と他の機関とを行き来することになって、少年の身柄拘束期間が長くなることは、上記判断において考慮されよう。

そういった論点を措いても、検察官、刑事裁判所といった家庭裁判所とは異なる機関の判断を経ているから、少年保護事件の専門機関とはいえ、再度の逆送決定をする理由がきちんと明示できる事案においてでなければ、再度の逆送決定をすることはできないものと解される。

これとは異なるが、保護処分に対する抗告事件が取消し・差し戻された後に逆送決定をすることができるかについては、**参考裁判例30 最判平成9年9月18日刑集51巻8号571頁【参考裁判例集351頁】**（調布駅前傷害事件）があって、判例上は消極に解されている。

f　逆転現象

　少年院送致の原決定に対する抗告事件★144)においては、少年側から、前科がないから刑事裁判を受けることになっても執行猶予判決となるであろうといった見込みを前提として、収容保護処分を回避すべく、逆送決定を求めてくることがある。こういったことを類型的に考えると、軽重が逆転した現象が生じているともいえるが、そういったことにも、少年事件の特殊性があるといえよう。

144)　なお、次項「エ」で説明する原則逆送の事件以外の事件において、ということである。特定少年の事件における主張の有り様については、今後の実務の動向を注視していく必要がある。

エ　原則逆送（20条2項、23条1項）

a　概観

　本制度には反対論も強いが、少年は犯罪という形で社会との関係性を持っているわけであるから、司法的機能が犯罪に応じて考慮されることは、避け難いことといえる。例えば、被害者から見れば、犯人が成人か少年かの違いは有意性を持たない事件もあるから、少年が犯人である場合には少年の保護だけを考えれば良いということにはならない。他方、原則逆送といった制度を設けることによって、人命に対する少年の自覚・自省を促すといった副次的な効果も期待できよう。

　もっとも、このような観点を強調すれば、極論すると、少年法による処遇を行うこと自体が否定されることになりかねないから、少年法による処遇との調整は、重要な視点として残っているものといえる。

　20条2項の本文とただし書との構造は、上記のような観点からの理解を可能とするものといえよう。

　ここで運用を見ると、平成28年から令和2年における原則検察官送致対象人員に対する検察官送致は、人員でも15人〜4人と限られていて、比率も78.6%〜40.0%と大きく変動している。（以上につき曹時74巻1号193頁第42表）

　原則逆送などといわれていても、硬直的、一律的な運用ではなく、個別事情を踏まえた運用となっているように窺われる。そして、逆送されずに保護処分に付された者では、少年院に送致された者が多いことからすれば、原則逆送事件は、逆送するか、少年院送致とするかを中心に処遇選別する形で運用されていると評価できよう。このことは、限定された重罪を前提とした制度であることからすれば、了解可能なことといえよう。

　b　原則逆送の要件

　i　対象少年

　犯行時16歳以上の少年である。16歳未満の少年は16歳間近でも該当しないが、16歳以上であれば、16歳になってからの期間は問わない。もっとも、後記「例外要件」の考慮要素の中に「少年の年齢」が挙げられているから、16歳以上の少年の具体的な年齢はそこで考慮されることになる。

　ii　対象事件

　故意の犯罪行為により被害者を死亡させた罪の事件である。

　これらの罪の事件は、類型的に、人命を奪うという点で重大であって、反社会性、反倫理性の高い犯罪ということができる。そして、行為が故意犯であれば、その結果に対する故意の存在は要件とされていないから、結果的加重犯は否定されていないものと解されており、傷害致死罪等も該当することになる。

　他方、故意犯であるから、過失事件は除かれる。また、死亡させた罪であるから、未遂事件は除かれる。

　iii　例外要件

　「調査の結果、犯行の動機及び態様、犯行後の情況、少年の性格、年齢、行状及び環境その他の事情を考慮し、刑事処分以外の措置を相当と認めるとき」である（20条2項ただし書）。

　「調査の結果」とあるが、法的調査だけでこの例外の該当性を判断するものとはされていないと解される。法的調査だけで、考慮要素として挙げられている事項を適切に総合的に判断して、「刑事処分以外の措置を相当と認める」ことはできないと解されるからである。そのため、家庭裁判所調査官による社会

235

調査が行われることを当然の前提とした規定と解される。

原則逆送といった位置付けから、この調査を簡略な形で行うといった考えも生じ得なくはない。しかし、そういった考えは誤りといえよう。上記のとおり、本制度は少年法による処遇との調整を前提としていると解されるから、社会調査は適切に行われる必要がある。そして、そこで集積された調査結果を踏まえて、裁判官が、原則逆送の相当性を判断することとなろう。

(4) 逆送決定の効果＝起訴強制（45条5号本文）

ア 概観

検察官は、成人事件に関して訴追裁量権を有している（刑訴法248条）が、本決定を受けると、起訴を強制される点で、成人とは異なる取扱をすることが強制され、訴追裁量権の例外とされている。

なお、家庭裁判所は、法20条決定に記載した「罪となるべき事実」について、既に説明したように、蓋然的な心証を得ていることが前提となっている。しかし、検察官は、その心証に拘束されないから、必要な補充捜査を尽くすなどして最終的に起訴「するに足りる犯罪の嫌疑があると思料するとき」に、起訴強制の制約を受けることになる。

他方、その程度の心証に達しなかったときは、「嫌疑不十分」「嫌疑なし」といった形の不起訴処分をすることは可能と解される。しかし、起訴強制の制約を受けているから、「起訴猶予」といった形での不起訴処分は想定されていない。換言すれば、検察官が訴追裁量権を行使すべき分野での判断に関しては、少年事件の専門機関である家庭裁判所の逆送決定の判断に拘束されるとの理解が可能である。

イ 起訴強制の及ぶ範囲

a 原則型（認定替えも可）

検察官は、補充捜査も行えるから、起訴すべき事実に対する家庭裁判所の法律的構成（罰条）に拘束されないと解される。そして、少年事件には訴因制度がないから、逆送決定は同決定に記載された「罪となるべき事実」と公訴事実の同一性の範囲内に及ぶものと解される。

これらを併せて考えると、検察官は、自らの心証によって逆送決定に記載された「罪となるべき事実」と公訴事実の同一性の範囲内の事実について（必要があれば、認定替えをして）起訴することが強制されていることになる。

また、観念的競合、牽連犯といった科刑上一罪の関係にある余罪についても、起訴強制が及んでいくものと解される。こう解しないと、一罪の関係にある複数の事実が別々の処理を受けることになって不合理だからである。そのため、当該罪は罰金以下の刑にとどまっていても、差し支えないものと解される。この点は、20条1項で定められた刑の罪と一緒に処理される点で、次項で述べる認定替えの例外とは異なる処理をすることが可能と解されるからである。

逆に余罪が併合罪の場合には、公訴事実の同一性を欠くから起訴強制は及ばず、原則に戻って家庭裁判所に送致することになる。

b　認定替えの例外

認定替えにも例外がある。既に紹介した参考裁判例31最判平成26年1月20日刑集68巻1号79頁【参考裁判例集352頁】は、逆送決定を受けた懲役刑の事実を認定替えして罰金刑の事実で起訴することは、起訴強制の効果が及ばず不適法であるとの判断を示した。

認定替えの対象となったのは、「故意による通行禁止場所通行の罪」（便宜「B罪」という）から「過失による通行禁止場所通行の罪」（便宜「B'罪」という）へである。公訴事実の同一性はあるから、ここでの問題は、B'罪は罰金以下の罪であるということである。すなわち、B'罪は20条1項に該当しない罪であるから、B'罪であれば20条決定をされることはない、換言すれば、検察官は適法に起訴する余地はないのである。そうであれば、上記のようにB罪をB'罪と認定替えした上で起訴したことが不適法と判断されたのは、自然なことであったといえよう。

ウ　起訴強制の45条5号ただし書所定の例外

この点については、第3章2(2)の説明も参照されたい。

a　受送致事件の一部について公訴を提起する犯罪の嫌疑がないとき

　例えば、受送致事件は甲、乙両罪だが、甲罪について起訴するに足りる嫌疑がない場合である。

　この場合の取扱については争いがある。上記ただし書には「〜訴追を相当でないと思料するとき」とあるから、これも読み込む形で解すると、乙罪のみについて公訴を提起するといったことも可能と解される。ⅰｂで紹介した上記判例がこの点にも関連しているから、関係部分を紹介しておく。同事件では、無免許運転（便宜「Ａ罪」という）も送致されていて、検察官は、Ａ罪及びＢ′罪で略式命令を請求して罰金20万7000円の略式命令が確定していたが、その後の非常上告事件において、最高裁は、確定略式命令を破棄して、Ｂ′罪について刑訴法338条4号によって判決で公訴を棄却し、Ａ罪について罰金20万円に処している（この部分の解釈については、参考裁判例集の該当箇所を参照されたい）。

　しかし、このような取扱が可能となるのは、このような起訴をしても20条の決定をした家庭裁判所の判断の趣旨に反しない、すなわち、家庭裁判所先議の精神にもとることはないと解されるからであろう。そうであれば、乙罪のみでも起訴相当と認めるのは、家庭裁判所先議の精神にもとることはないといえる程度の明白性を備えた事案に限られるものと解される。

　起訴相当性について見解が分かれ得るような場合には、家庭裁判所に再送致（42条1項前段）すべきこととなろう。

　ｂ　犯罪の情状等に影響を及ぼすべき新たな事情を発見したため、訴追を相
　　　当でないと思料するとき

　「新たに」とあるから、逆送決定時点では家庭裁判所に認知されていなかった事情を新たに発見した場合を意味すると解される。このような解釈を前提とすると、当該事情の発生自体は、同決定の後である場合は当然該当するし、前であっても差し支えないということになる。

　「情状等」の解釈についても争いがあるが、犯罪の動機、原因、態様、結果等の情状に関する事実に加えて、構成要件・罪名に影響を及ぼすべき事情★145)や違法性阻却事由に当たる事情も含まれるものと解するのが相当である。

後者の事情については、ａと重なる場合もあり得ようが、起訴強制が及ばずに家庭裁判所に再送致されるとすれば、原則的には少年に不利益な扱いとはならないから、強いて限定的な解釈をする必要はないものと解される。違法性阻却事由としては、正当防衛・過剰防衛に関する事由が典型例といえよう。

145)　訴追を相当としないという事柄の性質からして、構成要件・罪名も軽い方向での変化が想定されているといえる。

ｃ　送致後の情況により訴追を相当でないと思料するとき

前記のとおり送致決定時に既に存在していた事情は、その時点では、家庭裁判所が認知していなかったとしても前項のｂに含まれているから、ここで対象となる情況はまさに送致決定後に生じた情況に限られる。

該当情況としては、①示談の成立、被害の弁償、被害者の被害感情の変化、告訴・被害届の取下・撤回、少年・保護者の反省・家庭環境の変化等の少年に直接関連する情況だけでなく、法令の改正、恩赦、社会状況の変化等の当該少年だけには限定されない、より一般的な情況も含まれる。

(5)　みなし弁護人

逆送決定があると、弁護士たる付添人は弁護人とみなされる（45条6項）。そして、刑事におけるいわゆる審級代理は起訴後の選任に関してであって（刑訴法32条2項）、この弁護人は、公訴提起後もその地位を保有する（同条1項）。

(6)　特定少年に関する特例

ア　法62条1項による特例

この特例は、62条1項には「20条の規定にかかわらず」とあるから、20条全体の特例のような印象を与えるが、その規定内容に照らせば、20条1項に対する特例の定めであるから、同項と対比して説明する。

まず、刑による制限がない。20条1項では、「死刑、懲役又は禁固に当たる罪の事件」とされているが、62条1項の特例では、そういった刑の制限はないから、罰金以下の刑についても逆送決定が可能である。それだけ20歳以上の者との差異が解消されている。そして、従前も、交通事犯等において罰金刑

に処せられることを見込んだ逆送決定も行われていたから、その点では、実情を踏まえた改正ともいえる。

　他方、「その罪質及び情状に照らして刑事処分を相当と認めるとき」との点は変わりはないから、刑事処分の相当性の判断事由に差異はない。

　まとめると、刑の制限をなくした点が特例ということになる。

　イ　62条2項による特例

　この特例は、20条2項に対する特例の定めであるから、同項と対比して説明する。

　62条2項のただし書では、20条2項のただし書にある「犯行の動機及び態様」が「犯行の動機、態様及び結果」とされ、犯行の結果も考慮されることが明らかとなった。もっとも、20条2項本文には「被害者を死亡させた罪の事件」とあって、元々犯罪の結果を織り込んだ定めとなっていたから、令和3年の法改正で、新たに犯罪の結果が考慮要因として付加されたというわけではない。

　それ以外では、同ただし書や同項1号は、20条2項と実質的な差異はない。

　62条2項2号は、1号に該当するものを除く、「死刑又は無期若しくは短期1年以上の懲役若しくは禁錮に当たる事件」と、裁判所法26条2項2号の定める刑事の法定合議事件と同じ刑の事件について、原則逆送を定めている（同様の定めは刑訴法89条1号、350条の16第1項ただし書等にも見られる）。これは、法20条2項の特例をなすものであって、犯行時特定少年の法定合議事件は原則、刑事裁判で裁判が行われる法制度になったものといえる。

　ウ　公職選挙法、政治資金規正法に関連した特例

　標題の特例は法63条に定められていて、同条1項は、62条1項の特例のさらに特例を定めたものである。すなわち、特定少年が犯した公職選挙法、政治資金規正法に規定する罪の事件（ただし、法63条2項が定める同項に規定する罪の事件は除かれている）では、62条1項の規定による逆送決定をするかどうかを決定するに当たっては、「選挙の公正の確保等を考慮して行わなければならない」との特例を定めたものである。犯行時特定少年は選挙権を有し、同時に

少年法の適用も受けるところから、このような定めがされたものと解される。

そして、63条2項は、特定少年が犯した、公職選挙法247条の罪（選挙費用の法定額違反の罪）又は251条の2第1項各号に掲げる者が犯した同項に規定する罪、251条の3第1項の組織的選挙運動管理者等が犯した同項に規定する罪（組織的選挙運動管理者等の選挙犯罪）若しくは251条の4第1項各号に掲げる者が犯した同項に規定する罪（公務員等の選挙犯罪）の事件で、「その罪質が選挙の公正の確保に重大な支障を及ぼすと認める場合」に、法62条1項の規定にかかわらず、同条2項の準用の上で、原則逆送を定めている。

このように、63条の1項と2項とでは、原則逆送とされるか否かでも異なるが、特定少年がこういった犯罪をどの程度犯すか（＝こういった規定の実務的な有意性の程度）については、今後の実務の動向を注目していく必要がある。

(7) 少年の刑事事件の補足

ア 少年法の特則

少年法の特則（平成26年改正を含む形での40条～60条、特定少年について67条）が定められている★146)。

146) 科刑に当たっての問題点は、拙著②第2編第6章「少年刑事被告事件における刑罰法規の問題状況に関する若干の考察」347頁以下参照。そして、この問題情況については、平成26年改正で部分的ではあるが、是正された。

イ 捜査の遅延と審判を受ける利益との関係

少年自体の犯罪について成人後に起訴されると、家庭裁判所において審判を受ける機会がなかったことになるから、標題の点が刑事裁判の中で争点とされることがある。判例としては、①参考裁判例17 (1) 最判昭和44年12月5日刑集23巻12号1583頁、家月22巻1号135頁【参考裁判例集334頁】、②同 (2) 最判昭和45年5月29日刑集24巻5号223頁【参考裁判例集335頁】、③同 (3) 最決平成25年6月18日刑集67巻5号653頁【参考裁判例集336頁】参照。

要するに、これらの判例を通して、捜査の遅延は起きないようにすべきだ

が、遅延があったことと、当該遅延がその後の公訴提起を違法視させるだけの
ものであるかについては、多角的で慎重な検討が必要なことを看取できよう。

6 保護処分決定概観

(1) 保護処分の意義

1条によれば、保護処分は非行少年に対して「性格の矯正及び環境の調整に
関」して行われるものとされている。そして、保護処分の種類は、①保護観
察、②児童自立支援施設送致・児童養護施設送致、③少年院送致の3種類に限
定されていて、保護処分決定の要件が①審判条件、②非行事実、③要保護性で
あることは、既に説明した。

他方、これらの要件を満たしている少年に対しては保護処分を言い渡さなけ
ればならない(24条1項)から、家庭裁判所は、保護処分の選択に関して裁量
を行使することになる。

(2) 決定に関する手続

審判を経て決定される(24条1項)。そして、審判期日に告知される(規則3
条1項1号)。

(3) 環境調整命令(法24条2項、規則39条)

ア 概観

処遇勧告は説明することが多いから、先に本命令について説明する。

保護処分は(1)で記載したとおり「環境の調整に関」して行われることとさ
れているから、環境調整命令は、まさに保護処分の趣旨を補完するものと位置
付けられる。

他方、環境調整命令の宛先は保護観察所長とされているから(法24条2項、
規則39条)、保護観察と関係しない保護処分、すなわち、児童自立支援施設送
致・児童養護施設送致の決定においては、本命令を発する余地はない。法24
条2項に、1項2号が挙げられていないことも、その表れである。

参考例として、例えば、①参考裁判例27(1)ア大阪家堺支決平成21年4
月7日家月61巻10号83頁【参考裁判例集347頁】、②同(2)イ水戸家決

平成 21 年 6 月 16 日家月 61 巻 10 号 87 頁【参考裁判例集 348 頁】、③同
(2) ウ那覇家沖縄支決平成 24 年 11 月 30 日家月 65 巻 5 号 109 頁【参考裁
判例集 348 頁】がある。

　イ　本命令の内容等

　24 条 2 項では本命令の対象を「家庭その他の環境調整」としていて、その
際は、家庭裁判所は、保護観察所長に対して「環境についての調査の結果を通
知し、」「必要な事項を指示しなければならない」とされている（規則 39 条）。

　具体的には、「家庭の環境調整」では、少年と家族との関係を前提とした調
整が必要となるから、例えば、少年と父との間に葛藤があれば、それを調整す
ることが対象となろう。

　「その他の環境調整」では、例えば、少年が希望する復学、進学、就職、施
設入所等に関する環境調整、不良交友関係の解消に向けた環境調整等が想定で
きる。

　ウ　本命令発付の時期、形式

　a　時期

　この点についても争いがある。しかし、保護観察所長には、少年院収容中の
者について、保護観察官・保護司を介して、釈放後の住居、就業先その他の生
活環境の調整権限があること（更生保護法 82 条、84 条、61 条）も考慮すると、
保護処分執行後に生じる環境調整の必要性への対応は、執行機関の判断に任せ
るのが相当と解される。そうであれば、本命令の発付は保護処分と同時（接着
した時期を含む）と解するのが相当であり、実務もそのように運用されている。

　b　形式

　保護処分の名宛人は少年であるから、保護観察所長に対して行われる点で名
宛人を異にする本命令は、保護処分決定とは別途発付するのが相当である。

　(4)　処遇勧告（規則 38 条 2 項）

　ア　概観

　保護処分の決定機関と執行機関は分離されているが、決定機関である家庭裁
判所も、執行機関に対して処遇勧告をすることができる（38 条 2 項）。これは、

決定機関である家庭裁判所の意向を執行機関に伝えて、処遇の一貫性を確保しようとするものである。審判を通して少年に関して情報を得ている家庭裁判所の後見的役割の1つの発現場面といえる。

後見的役割としては、他に、参考書類の送付等（37条の2）、少年の動向視察（38条1項）が挙げられる。

イ　処遇勧告の時期、形式

a　時期

処遇勧告は、保護処分決定時（接着した時期を含む）、執行中、のいずれでも可能とされている。しかし、後記のような処分分類型的な性格を有する勧告は、保護処分決定と同時（接着した時期を含む）に行う必要がある。執行が開始された後では上記性格を発揮することができないからである。

b　形式

環境調整命令と同様の理由から、保護処分決定とは別途の書面で行うべきである。特に、執行中に処遇勧告を行う場合には、物理的にも保護処分決定の中で行うことはできない。

ウ　処遇勧告の位置付け

a　「尊重勧告」が原則型

家庭裁判所が、行政機関である執行機関（保護観察所、児童自立支援施設・児童養護施設、少年院）という別組織に対して、裁判とは異なる「処遇勧告」を行うのであるから、法的拘束力は有さないものと解される。

そうであっても、少年事件の専門の決定機関を担う家庭裁判所が行う「処遇勧告」であるから、尊重されるべきである。本勧告が「尊重勧告」と称されているのも自然なことといえる。

例えば、①医療少年院送致決定をする際に、医療措置終了後の移送先少年院の種別について勧告している場合、②長期処遇実施の少年院送致の際に、比較的短期との勧告をしている場合が、保護処分と同時の典型例である。そして、参考裁判例27（1）ア大阪家堺支決平成21年4月7日家月61巻10号83頁【参考裁判例集347頁】、イ那覇家決平成26年11月12日判時2261号

244

205頁【参考裁判例集347頁】は、いずれも①の類型の勧告事例である。

　③動向視察（38条1項）等によって収集した少年の処遇を前提として、少年院に収容中の少年に関して希望意見を述べた勧告が、執行段階での典型例である。

　b　「従う勧告」の存在

　少年の要保護性は、その軽重が連続的に分布していると考えられる。しかし、そのように多様な存在である要保護性に対応した形で保護処分を決定しようとしても、保護処分は限定されているから、限界がある。そうであれば、保護処分を執行の場面で多様化するといった流れは自然なことといえよう。換言すれば、家庭裁判所が行う「処遇勧告」が、執行レベルでの処遇選択の役割（「処分分類的な性格」ともいわれる）を果たし、そういった「処遇勧告」に執行機関が従うことになっても自然なことといえる。この種の「処遇勧告」が「従う勧告」と称されているのも理解されよう。

　この種の「処遇勧告」の類型には、短期間処遇勧告（一般短期処遇）・特別短期間処遇勧告（平成27年5月までは特修短期処遇）、一般短期保護観察・交通短期保護観察といった各処遇勧告が該当する。

　c　不・処遇勧告と抗告理由

　この点については、後記処分の著しい不当の第20章2(4)イの箇所を参照。

7　保護処分決定の効力

(1)　一事不再理効類似の効力（46条1項、憲法39条後段）

ア　概観

　法46条1項は、犯罪少年に対して24条1項の保護処分がなされたときは、審判を経た事件について、刑事訴追をし、又は家庭裁判所の審判に付することができない旨を定めている。この点については、その理解にも争いがあるが、憲法39条後段による一事不再理効そのものではないものの、一事不再理効類似の効力と称されている。

　保護処分が純粋の利益処分であれば、こういった定めがあるのは違和感を招

きかねない★147)。そうであるから、少年の自由を制限する保護処分の不利益性に着目した規定と解するのが相当である。

　そして、一事不再理効類似の効力に違反した場合には、①刑事事件では、刑訴法337条1号を類推適用して免訴とされると解される。②少年事件では、審判条件を欠くものとして、審判不開始決定、不処分決定がされるものと解される。

　　147)　もっとも、少年が安心して更生に励むことができるように、教育的見地から規定されたなどと解する見解もある。こういった見解を前提とすると、46条1項の趣旨を拡張的に解することは困難となろう。

　イ　対象事件

　対象は「審判を経た事件」であるが、非行事実として決定書に記載された犯罪事実だけでなく、少年事件には訴因制度がないから、同事実と非行事実（公訴事実）の同一性が認められる事実にまで及ぶものと解される。

　規則36条で、保護処分決定においては「罪となるべき事実」及び法令の適用を示すことが定められているのも、一事不再理効類似の効力の及ぶ範囲を明確にすることを可能とするものといえる。

　ウ　触法少年、ぐ犯少年との関係

　触法少年、ぐ犯少年に対して一事不再理効類似の効力を認めるかについては、見解が分かれ、法46条1項の類推適用を認める見解が有力とされている。この見解は、46条1項で明示的に対象を「罪を犯した少年」と犯罪少年に限定しているのを拡張的に解釈するものだから、本来の解釈手法とは逆の手法である。しかし、保護処分の不利益性に着目すると、その結論は妥当と思われる。

　このことを前提とすると、ぐ犯、触法事件でも、一事不再理効類似の効力の対象となる事件の範囲が明確になっている必要があるから、非行事実の摘示が必要といえる。実務もそのように運用されている。

　エ　不開始・不処分決定との関係

a　22条の2第1項の検察官関与決定事件の特則

22条の2第1項の検察官関与決定がされた事件では、非行事実・要保護性の存否について判断した実体的裁判としての不処分決定については、一事不再理効類似の効力が認められている（46条2項）。事実認定の適正化のために設けられた制度であるという、検察官関与制度の趣旨からすれば、関連性のある制度設計といえよう。

b　それ以外の不開始・不処分決定

それ以外の不開始・不処分決定においては、見解が分かれている。そして、非行事実・要保護性の存否について判断した実体的裁判としての不開始・不処分決定であっても、一事不再理効類似の効力はないとするのが通説・判例★148）とされている。

関連する判例としては、注148で紹介の最大判昭和40年4月28日の趣旨も踏まえて、非行事実が認められないことを理由とする不処分決定（少年は7日間身柄を拘束されていた）でも刑事補償法1条1項にいう「無罪の裁判」には当たらないとした**参考裁判例29最決平成3年3月29日刑集45巻3号158頁、家月43巻8号78頁【参考裁判例集350頁】**がある。

なお、この点に関しては、平成4年9月1日施行の「少年の保護事件に係る補償に関する法律」による補償が可能とされた。例えば、東京家決平成27年3月26日家庭の法と裁判4号132頁は、心神喪失状態の疑いを理由に非行事実が認定できないとして審判開始決定を取り消して審判不開始決定をした事件（東京家決平成27年2月17日家庭の法と裁判同号130頁）で、勾留、観護措置及び鑑定留置期間の165日について1日あたり3000円合計49万5000円の補償をしている。

もっとも、この補償決定に対しては、「変更の申出」に基づく再度の考案の制度はあるが（同法5条3項）、上訴制度は設けられておらず、そのことは憲法違反ではないとされている（最決平成13年12月7日刑集55巻7号823頁）。

また、審判不開始決定・不処分決定のあった事件の「再起」に関しては、既に説明した。

148) 参考裁判例 28 最大判昭和 40 年 4 月 28 日刑集 19 巻 3 号 240 頁、家月 17 巻
4 号 82 頁【参考裁判例集 349 頁】

オ　検察官送致決定、知事・児童相談所長送致決定との関係

検察官送致決定、知事・児童相談所長送致決定は、いずれも中間決定である
から、一事不再理効類似の効力はない。検察官による再送致（法 45 条 5 号ただ
し書、42 条 1 項）、送致（児童福祉法 26 条 1 項 1 号、27 条 1 項 4 号）制度がある
のも、そういった解釈が前提となっていよう。

(2)　執行力

保護処分決定の告知によって直ちに執行力を生じる。この点は刑事と異なる
ものであって、抗告には執行停止の効力がない（法 34 条本文）。そのため、執
行停止が必要な場合には、その旨の決定が必要となる（同条ただし書。該当事
例としては、拙著② 325 頁の裁判例 6 の説明「イ」項《同 326 頁》等参照）。

8　競合処分の調整（27 条）

(1)　概観

保護処分が、他の保護処分や有罪判決と競合する場合が生じる。その場合で
も、当該保護処分の効力を保持しておくことが相当なときも勿論ある。しか
し、常にそうであるとはいえず、例えば、①保護処分を執行することができな
くなる場合（例えば、懲役刑の服役中に少年が 20 歳になった場合）、②当該保護
処分執行の実益がない場合（例えば、ほぼ同時期に同類型の保護観察に処せられ
た場合）等が生じるから、調整が必要となる。

また、これらの類型とは異なるものの、③準少年保護事件の施設送致申請事
件で施設送致決定がされると、当初の保護観察決定と競合することになって、
調整が必要となる。

(2)　保護処分の取消し

ア　自由刑と競合する場合

保護処分の継続中に懲役、禁錮又は拘留の自由刑が確定すると、自由刑の執

行が優先して行われる（57条前段）。また、この前後関係が逆になって、自由刑の執行前に保護処分がなされた場合も同様である（同条後段）。

そうすると、その限度では保護処分を執行することができなくなるから、保護処分が取り消されることが起こり得る（27条1項）。

イ　他の保護処分と競合する場合

保護処分の継続中に当該少年に対して新たな保護処分がなされた場合には、新たな保護処分をした家庭裁判所において、先行する保護処分をした家庭裁判所の意見を聞いて[149]、いずれかの保護処分を取り消すことができる（27条2項）。

先後どちらかの保護処分を取り消す必要性があるかは一律に決まるものではないから、新たな保護処分をした家庭裁判所が中心となって、その調整・判断を行うこととされているのである。事柄の性質に即した制度設計といえよう。

149)　表記の問題だが、法文には「聞いて」とあるが、他の法条にあるように「聴いて」とされるのが相当なように思われる。

ウ　保護処分の取消しと一事不再理効類似の効力との関係

保護処分が取り消されたアイいずれの場合であっても、27条の2の場合とは異なり[150]、一事不再理効類似の効力は失われないものと解される。このように考えるのは、取り消された保護処分自体に瑕疵があったわけではないから、合理性のあることといえよう。

150)　この場合には、46条3項本文により、一事不再理効類似の効力は認められない。もっとも、同項ただし書に該当する場合には、同項本文の例外として、原則に戻って、一事不再理効類似の効力が認められる。

(3)　保護処分の併存

上記イの保護処分の競合の場合には、どちらかの保護処分（一般的には前の保護処分）が取り消されるが、例外的に併存させる場合もある。そういった例としては、①交通短期保護観察と一般保護観察のように、保護観察の趣旨が異

なるところから、併存を認めるのが相当な場合、②戻し収容の余地を残す意味で、新たにされた保護観察と、前の少年院送致の保護処分とを併存させる場合などが想定できる。

9　保護観察決定

これまでも部分的には説明しているから、更に補足する。

（1）　概観

ア　少年法が対象とする保護観察対象者

保護観察の対象者に5種類あることは更生保護法48条に定められている。その中で、少年法が対象とするのは、いわゆる1号観察（同条1号にいう「保護観察処分少年」）と、いわゆる2号観察（同条2号にいう「少年院仮退院者」）とである。

イ　保護観察の期間と一時解除・解除

令和3年の法改正で、保護観察少年に特定少年も含まれるようになったところから、内容が複雑化している。すなわち、保護観察少年に対する保護観察期間は当該少年が20歳に達するまで（又は2年間）が原則型である（更生保護法66条）。そして、特定少年が68条3項に基づいて保護観察に付される場合には、23歳を超えない期間内で定められる期間ということになる。

保護観察に関しては、保護観察少年の改善更生に資すると認めるときに行われる「一時解除」（70条1項）、保護観察を継続する必要がなくなったと認めるときに行われる「解除」（69条）の各制度があり、対象者の実情に応じた執行が可能となっている。

ウ　主文

主文としては、規則37条1項で、「保護観察をすべき保護観察所」を指定することが義務付けられているから、「少年を◎◎保護観察所の保護観察に付する。」などが想定される。

エ　保護観察の実施方法

保護観察（具体的な実施方法は更生保護法49条）は、保護観察所が行う（29

条1号）。そして、実際に、保護観察対象少年に対して指導監督（57条）したり、補導援護（58条）したりするのは、保護観察官（31条）及び保護司（32条）である（61条1項）。

また、保護観察対象少年は、50条に定められた一般遵守事項の遵守が義務付けられる。そして、51条に基づいて特別遵守事項が定められたときは、当該特別遵守事項の遵守も義務付けられる。

なお、保護観察所長が特別遵守事項の設定・変更を行うに当たっては、当該保護観察に付した家庭裁判所の意見を聴くことになっている（52条1項）。そして、家庭裁判所は、保護観察決定をした際に、保護観察所に対して、その旨の通知をし、上記意見も通知することが義務付けられている（規則37条2項、3項）。

さらに、更生保護法56条1項に基づいて保護観察対象少年の改善更生に資する生活又は行動の指針が定められたときは、同少年はこれに即して生活し、及び行動する努力義務を負っている（同条3項）。

オ　施設送致申請

保護観察が上手く行かなくなった場合の対処の方法として、法改正によって標題の制度が設けられた。この点は、準少年保護事件として後に説明するが、保護観察のプロベーションとしての効力が一段と充実されたものと解することができよう。

(2)　保護観察の他の類型

ア　短期保護観察

保護観察期間を短期に設定し、それに応じた指導を行うことによって、より早期の社会適用を促進しようとするものと解される。平成6年9月1日から実施されたもので、家庭裁判所で短期保護観察との処遇勧告を受けた少年★151)を対象とし、実施期間はおおむね6月以上7月以内とされていて、おおむね7月以内に保護観察の解除が行われる前提である（平成20年5月9日付け法務省保護局長通達・家月60巻8号216頁参照）。

他方、上記時点で解除できない者は原則として10月以内での解除が予定さ

れているが、それもできない場合には、保護観察に付した家庭裁判所の意見を
聴いて、一般の保護観察に移行される。

<blockquote>
151) 非行性の深度がそれほど深くない、など一定の要件を満たし、特別遵守事項を
定めない少年である。
　　短期保護観察開始後に、保護観察に付した家庭裁判所の意見を聴いて特別遵守
事項が設定されると、一般の保護観察に移行する。
</blockquote>

イ　交通関係

a　交通保護観察

一般的な保護観察と基本的には同じ処遇がなされるが、保護観察官、保護司
の指名に当たっては、交通事件対象者の保護観察に適した者が考慮されてい
る。交通法規、運転技術等に関しても個別指導に加えて集団処遇の併用も考慮
されている（平成20年5月29日付け法務省保護局長通達参照）。

　一般の保護観察より短期のおおむね6か月経過を目安として解除される。

b　交通短期保護観察

家庭裁判所で交通短期保護観察との処遇勧告を受けた少年★152)を対象と
し、保護観察官による集団処遇を中心とした処遇が行われ、原則として担当保
護司は指名されず、個別処遇も行われない。原則として3月以上4月以内で実
施されている（平成20年5月9日付け法務省保護局長通達参照）。

　家庭裁判所は、保護観察決定をした際に、保護観察所に対して、その旨の通
知をし（規則37条2項）、上記交通短期保護観察との処遇勧告（38条2項）を
伝達し、意見書等を送付することができる（37条の2第1項）。

　そして、6月を超えて保護観察を継続する必要があると認められる場合に
は、保護観察に付した家庭裁判所の意見を聴いた上、一般の保護観察の処遇に
移行する。

　また、交通短期保護観察開始後に、保護観察に付した家庭裁判所の意見を聴
いて特別遵守事項が設定されると、一般の保護観察に移行する。

152)　一般非行性がない（又はその深度が深くない）、交通関係の非行性が固定化していない、集団処遇への参加が期待できる、など一定の要件を満たし、特別遵守事項を定めない少年である。

　　　「集団処遇への参加が期待できる」ことが要件として挙げられていることからも、集団処遇を行う前提であることを窺うことができる。

(3)　少年院仮退院中の保護観察（2 号観察）

　少年院から仮退院（少年院法 135 条★153)）になると、保護観察に付される（更生保護法 48 条 2 号）。この保護観察は、保護処分決定としてされるものではないが、少年に関するものなので、ここで説明しておく。

　保護観察の期間は少年院収容期間満了日までだが（少年院法 137 条〜 139 条。少年院仮退院者の退院許可処分につき更生保護法 74 条 1 項）、一般遵守事項はほぼ同様であり★154)、特別遵守事項は地方更生保護委員会が設定・変更できる（52条 2 項、3 項）。

　遵守事項が遵守されなかった場合の対処方法として戻し収容申請（71 条）があるが、この点は、準少年保護事件として後に説明する。

　保護観察の終了事由としては、期間満了、退院、戻し収容、競合保護処分の取消し（法 27 条）、保護処分の取消し（27 条の 2）等がある。

153)　ただし、第 5 種少年院在院者には仮退院制度の適用はなく（同条）、退院の手続となる（136 条の 2）。
154)　仮退院決定で既に住居が特定されているから、住居の届出は不要であり、当該住居への居住が遵守事項となる（50 条 1 項 3 号、4 号）。

(4)　保護観察に関する特定少年の特例

　令和 3 年の法改正で、特定少年に関して保護観察についても特例が設けられたので、ここで一括して説明する。

ア　保護観察の義務的選択等

　法 24 条 1 項の特例として、家庭裁判所には、保護処分に付すべき場合（＝23 条不該当の場合）には、「犯情の軽重を考慮して相当な限度を超えない範囲

内」との限定が付されているものの、保護観察又は少年院送致が義務付けられている（64条1項）。

そこでここでは、保護観察について補足する。

この限定に関しては、特定少年ではぐ犯が非行とならないことからすれば、「犯情」という用語が用いられていることも理解されよう。他方、要保護性と犯情との関係がどのように解されていくのかを含めて、上記の限定が付されたことで実務がどのように変化していくか、注目していく必要がある。

次に、付すべき保護観察については、①6月の保護観察と、②2年の保護観察とのいずれかを選択することになる。両保護観察については、期間が異なるだけではない制度上の差異がある。

すなわち、「罰金以下の刑に当たる罪の事件については、」①の保護観察のみが可能とされている。

また、施設送致申請事件の特例との関係では、①の保護観察はその対象とならず、②の保護観察については、後記の特例的な扱いとなっている。換言すれば、6月の保護観察は、当該保護観察期間中の行状悪化に対しても施設送致を相当とすることにはならない事案が該当することになろう。

そして、「犯情」が考慮要素であれば、法定刑を前提とした、この限定も理解可能である。しかし、「罰金以下の刑に当たる罪の事件」を犯した少年でも、それなりに要保護性の高い少年も想定できる。従前は、そういった少年の要保護性の高い部分に関しては、「ぐ犯」といった位置付けを行って非行事実化する処理もあり得たが、特定少年の場合には「ぐ犯」は非行ではないから、そういった処理もできない。また、後記のように「罰金以下の刑に当たる罪の事件」を犯した少年に対しては、少年院送致とすることもできない。

このように、「罰金以下の刑に当たる罪の事件については、」①の保護観察のみが可能となる制度設計となっているから、適切な保護処分の選択を可能となるのか、疑問が残らないでもない。もっとも、該当事例は限られていようから、実務的に大きな問題は生じないものと推測はされる。

イ　施設収容事件の少年院収容期間の定め等

　64条1項2号（＝上記2年の保護観察）該当少年は「特定保護観察処分少年」と称される（更生保護法68条の2本文）。そして、保護観察所長は、収容可能期間満了前（68条の2ただし書）の特定保護観察処分少年について、「遵守事項を遵守せず、その程度が重いと認めるときは、」施設収容決定（法66条1項）の申請をすることができるとされている（更生保護法68条の2）。

　この申請があると、家庭裁判所は、当該特定保護観察処分少年について、特定少年の保護事件の手続の例によって（法66条2項）、①遵守事項を遵守しなかったと認められる事由があり、②その程度が重く、かつ、少年院において処遇を行わなければ本人の改善及び更生を図ることができないと認めるときは、少年院収容決定をすることが義務付けられている（同条1項本文）。

　なお、申請では「遵守事項を遵守せず」であるのに対し、家庭裁判所では、遵守事項を遵守しなかったと認められる事由があり、とされているから、遵守事項違反の具体的な事柄の認定が求められているように解される。そうはいっても、申請においても具体的な違反事由が指摘されるであろうから、判断の実態としては顕著な差異は生じないであろう。

　他方、少年院に収容可能な回数に制限はないものの、上記施設収容決定によって既に少年院に収容した期間が通算して、64条2項で定められた期間に達しているときは、上記義務付けから除外されている（66条1項ただし書）。

　補足すると、64条2項では、家庭裁判所は、2年の保護観察においては、その保護観察決定と同時に「1年以下の範囲内において犯情の軽重を考慮して」「少年院に収容することができる期間を定められなければならない」とされているから、その期間が上記の「定められた期間」に該当する。

　この決定によって収容される少年院は、第5種少年院とされている（少年院法4条1項5号）。その収容の終了事由は、期間満了（140条2号）と退院（136条の2）に限定され、収容継続（137条、138条）、戻し収容（更生保護法71条）の申請の対象外とされている。

　そして、勾留日数、収容観護措置の全部又は一部を上記少年院の収容期間に算入することができることとされている（法64条4項、2項）。

この収容が終わると、保護観察が再開されることが予定されている。

10　児童自立支援施設・児童養護施設送致決定

(1)　概観

両施設の対象少年は、児童である必要があるから 18 歳未満である（児童福祉法 4 条 1 項柱書）。しかし実情としては、義務教育中の児童がほとんどであるとされる。そして、少年保護事件の既済人員に対する比率は 0.2％とその活用は限られている。しかも、「児童養護施設送致となることは極めてまれであり、ほとんどが児童自立支援施設送致であると思われる」との指摘がある（曹時 74 巻 1 号 144 頁、180 頁～ 181 頁第 31 表参照）。

より具体的に見てみると、児童自立支援施設は 44 条に定められていて、対象児童は、不良行為をなし、又はなすおそれのある児童及び家庭環境その他の環境上の理由により生活指導等を要する児童である。前者の児童は非行との関連性が窺われるが、後者の児童は非行との関連性は間接的である。

児童自立支援施設は小舎制で、職員が家族と共に少年らと同居して生活指導、学科指導、職業指導などを行って更生に導くのが原則型であるが、時代の変化で次第に、そういったシステムの維持が困難となっている実情にあるように窺われる。

児童養護施設は 41 条に定められていて、対象児童は、保護者のない児童、被虐待児童その他環境上養護を要する児童である。これらの児童と非行との関連性は間接的である。

こういった両施設の対象児童と非行との関連性の相違からしても、上記のように「ほとんどが児童自立支援施設送致である」といった運用の有り様は了解できよう。

そして、両施設への送致は少年を施設に収容する保護処分ではあるが、両施設ともに 7 条 1 項所定の児童福祉施設であって、開放施設であるから、非行性の進んだ児童には適さない。

また、保護処分であることから、親権者又は後見人の意に反しても収容でき

ると解されている（27条3項・4項★155)）が、開放施設であるため、逃げ出した少年を連れ戻すことはできないと解されている。

155)　他方、児童相談所長送致が前提となって児童自立支援施設（児童養護施設）に収容する場合には、親権者又は後見人の意に反することはできない（27条4項）。

(2)　主文等

施設送致であるが、入所すべき児童自立支援施設（児童養護施設）の指定が知事等の権限とされることからして、主文は、「少年を児童自立支援施設（児童養護施設）に送致する。」などといったものが想定される。

家庭裁判所においては、施設送致が円滑に行われる必要があるから、調査段階から児童福祉機関と調整し、審判期日に児童福祉機関の職員を立ち会わせるといった運用が行われている。そして、本決定がなされると、速やかなその旨の通知が義務付けられている（規則37条2項）。

(3)　特定少年の特例

特定少年に対する保護処分からは、児童自立支援施設・児童養護施設送致は除かれている（法64条1項に該当の定めがないため）。特定少年は18歳以上であって児童ではないから、当然の制度設計ということになろう。

11　少年院送致

(1)　概観

ア　少年院の種類の変化

少年院の種類は、平成26年改正で大きく変わり（名執雅子「少年矯正における新たな取組と少年院法の改正等」家月65巻4号1頁等参照)、令和3年の法改正で更に変わった。

a　平成26年改正前

学修に資するので、平成26年改正前のことも説明しておく。当時少年院は、以下の4種類であった。

①初等少年院は、収容対象者は、心神に著しい故障のないおおむね12歳以

上おおむね16歳未満の者である。

②中等少年院は、収容対象者は、心神に著しい故障のないおおむね16歳以上20歳未満の者である。

③特別少年院は、収容対象者は、心神に著しい故障はないが、犯罪的傾向の進んだ、おおむね16歳以上23歳未満の者である。少年院収容の16歳未満の受刑者を含む。

④医療少年院は、心神に著しい故障のあるおおむね12歳以上26歳未満の者である。

　b　現在

現在は、以下の5種類である。

①第1種（少年院法4条1項1号）は、収容対象者は、第2種、第5種該当者を除く、心神に著しい障害がない、おおむね12歳以上23歳未満の者である。

②第2種（4条1項2号）は、収容対象者は、心神に著しい障害がない犯罪的傾向が進んだ、おおむね16歳以上23歳未満の者である。

③第3種（4条1項3号）は、収容対象者は、心神に著しい障害がある、おおむね12歳以上26歳未満の者である。

④第4種（4条1項4号）は、収容対象者は、少年院において刑の執行を受ける者である。

⑤第5種（4条1項5号）は、令和3年の法改正で新たに加わったもので、収容対象者は、法64条1項2号の保護処分（＝2年の保護観察）の執行を受け、かつ、66条1項の規定による決定（＝施設収容決定）を受けた者である。

　c　小括

　abを対比すると、第1種は、初等少年院と中等少年院双方に対応したものと解される。初等少年院と中等少年院は犯罪的傾向に差異がなく、もっぱら年齢による区別であったとの理解を前提とすれば、両少年院を統一して第1種とすることに大きな支障はないといえよう。もっとも、従前に比べて年齢差のある者を収容することになるから、管理には新たな工夫が求められよう。

第2種は特別少年院に、第3種は医療少年院に、それぞれ対応したものと解される。

第4種は、中等少年院の受刑者部分が分離されたものと解される。

第5種に関しては既に一部説明しているが、施設収容決定という、保護観察を受けていた者に対してされた決定を受けた者を対象としているから、年齢的にも、非行深度においても、類似性のある者が多く収容されよう。

なお、少年院の種類を変更することも可能であるが、その場合には、少年院の種類を指定した家庭裁判所に意見を聞くことになっている（少年院法施行規則85条）。また、後記の短期間の処遇を長期の処遇に変更する場合も、当該少年を送致した家庭裁判所に意見を聴取することになっている。

これらは、少年の心身や環境の状態に応じて変化する少年院処遇の柔軟性の反映といえようが、少年にとって不利益処分性もあり得るところから、家庭裁判所の意見聴取が求められたものといえよう。

　イ　対象少年に関する補足的な説明

14歳未満の少年という、刑事では責任を問われることのない者でも、少年院に送致することが可能となっている。そのようなことも考慮されているのか、決定時に14歳未満の少年に関しては、「特に必要と認める場合に限」られている（法24条1項ただし書）。

「特に必要と認める場合」に関しては、14歳未満の少年に対する処遇については、児童福祉機関先議であり、児童自立支援施設（児童養護施設）送致の制度もある、といった状況下で、少年院における処遇を「特に必要と認める場合」ということになろう。もっとも、少年院送致は、保護処分の謙抑的な運用からして、元々必要性が高い場合においてであろう。そして、対象が14歳未満の少年であればなおさらであろう。この意味で、この「ただし書」が設けられたことによって実務の運用が大きく変わるとは解されないが、運用指針を明文で定めておく意義は勿論あろう。

　ウ　主文等

収容される具体的な少年院の指定は、少年鑑別所の専権事項とされている

（少年鑑別所法 18 条 1 項）から、主文としては、「少年を第 1 種少年院に送致する。」などといったものが想定される。そして、鑑別所長に対する、速やかなその旨の通知義務が定められている（規則 37 条 2 項）。

　更生保護法 68 条 2 項に基づいて 18 歳に満たない少年とみなされる保護観察処分少年が 20 歳以上であるときは、法 24 条 1 項 3 号の少年院送致の処分をする際には、同時に、その者が 23 歳を超えない期間内において、少年院に収容する期間を定めなければならないとされている（更生保護法 68 条 3 項）。

　(2)　少年院における処遇

　ア　収容期間

　a　法定期間等

　原則は 20 歳に達するまでである（少年院法 137 条 1 項本文）。そして、少年院送致決定の日から起算して 1 年を経過していないときは、その日から起算して 1 年間である（同項ただし書）。この 1 年間の意義については争いがあるが、法定期間と解するのが相当である。

　なお、更生保護法 72 条所定の少年院への戻し収容の決定の場合には、上記規定は適用されない（少年院法 137 条 2 項）。また、これ以外でも、家庭裁判所が少年院への収容期間を定めることがある（法 26 条の 4 第 2 項、64 条 3 項、更生保護法 68 条 3 項）。

　b　収容期間の延長

　法定の収容期間を延長する手続として、収容期間を延長して収容を継続する旨の申請をする事件が、準少年保護事件としての収容継続申請事件である。この点は後に説明する。

　運用としての収容期間も定められているが、その収容期間を延長しようとするときは、法定の収容期間を延長する手続ではないから、その運用に対応して延長の許否等が決まっている。

　イ　短期処遇

　短期処遇は、昭和 52 年の法務省矯正局長依命通達「少年院の運営について」によって導入された（家月 65 巻 8 号 98 頁等参照）。短期処遇には、短期間

処遇（かつての一般短期処遇）と特別短期間処遇（かつての特修短期処遇）がある。

そして、短期処遇勧告は処遇分類的な作用を果たしていて、従う勧告の受け止めをされていることは既に説明した。

　a　短期間処遇

短期間処遇は、収容期間が6か月以内で、教育の標準的な予定期間は、原則として4〜5月程度とされている。そして、6月を限度として延長も認められている。

こういった短期間の処遇を前提とした対象者はどのような少年が適切かと一般的に考えると、少年院に送致されるのであるから、非行傾向がある程度深化しているが、相対的に短期の収容で矯正効果が上がって社会復帰が可能となる者、ということになろう。

そうすると、①非行が常習化していないこと、②特別短期間処遇を除く少年院等の施設収容歴がないこと、③反社会的集団に加入していないこと、などの選別基準は、上記の視点からも合理的なものといえよう。

　b　特別短期間処遇

特別短期間処遇は、平成3年6月1日付け法務省矯正局長依命通達「少年院の運営について」（家月43巻11号213頁参照）によって、それまであった交通短期処遇が発展的に改編されて新たに設けられたもので、実施は数庁に集約されている。

収容期間は4か月以内で、収容期間の延長は行われない。教育の標準的な予定期間は2〜3月程度とされていて、開放処遇も積極的に活用されることになっている。

短期間処遇に比べても一段と短期間の処遇を前提とした対象者はどのような少年が適切かと一般的に考えると、少年院に送致されるのであるから、非行傾向がある程度深化しているとはいえ、短期間処遇対象少年に比してもその程度は深まっておらず、開放処遇にも馴染む、より短期の収容で社会復帰可能な者、ということになろう。

　そうすると、①開放処遇に適していること、②保護環境に関する大きな問題がないことなどは、上記視点に沿い、短期間処遇の選別基準と対比しても適切なものといえよう。

　ウ　長期処遇

　短期処遇勧告を受けなかった者は、原則として長期処遇に分類される。収容期間は2年以内とされているが、おおむね1年程度である。長期処遇については、2年を超えて複数回延長を行うことが認められている。

　そして、家庭裁判所は、少年鑑別所と連携を取りつつ、長期処遇の処遇期間に関して、比較的短期間、比較的長期間、相当長期間の三種類の処遇勧告もできることになっている。この場合の勧告は、家庭裁判所の特別の希望意見として、尊重勧告に該当することは既に説明した。

　a　比較的短期間の処遇勧告

　比較的短期間の処遇勧告は、短期処遇の類型には該当しないものの、できる限り短期間の処遇が相当である場合などに行われる。例えば、環境劣悪など当該少年の問題性が短期処遇が予定する期間内では解消しないものの、長期処遇が予定する期間よりは早めに解消する見込みがある場合等が想定される。

　文例としては、「比較的短期間の矯正教育を施すことが相当である。」などが想定される。

　b　比較的長期間の処遇勧告

　比較的長期間の処遇勧告は、2年以内ではあるが、おおむね1年程度である通常の長期処遇よりは長期間の処遇を求める場合に行われる。こういった勧告のない少年に比べれば、非行性等に問題がある少年が対象となろう。

　文例としては、「比較的長期間の矯正教育を施すことが相当である。」などが想定される。

　c　相当長期間の処遇勧告

　相当長期間の処遇勧告は、2年を超える期間の長期処遇を求める場合に行われる。少年院収容として通常想定されている2年を超える期間の収容を決定段階で想定されるわけであるから、それに応じた問題性のある少年が対象となろ

う。

　文例としては、「相当長期間の矯正教育を施すことが相当である。」などが想定される。

　(3)　特定少年の特例

　保護観察で紹介した法 64 条 1 項 3 号に少年院送致も定められている。そして、既に説明したように、罰金以下の刑に当たる罪の事件については、少年院送致が保護処分として選択されることはない（同条 1 項柱書ただし書）。

　少年院送致決定をする際は、同時に、「犯情の軽重を考慮して」3 年以下の範囲内において少年院に収容する期間を定めることが義務付けられている（同条 3 項）。

　そして、勾留日数、収容観護措置の全部又は一部を上記少年院の収容期間に算入することができることとされている（同条 4 項、3 項）。

第18章　審判調書

1　審判調書の記載

　審判が開かれると審判調書が作成される。審判調書の作成義務は、規則33条1項に定められていて、記載事項は同条2項に定められている。そして、「書面、写真その他適当と認めるもの」の引用・添付が可能である（6条2項）。

　なお、33条2項柱書にある「その他審判に関する重要な事項」には、例えば、法22条の4に基づいて被害者等による審判傍聴があった場合における、「傍聴人等」の標題で傍聴人の氏名やその立場を記載することが該当する。原則公開の刑事の公判手続とは異なる、原則非公開の審判手続の特徴が、審判調書の記載事項との関係でも明らかとなっていよう。

　他に、「その他審判に関する重要な事項」の該当事項としては、「審判に付すべき事由の要旨の告知」等がある。

　このように見てくると、審判調書は、刑事の公判調書（その記載事項は刑訴規則44条）と類似する存在であることが分かる。手続を公証するという基本的な性格部分が共通しているからであろう。

　勿論、刑事と異なる面もある。すなわち、少年事件の場合には、①1回の審判期日で審理が終わるのが一般的であること、②これまでも説明したように、裁判官の心証形成は審判期日のみで行われるものではないこと、からすれば、裁判長（裁判官）の許可があると、審判調書の作成又は記載事項の一部の記載

を省略することができる（規則33条3項本文）。他方、抗告・抗告受理の各申立があった場合には審判調書の作成を省略することはできない（同項ただし書★156)）、とされているのは、注156でも言及しているように、上級審における審理の資料を確保するという趣旨から自然なこととして了解されよう。

　また、③事件が1回の審判では終了せず、審判期日の間隔が数か月開いてしまう場合（例えば、当該少年が試験観察に付された場合）、④施設送致相当事件等の場合には、当該事件の処理だけでなく、事後の手続との関係でも、審判調書の存在が重要な意味を持つことがあり得るから、審判調書の作成を的確に行っておくべきであることも、上記説明から自ずと導かれよう。

　　156)　上訴があった場合における1審記録の重要性は、ゴールト判決を参照するまでもなく、明らかなことといえよう。

2　審判調書の証明力等

(1)　絶対的証明力

　審判調書の証明力については、格別の規定はないが、刑訴法52条の準用（類推適用）があるものと解されている。そのため、同条の規定内容からも明らかなように、審判期日における手続で審判調書に記載されているものについては、審判調書のみによって証明されることになる。

　他方、記載されていない事項については、そういった証明力はないから、他の資料による証明が許されるものと解されている。そして、事実上の推定も活用できるから、通常、当然に行われている事項については、特別の事由がない限り行われたものと事実上推定することが許容されよう。

(2)　審判調書の記載の正確性に対する異議の申立て

　審判調書に関して、(1)で説明した絶対的証明力を認めるとすれば、その前提として審判調書の記載の正確性に対して異議がある場合には、それを顕在化する手続が必要である。そのため、51条（刑訴規則52条）が準用（類推適用）されるべきである。

第19章　準少年保護事件

学修のポイント

・　準少年保護事件の類型と各内容を的確に理解すること

1　概観

　保護事件ではないが家庭裁判所に係属する4類型の事件があって、準少年保護事件と総称されている。しかし、実務例については、統計を基にして、そのほとんどが収容継続申請事件であることを既に説明している。

　そして、この4類型は、原保護処分決定後の手続である点で共通しているが、準少年保護事件は原保護処分決定との関係において分類が可能であって、それぞれに特徴を備えた制度であることが分かる。すなわち、①原保護処分決定そのものを対象とするのが保護処分取消事件である。②原少年院送致決定を前提として保護処分の実質的な継続・変更に関するものが、収容継続申請事件と戻し収容申請事件である。③原保護観察処分を前提として保護観察期間中の遵守事項違反という、新たな事由を捉えた施設送致という保護処分に関するものが、施設送致申請事件である。

2　収容継続申請事件（少年院法138条、139条）

(1)　概観

　法定の収容期間（少年が20歳に達するまで又は送致後1年間が原則型＝137条1項）を延長する手続である点で、運用としての収容期間の延長とは異なる。

　この収容継続の法的性質については争いがあるが、実体的には執行継続中の保護処分の延長、変更であり、手続的には新処分（新たな事件、新たな保護処

分）であるとする折衷説が現在有力とされている。ここにも少年法の特徴が現れているといえよう。

（2）　対象者（特定少年に関する特例を含む）

ア　概説

対象は保護処分在院者である（138 条、139 条）。他方、第 5 種少年院収容者が対象外であることは、既に説明した。また、少年院送致とされた特定少年も対象外である（法 64 条 3 項）。

これら以外で問題となる者について個別に説明する。

イ　少年院逃走中の者

少年院逃走中の者が対象者に含まれるかについては、争いがある。逃走中であれば、収容継続申請に関する調査、審判、決定の告知を行うことができないから、消極説にも実務的な根拠があるといえる。しかし、収容期間を超えて逃走する者に対しては、連戻し（つれもど）ができなくなってしまう。また、逃走中は少年院での処遇を受けていない。そういったことも考えると、積極説が相当である。

関連して連戻しについて説明する。連戻しは少年院法 89 条に基づくものであって、在院者が逃走したときなど同条 1 項 1 号、2 号所定の場合には、指定職員は、対象者を連れ戻すことができる。しかし、逃走等の時から 48 時間を経過すると、家庭裁判所裁判官が発する連戻状（同条 3 項★157)）によることになる（同条 1 項）。警察官への援助要請も可能である（同条 2 項）。

157)　連戻状の請求、記載要件等については規則 56 条、57 条に定めがある。有効期間が原則 30 日とされているのは（57 条 2 項本文）、刑事の令状（刑訴規則 300 条）や同行状（規則 17 条 4 項本文）の各有効期間が原則 7 日とされているのに比べると、長い感じを与えかねない。しかし、対象者が既に逃走していて、48 時間では連れ戻せていないという状況が前提となっていることを考慮すれば、その合理性を理解できよう。

ウ　仮退院中の者

現に収容されているわけではないから、収容継続が問題となることに疑問が生じかねない。確かに、当該仮退院を取り消して少年院に戻すわけではないか

ら、イとは異なり、当該仮退院者を収容して矯正教育をするために収容継続が必要となっているわけではない。

そうではなく、この場合の収容継続の主たる狙いは、収容期間を継続することで、仮退院中の保護観察の継続を可能とする点にあるといえる。

争いがあるが、保護観察を時間を掛けて適切に行う必要のある場合も生じ得るから、積極説が相当である。そして、積極説は、収容中にされた収容継続申請事件が家庭裁判所に係属中に、当該少年に対する仮退院が行われた場合でも、同じく対処できる点でも、適している。

エ　家庭裁判所が収容期間を定めて収容した者

a　該当するのは、家庭裁判所が期間を定めて、収容継続決定（少年院法138条2項、139条2項）、戻し収容決定（更生保護法72条2項、3項）、更生保護法68条の通告事件で少年院送致決定をした場合（同条3項）である。

争いがあり、施設収容の不利益処分性を考慮すると、消極説にも有力な根拠があるといえる。しかし、収容継続は対象少年の申請時点における要保護性を前提として引き続き収容教育を行おうとするものであるから、家庭裁判所が上記収容期間を定めた時点とは要保護性を異にすることがあり得る。そうすると、申請時点における要保護性に適切に対処すべき必要性は肯定できるから、積極説が相当である。ここでも、少年の心身や環境の状態に応じて変化する少年院処遇の柔軟性の反映を看取できよう。

b　保護観察期間を考慮した収容期間設定の可否

aに関連する問題として標記の点をここで説明する。争いがあるが、仮釈放になると保護観察に付されるから、その保護観察を適切な期間とすることによって、保護処分としての少年院送致の趣旨をより生かすことができる場合もあり得る。そのため、積極説が相当である。

(3)　収容継続の要件

ア　23歳までの収容継続の要件

①心身に著しい障害があること、②犯罪的傾向が矯正されていないこと、③収容継続が相当であると認められること、の内、①＋③、or ②＋③が要件で

ある（少年院法138条1項柱書）。

イ　23歳を超える収容継続の要件

①精神に著しい障害があること、②医療に関する専門的知識及び技術を踏まえて矯正教育を継続して行うことが特に必要であると認められること、で、①＋②が要件である（139条1項柱書）。

①は、アの①と対比すると、「心身」から「精神」に絞り込まれている点が注目される。

(4)　申請に伴う手続

ア　収容最終日

①20歳に達した翌日に退院させる者（137条1項本文）の場合には、その者が20歳に達した日であり（138条1項1号）、②期間満了によって退院させる者（137条1項ただし書等）の場合には、当該期間の末日である（138条1項2号）。

イ　対象裁判所

当該対象者を送致した家庭裁判所である（138条、139条の各1項柱書）。なお、この定めが専属管轄を意味するものであるかについては争いがある。実務的には、遠隔地の家庭裁判所が対象裁判所となることも生じ得ることを考えると、専属管轄の定めとまでは解さない（換言すれば、移送も可能と解する）方が有益といえよう。確かに、当該対象者の送致直後であれば、送致裁判所は事情が分かっていて好都合ということは想定される。しかし、そういった期間を過ぎた時期（こちらの方が通常の形態である可能性がある）では、送致裁判所であろうが移送を受けた裁判所であろうが、記録から必要な情報を得ることになる点で相違がないこともあり得、専属管轄の定めと解する実益まではないといえよう。

ウ　申請受理の効果

少年院長は、申請が家庭裁判所に受理されると、当該申請に係る家庭裁判所の決定を受けるまでの間、当該対象者の収容を継続することができる（138条4項、139条3項）。

この根拠についても争いがあるが、申請そのものの効果ではなく、家庭裁判所が当該申請を受理した効果と解するのが通説とされており、支持できる。家庭裁判所が当該申請について判断する間は現状が維持されている方が望ましく、他方、行政庁の行為だけで、収容者に対する不利益性のある収容継続を可能とするのは適切ではないと解されるからである。

　もっとも、運用としては、収容期間中に家庭裁判所による判断が可能となるように、収容期間満了の2～3か月前ころに申請がなされるのが多いようである。そのため、申請受理の効果として申請対象者の収容が継続するのは限られた事案においてであろう。

（5）　審判の手続

ア　概観

その性質に反しない限り、18歳に満たない少年の保護処分に係る事件の例によることとされ（138条5項、139条3項）、審判を開く必要性が肯定されている。そして、一般的には、その審判は、本人の収容されている少年院で行われている（規則27条）。

　家庭裁判所は、審理に当たっては、家庭裁判所調査官による調査も活用しており（法8条2項、9条）、また、①「医学、心理学、教育学、社会学その他の専門的知識を有する者」、②申請対象者を収容している「少年院の職員」の意見を聴かなければならないものとされている（少年院法138条3項、139条3項）。

　実務としては、①に関しては、家庭裁判所調査官の調査の過程を通じて、該当者からの意見聴取がされているのが一般的とされている。

　また、②に関しては、少年院において開かれる審判期日に少年院の職員の出席を求めて、その意見を聴取することが、一般的な取扱とされている。

　他方、申請が不適法な場合には、補正等によって適正な申請となった場合を除けば、上記のような意見聴取の手続を行わずに家庭裁判所限りでの判断で処理されるのが通例であろう。

イ　保護者

本申請では、申請対象者が18歳を超えている場合が少なくなく、その場合

には法律上の保護者はいないことになる。そのため保護者をどう考えるべきかについても争いがあるが、両親の援助を得る必要のあるときもあるから、「保護者に相当する者」といった新たな概念を用いないですむ、事実上の保護者を認める説が相当である。

　ウ　終局決定

　a　申請が認容される場合

　138条2項では収容継続の決定のみが定められている。主文例としては、「①本人を②令和◎◎年◎◎月◎◎日まで③第1種少年院に継続して収容する。」（なお、①～③の符号は主文例の内容ではない）などといったものが想定される。

　補足すると、①の「本人」という用語については、法19条2項等参照。

　②に関しては、終期を明記するのが一般的とされている。この運用は、収容継続の終期が明確になって適切である。そして、収容継続期間は、少年院からの申請期間と同じ期間とされるのが実務的には多い。しかし、申請期間は認容の上限を画するものではなく、収容継続期間は本人の要保護性に応じて事案に即して判断されるべきである。例えば、東京家決平成28年3月7日判タ1432号251頁、家庭の法と裁判8号110頁は、再非行防止のための矯正教育継続の必要性等を考慮して、申請より2か月長い期間の収容継続を認めている。

　③に関しては、少年院法138条5項、規則37条1項に基づいて、少年院の種類を指定することが必要と解されている。特段の必要がなければ、同じ種類の少年院が指定されようが、必要性に応じて他の種類の少年院を指定することは可能と解されている。

　他方、具体的な少年院名まで指定することも、保護処分段階とは異なり、本人が特定の少年院に収容されている（仮退院も含む）わけであるから、想定可能である。しかしそうであっても、本人を収容する具体的な少年院を指定するのは執行機関の権限であるから、相当とは解されない。

　b　申請を認めない場合

　上記のとおり、申請に理由がないと認める場合の定めはないが、「本件申請を却下する。」（①申請自体が不適法な場合）、「本件申請を棄却（却下）する。」

（②申請に理由がないと認める場合）などが想定される。②については「本人の収容を継続しない。」といった実務例もあるのは、家庭裁判所の新たな処分という折衷説に則った理解を前提としたものであろうか。

　　c　決定の告知・通知

　誰に告知すべきかについて争いがある（問題となるのは本人と少年院長）。裁判であるとの趣旨を徹底すれば、本人に告知すれば足りることとなろう★158)。しかし、少年院長は、終局決定の対象となる申請をした者であって、収容継続（釈放）を執行すべき者であるから、通知を受けるべき者とされている（少年院法138条4項、139条3項）。

> 158)　審判が開かれると直接告知されるであろう。他方、申請が不適法な場合などで審判が開かれない場合には、相当と認める方法によって告知することがあり得よう（規則3条4項）。

　　d　その他

　処遇勧告と環境調整命令は可能とされている。

　また、家庭裁判所に対して、運用としての収容期間の延長に対する求意見が、収容継続の申請と競合的に行われることもあり得る。そういった場合には、形式は異なるものの、家庭裁判所としては実質上は同一の判断をすることになるから、両者に関して判断が齟齬しないようにする必要がある。

3　戻し収容申請事件（更生保護法71条、72条）

(1)　概観

　少年院から仮退院した者は、保護観察を継続する必要がなくなって退院許可決定があった場合（74条、46条2項）、又は収容期間が満了した場合には、保護処分の執行は終了する。

　他方、当該保護観察において遵守事項不遵守の場合の対応が、戻し収容申請事件である。

(2)　手続

ア　申請手続

①ⅰ地方更生保護委員会（16 条〜 28 条）が、ⅱ保護観察所長の申出により、ⅲ少年院仮退院者★159）が遵守事項（一般遵守事項、特別遵守事項を問わないと解されている）を遵守しなかったと認めるとき、

②当該仮退院者を少年院に送致した家庭裁判所（専属管轄の定めとまでは解されないことは、収容継続事件の場合と同様）に対し、

③本申請をする。（以上につき 71 条本文）

④ただし、仮退院者が 23 歳に達しているときは、少年院法 139 条 1 項に規定する事由に該当すると認めるときに限られる（更生保護法 71 条ただし書）。

収容期間内に申請がされる必要はあるが、審理、判断は同期間経過後においても行うことができると解されている。

159）　少年院から逃走中の者は、連れ戻しの対象者であって、この仮退院者に含まれないのは当然である。他方、収容継続決定等に基づいて収容期間が定められている者が仮退院した場合も、仮退院者に含めて、戻し収容の申請が可能と解するのが相当である。

イ　審理の手続

a　概観

更生保護法 72 条 1 項〜 4 項に定めがあり、同条 5 項で「その性質に反しない限り、18 歳に満たない少年の保護処分に係る事件の手続の例による」とされている。収容継続申請事件と共通する点の説明は省略する。

手続は、仮退院者が在宅のままでも可能であるが、引致状（63 条 3 項・2 項）による引致後の留置中に行われる★160）のが一般的とされている。

そこで、留置がされる戻し収容の申請を前提に説明する。引致すべき場所に引致された時から 24 時間以内に（63 条 8 項）、地方委員会において、戻し収容の申請をするか否かに関する審理を開始するときは、引致日から起算して 10日間、少年鑑別所等に留置することができ（73 条 1 項・2 項）、戻し収容の申請がされると通じて最大 20 日を超えない期間留置できる（同条 4 項、68 条の 3 第

3項)。また、「法17条1項2号の観護の措置がとられるまでの間」との同項の定めからしても、収容観護措置をとることも可能である。もっとも、観護措置の期間については、最大20日に及ぶ身柄拘束が先行して行われていることを前提とすれば、通じて4週間を超えられないとの考えで運用されるのが相当といえよう。

　家庭裁判所で戻し収容決定をするには審判を経るのが一般的であるなど、収容継続申請事件で説明したのと基本的には同様である。

160)　戻し収容決定がなされた場合を考えると、手続的な円滑さが確保された状態にあるといえよう。

　b　試験観察の可否

　この点も争いがあるが、積極説が通説とされている。筆者なりに補足する。収容継続申請事件で申請対象者が現に収容されている場合には、社会内での手法である試験観察を行う余地はない。他方、戻し収容申請事件の場合には、申請対象者は在宅状態なので（仮に身柄拘束状態となっていても、前記のようにその期間は限られているので）、試験観察を行うことは可能といえる。確かに、既に遵守事項不遵守状態に陥っているから、試験観察に適した事例は限られよう。そうであっても、施設収容という、申請対象者にとって不利益性のある判断がされる前に、事案に即して試験観察を行うことは可能である方が望ましいから、通説は支持されるべきである。もっとも、既に施設収容も受けているから、長期間にわたる試験観察は相当とはいえず、限られた期間内での見極めが求められていよう。

　c　少年保護事件との併合の可否

　この点についても争いがあるが、積極説が通説とされている。戻し収容は既にある保護処分を前提としているのに対し、少年保護事件はこれから保護処分の要否等を判断するものであるから、異なる手続であることは明らかである。しかし、戻し収容申請事件が認容されると、少年保護事件について新たな保護処分をする余地はなくなる。そうであれば、要保護性の判断には共通性があ

り、審理の重複や判断の齟齬を回避できる、などといった併合の利益を考えると、積極説に合理性があるといえよう。

もっとも、手続は異種であるから、同一の決定で行う場合であっても、同一の主文でその判断を示すのは困難であって、各事件ごとに主文を記載する必要があろう。また、少年院送致との判断に達したとしても、少年保護事件による場合と、戻し収容による場合とでは、その根拠が異なるから、いずれによるべきかを事案に即して判断する必要があろう。

　ウ　家庭裁判所の判断

①遵守事項不遵守の事実を認定した上で、②「必要性」と「相当性」（更生保護法 72 条 1 項では「相当性」が要件とされている）の 2 つの観点から判断されている。こういった認定構造からして、少年保護事件における①非行事実と②要保護性の判断と同様の判断構造も指摘されている。

主文についても、収容継続申請事件と同様な点の説明は省略するが、申請が認容される場合には、「本人を令和◎◎年◎◎月◎◎日まで（◎◎歳に達するまで）第 1 種少年院に収容する。」などが想定される。

処遇勧告や環境調整命令については、積極に解されている。他方、原決定で短期処遇勧告がされていた場合でも、その勧告には拘束されないものと解される。

他方、戻し収容決定の際に短期処遇勧告ができるかについては、可能と解したとしても、既に遵守事項不遵守状態に陥っている申請対象者の問題状況が、短期間で解消するとは通常考えられないから、該当事例は想定しにくいように思われる。

収容期間を定めることについても、ⅰ 72 条 2 項前段の場合、ⅱ 同項後段の場合、ⅲ 同条 3 項の場合の 3 つの場合が規定されている。

他方、ⅰ～ⅲ では定められていない、20 歳未満の者を 20 歳を超えて少年院に収容する必要があるとは認められないときは、収容期間を定めることは想定されていないことになる。この点は、前記のとおり 20 歳になると少年院を退院することになるという法定収容期間が設定されているからである。

　戻し収容を認めない場合には、申請の適法・不適法を問わず「本件申請を却下する。」との主文例が多いとされている。また、「本件申請の戻し収容はしない。」といった実務例もあるのは、収容継続申請事件同様に、戻し収容申請事件の位置付けと関連している。

(3) 特定少年の特例

　71条は、法24条1項3号の保護処分による少年院仮退院者に限定しているから、特定少年は除外されている。特定少年の仮退院の取消については、更生保護法73条の2に定められている。すなわち、地方委員会は、保護観察所長の申出により、少年院仮退院者（特定少年）が遵守事項を遵守せず、少年院に収容するのを相当と認めるときは、仮退院を取り消す決定をすることとされている（同条1項）。

　①取消の主体が裁判所ではなく、地方委員会であること、②地方委員会は、上記相当性を認めれば、上記取消決定をすることになっているから、裁量権があるのは、相当性を認めるか否かの点にあり、仮退院を取り消すか否かの点にあるわけではないこと、がその判断構造的な特徴といえよう。

　そして、当該決定の執行に関しては、地方委員会は、同決定を受けた者に対し出頭を命ずることができ（73条の3第2項）、正当な理由がないのに同出頭命令に応ぜず又は応じないおそれがあるときは、裁判官のあらかじめ発する引致状によって当該者を引致することができるとされている（73条の3第3項、4項、63条4項〜8項）。

4　施設送致申請事件

(1)　概説

　保護観察では、①2号観察の場合には上記戻し収容がある、②3号観察の場合には仮釈放の取消がある（刑法29条1項4号、更生保護法75条）、③4号観察の場合には刑の執行猶予の取消しがある（刑法26条の2第2号《刑の全部執行猶予に対し》、27条の5第2号《刑の一部執行猶予に対し》）、といった形で、保護観察の遵守事項不遵守に対する制度的な対処が可能である。

　他方、施設送致申請事件は、平成19年の法改正で新設された制度であって、それまで上記と類似の制度がなかった1号観察に対応するものとして、保護観察処分少年（用語の定義は更生保護法48条1号参照）に関する遵守事項不遵守に対する制度的な対処を整備したものといえる。保護観察の充実した実施を裏から支える制度となっているといえる。そして、令和3年の法改正で特定少年に関する特例が設けられた。

　施設送致申請事件は、新たな事由の発生に対処するものであって、同一事由について重ねて保護処分決定をするものではないから、二重処分には当たらないものと解される。

(2)　申請までの手続

　対象者は保護観察処分少年であるが、更生保護法66条、68条2項、3項に基づいて保護観察に付されている成人者も含む。

　保護観察所長は、①遵守事項を遵守しない保護観察処分少年に対し、遵守の警告を発する（67条1項）。②この警告を受けた保護観察処分少年★161)が、「なお遵守事項を遵守せず、その程度が重いと認めるときは、」本申請をする（67条2項、法26条の4第1項）。

　なお、遵守事項不遵守状態がぐ犯事由に該当する場合もあり得る。その場合には、保護観察所長は、対象者が18歳以上であるときも含めて、家庭裁判所に対して通告することも可能である（更生保護法68条1項）。このぐ犯通告と施設送致申請との関係については、既に説明しているから省略する。

161)　警告を発した日から3か月間は「特別観察期間」とされ、対象保護観察少年に対する指導監督を強化するものとされている。この特別観察期間が延長された上でされた施設送致の申請が認められ、19歳の少年が中等少年院送致とされた事例に広島家決平成26年9月9日判時2249号112頁がある。

(3)　審理

　法26条の4第3項では、「その性質に反しない限り、第24条第1項の規定による保護処分に係る事件の手続の例による」とされている。そして、引致状

を発付し、観護措置をとることや試験観察を行うことは可能と解される。試験観察に関しては、一般事件に比べても積極的に活用されているとの指摘もあり、例えば、大阪家堺支決平成30年5月10日家庭の法と裁判19号101頁は、施設送致申請事件で身柄付き補導委託を経て第1種少年院送致とするなどしている。

しかし、筆者なりに考えると、上記のような警告を受けても遵守事項不遵守状態が改善せず、その程度が重いと認められているわけであるから、試験観察を行うに当たっては、その実施可能な条件が備わっているかを見極める必要があろう。

(4)　判断

ア　判断構造

(2)記載の①及び②の該当事由があり、③「その保護処分によっては本人の改善及び更生を図ることができないと認めるとき」に、24条1項2号・3号の保護処分をすべき義務を負うことになる（26条の4第1項）。保護観察が上手く行かなかったのであるから、上記保護処分から24条1項1号が除外されているのは当然のことといえる。

イ　主文等

主文例としては、児童自立支援施設（児童養護施設）送致の場合は、既に紹介した「少年を児童自立支援施設（児童養護施設）に送致する。」と同じである。

少年院送致の場合も、既に紹介した「少年を第1種少年院に送致する。」と同じである。加えて、20歳以上の者も26条の4第2項で「本人」とされていて、収容期限を定めることも義務付けられていることからすれば、その場合には、「本人を第1種少年院に送致する。本人を第1種少年院に収容する期間を令和○○年○○月○○日までとする。」などといったことが想定される。

申請が認められない場合については格別の定めはないが、「本件申請を棄却する。」などといったものが想定される。

関連する裁判例としては、参考裁判例33（2）仙台家決平成24年10月18日家月65巻6号126頁【参考裁判例集354頁】は、保護観察中の少年に対

する施設送致申請事件について、中等少年院送致とするとともに、併合審理された保護事件については別件保護中として不処分とした。

　ウ　保護処分の競合の調整

　本申請が認められると、先行する保護観察処分が存在しているから、施設送致決定と競合することになる。そして、先行する保護観察処分は上手く行っていなかったのであるから、27条2項に則って手続を行い、当初の保護観察を取り消すのが原則型となろう。

(5)　特定保護観察処分少年の特例

　特定保護観察処分少年は、更生保護法68条の2に定義されていて、保護観察処分少年のうち、法64条1項2号の保護観察処分（＝2年の保護観察）に付されている少年である。6月の保護観察処分少年は対象とならないことは既に説明した。

　標題の特例としては、保護観察所長は、特定保護観察処分少年が、遵守事項を遵守せず、その程度が重いと認めるときは、その収容可能期間が満了しているときを除き、66条1項の収容決定を申請することができるとされている（更生保護法68条の2）。非特定少年の場合における上記警告の手続段階を介さないことに留意されるべきである。

　そして、保護観察所長は、上記申請をするために、当該特定保護観察処分少年に対し、出頭を命ずることができ（63条1項）、同条2項所定の事由該当性を認めると、裁判官があらかじめ発する引致状により引致することができる。

　そして、上記申請をするか否かに関する審理開始の必要性を認めると、当該特定保護観察処分少年を10日以内の期間、少年鑑別所等に留置できる（68条の3第1項、2項）。さらに、上記申請をしたときは、戻し収容に関して説明したのと同様の制度設計で、通じて最大20日を超えない期間留置できる（68条の3第3項）。また、「法17条1項2号の観護の措置がとられるまでの間」との同項の定めからしても、収容観護措置をとることも可能である。もっとも、観護措置の期間については、最大20日に及ぶ身柄拘束が先行して行われていることを前提とすれば、通じて4週間を超えられないとの考えで運用されるの

が相当といえよう。

　上記申請を受けた家庭裁判所は、遵守事項を遵守しなかったと認められる事由があり、その程度が重く、少年院において処遇を行わなければ本人の改善及び更生を図ることができないと認めるときは、64条2項によって定められた期間に達しているときを除き、少年院に収容する旨の決定をしなければならないとされている（66条、64条2項）。

　そして、同決定があると、更生保護法47条の2の決定（＝収容中の特定保護観察処分少年に対する退院許可決定）による釈放があるまでの間又は収容可能期間の満了までの間、当該特定保護観察処分少年の保護観察は停止される（68条の4第1項）。この停止された保護観察の期間は、上記釈放された時又は収容可能期間が満了した時からその進行を始める（68条の4第3項）。

5　保護処分取消事件（法27条の2）

(1)　概観

　27条の2第1項が定める要件は、①保護処分の継続中であること★162)、②審判権がなかったこと、③14歳に満たない少年について、都道府県知事・児童相談所長から送致の手続がなかったにもかかわらず保護処分をしたこと、④②③を認め得る明らかな資料を新たに発見したこと、である。

　同条2項が定める要件は、保護処分終了後に関するものであって、⑤本人が死亡していないこと、⑥審判に付すべき事由の存在が認められないにもかかわらず保護処分をしたこと、⑦⑥を認め得る明らかな資料を新たに発見したこと、である。

　少年法においては、保護処分の取消は、刑事における再審類似の機能を果たしている。そして、2項が定める⑥にはその趣旨が出ている。しかし、1項が定める②にはその趣旨が端的に表れているわけではない。それでも、再審類似の機能を果たすべく解釈されてきた経緯がある。

　その他の要件では、保護処分の終了に関しては、27条の2第2項が設けられた平成12年改正が施行された平成13年4月1日以降に終了する保護処分の

みが対象となる。

　その余の①③⑤については通常、特段の説明を要しないと思われるから、②・⑥、④・⑦について項を改めて補足して説明する。

　保護処分取消の該当裁判例には、例えば、参考裁判例 33（3）イ千葉家決平成 26 年 6 月 30 日判タ 1410 号 397 頁、判時 2258 号 128 頁【参考裁判例集 356 頁】がある。

　保護処分取消の対象に関しては、不開始・不処分決定も含めるかについては争いがあるが、消極に解される。

> 162）　最決昭和 59 年 9 月 18 日刑集 38 巻 9 号 2805 頁（井上廣道・判例解説（刑）同
> 　　　年度 374 頁）は、保護処分の取消は保護処分継続中に限られる旨判示している。
> 　　　ただし、初等少年院送致決定から 24 年余を経過した時期に取消の申立があった事
> 　　　案である。

（2）　審判権の不存在

「審判権がなかった」の意義については争いがあり、審判条件が欠けた場合であって、非行事実の不存在の場合は含まないとの形式的審判条件説もある。

　「審判権がなかった」との用語を素直に捉えればこの考え方が導かれよう。「形式的」といったネーミングにも、そのニュアンスが感じられる。しかし、少年法においても、再審に該当する事態の発生がおよそないとはいえず、他方、刑事の再審に類似する規定が他にないことからすれば、「審判権がなかった」に関して、審判の実体的な要件である非行事実・要保護性の存在が欠けている場合も取り込んで解釈しようとの思考が生じるのも自然なことである。

　非行事実不存在の場合も含むとする保護処分要件説[163]、非行事実・要保護性（要保護性も含ませるかについては争いがある）の不存在の場合も含むとする保護権説[164] が有力とされているのも、了解できるところである。

　しかし、審判権そのものの性格付けをした上で、「審判権がなかった」の意義を明確にしようとの思考枠組をとっている、これらの考えによらなくても、終局決定は非行事実・要保護性の存在を前提として行われるわけであるから、

この両者が欠けていることも「審判権がなかった」に含まれると解することは可能なように解される。そして、非行事実が認定されながら、およそ要保護性がないということは想定し難いから、「審判権がなかった」に取り込む実体要件としては「非行事実の不存在」に限定して解するのが相当といえよう。

また、非行事実の一部の不存在については、当該不存在を前提としても当該保護処分に処せられることもあり得るから、当該不存在によって当該保護処分が維持できない、といった場合に限って、適法な申立として認められるべきであろう。

関係判例である最決昭和58年9月5日刑集37巻7号901頁（以下「昭和58年最決」という。木谷明・判例解説（刑）同年度218頁、百選90頁）は、殺人事件（柏の少女殺し事件）で初等少年院送致とされた少年の保護処分取消事件において、それまでのほぼ確立されていた実務の取扱とする、「審判権がなかった」ことに非行事実の不存在が含まれることを肯定した★165)。

また、参考裁判例33（3）ア最決平成23年12月19日刑集65巻9号1661頁、家月64巻5号109頁【参考裁判例集355頁】は、「法27条の2第2項の『審判に付すべき事由』とは、保護処分決定で認定された非行事実と同一の事実性があり、構成要件的評価が変わらない事実をも含むものと解するのが相当である」とし、保護処分決定で認定された日と異なる日に同一内容の非行事実が認められ、「両事実が両立しない関係にあって基本的事実関係において同一であり、事実の同一性が認められる場合には、審判に付すべき事由は存在したということができ」るとし、27条の2第2項「により保護処分を取り消さなければならないときには当たらない」とした。

163) 審判権を家庭裁判所が保護処分を有効に課し得る権限とし、「審判権がなかった」には、保護処分不可の実体的要件（3条1項の審判に付すべき事由）である非行事実の不存在の場合を含むとする。
164) 審判権を家庭裁判所の実体法上の保護権（実体法規範に基づいて発生する保護処分に付することのできる国家の具体的権利）とし、「審判権がなかった」には、実体法上の保護権のなかった場合であって、非行事実の不存在・要保護性を欠く

場合（この点を消極に解する説もある）を含むとする。

165）　同事件では、抗告審決定が取り消されて差し戻されたが、受差戻審（2度目の
　　　抗告審）は、確定審決定を取り消さないこととした1審決定を維持して抗告を棄
　　　却し、2度目の再抗告も棄却された（最決昭和60年4月23日裁判集刑事239号
　　　293頁）。そのため、結果的には、当該事案としては「審判権」はあったことにな
　　　る。
　　　　以上につき木谷・前掲247頁、拙著②42頁。その後の少年側からの再度の保護
　　　処分取消申立に関しても紹介するものに、安廣文夫・判例解説（刑）昭和60年度
　　　81頁、特に101頁注(8)参照。

（3）　資料等

「明らかな資料」については、保護処分決定をした際の資料の証明力を覆す
に足りる程度の資料といった理解が一般的である。しかし、積極的に認定事実
を否定するまでの必要はなく、認定事実の認定に合理的な疑いを生じさせる程
度であれば足りるものと解される。

「新たに発見した」については、保護処分決定時には認知できなかった資料
を同決定後に発見した場合といった理解が一般的である。

（4）　手続

ア　事件の係属

非行事実不存在を理由とする場合には、本人及びその法定代理人に申立権が
認められるとの前提で、実務は処理されている。

それ以外を理由とする場合には、27条の2第3項に基づいて保護観察所長
等から通知があった場合や、少年側から申立があった場合でも、いずれも、家
庭裁判所の職権発動を促すものに過ぎないのであって、立件命令があって初め
て事件として係属することになる。

なお、この事件について保護処分を取り消さない旨の決定がされても、昭和
58年最決の射程外として、抗告の対象とはならないものと解されている。

イ　保護事件の手続に準拠

本条6項に「その性質に反しない限り、保護事件の例による」とされてい
る。しかし、保護事件とは手続が異なる面もあるから、必要な範囲で説明す

る。

　審判の手続を経ることは可能で、本人が18歳に達している場合には、事実上の保護者の概念を活用しての対処もあろう。付添人の選任も可能と解されている。

　所定の要件を満たした場合には、検察官も審判に関与できる。

　調査命令に関しては、非行事実不存在を理由とする場合には、非行事実の存否が調査の対象となるから、その調査を家庭裁判所調査官に行わせるのは相当ではない。

　ウ　終局決定

　判断の基準時は、確定している保護処分決定時と解されている。

　a　保護処分が取り消される場合

　主文例としては、対象者が成人の場合もあるし、確定保護処分を取り消す場合には、対象決定を特定する必要があるから、「少年（本人）に対する令和◎◎年少第◎◎号◎◎保護事件について当裁判所が令和◎◎年◎◎月◎◎日にした◎◎少年院送致決定は、これを取り消す。」などといったものが想定される。そして、理由も記載しなければならない（規則2条4項2号、5項3号）。

　なお、ⅰ非行事実が不存在の場合には、主文で、原事件に対して例えば不処分決定をする、といったことも併せて行うことが想定される。しかし、この点については争いがあり、保護処分取消制度が保護処分の将来に向けての取消制度であるとの理解★166) が前提となっているためか、上記の不処分決定は不要との見解もある（上記参考裁判例33（3）イの説明【参考裁判例集355頁】参照）。後記の法27条の2第4項、5項が設けられているのに、原事件に対する判断を要するか否かについては特段の規定が設けられていないことは、刑訴法426条2項の規定振りと対比しても、上記不要説の根拠となるのかも知れない。

　他方、ⅱ年齢超過、ⅲ14歳に満たない少年について、都道府県知事・児童相談所長から送致の手続がなかったにもかかわらず保護処分をしたこと、を各理由として、確定保護処分を取り消す場合には、取り消しただけでは本来手続されるべき機関に当該事件が係属することにはならない。そのために、主文

で、併せて、ⅱの場合には「上記事件を◎◎地方検察庁の検察官に送致する。」
（既に説明した検察官送致決定の主文と同様）、ⅲの場合には「上記事件を◎◎児
童相談所長に送致する。」（既に説明した児童相談所長送致決定の主文と同様）、な
どといった事項を記載する必要がある（以上につき法 27 条の 2 第 4 項、18 条 1
項、19 条 2 項）。

166) 昭和 58 年最決にも「処分の基礎とされた非行事実の不存在が明らかにされた少
年を将来に向かって保護処分から開放する手続」といった説示がある。

b 保護処分取消決定の効力

保護処分が取り消されるから、少年（本人）は、保護処分から解放される★167)。

他方、保護処分決定が取り消されるから、46 条 1 項が定める一事不再理類
似の効力もなくなる（同条 3 項本文）。しかし、検察官関与決定がされていて、
「審判に付すべき事由の存在が認められないこと」を理由として保護処分が取
り消された場合には、一事不再理類似の効力は存続する（同項ただし書）。刑事
における無罪判決に準じて考えることができるからであろう。

この点はかねてから立法の不備が指摘されていたが、立法が部分的に応えた
形となっている。しかし、検察官関与決定がされていない事件で、同じく、
「審判に付すべき事由の存在が認められないこと」を理由として保護処分が取
り消された場合に、一事不再理類似の効力は存続するかについては、争いが
残っている。もっとも、非行事実の存在が認められないとされたのに、その
後、同一事件について公訴の提起がされるといったことは、通常は想定し難い
から、実務的には大きな問題とはならないであろう。

167) 付随処分である没取決定も将来に向かって取り消されるから、執行未了の場合
には、対象物は還付されることになろう。

c 保護処分が取り消されない場合

この点に関しても特段の規定はない。しかし、非行事実の不存在を理由とす
るものに対しては、判断を示すべきであるから、申立が不適法・その理由が認

められない、といった趣旨を明示すべく、主文例としては「本件申立を却下
（棄却）する。」などといったものが想定される。

　そして、この場合には、昭和58年最決が抗告を可能としているから、抗告
権を告知するのが望ましい。

　その他の事由を理由とする場合には、判断を示す義務はないが、示した方が
良いと解される。しかし、申立に対する判断といった直接的な形とならないか
ら、「当裁判所は、令和◯◯年◯◯月◯◯日にした少年（本人）を◯◯少年院
に送致する旨の保護処分は取り消さない。」などといったものが想定される。

　エ　収容一時継続決定

　保護処分を取り消して逆送決定をする場合には、身柄の拘束を継続して行う
必要のあるときがある。そういったことに備えて、27条の2第5項は、少年
院に収容中の者に対して、3日を限度とした収容一時継続決定を行うことがで
きる旨を定めている★168)。

　もっとも、少年院に収容中の特定少年に関しては、成人であるから、取り消
される保護処分が64条1項2号（＝2年の保護観察）や3号（＝少年院送致）
の保護処分である場合には、27条の2第5項は適用されない（65条3項）。

---

168)　この規定は、保護者等に身柄を引き渡すためにも行えると解されているが、そ
　　　ういった運用は控えるべきであろう。

　オ　裁判の告知

　規則3条4項に基づいて「相当と認める方法」で告知される。しかし、審判
を開始した事件では、原則として、少年（本人）の面前で告知すべきである。

第20章　抗告・再抗告

┌─学修のポイント─────────────────────
│　・　少年事件における不服申立制度の意義と内容を的確に理解すること
│　・　既に学んだ1審の内容を抗告の理解を通じてブラッシュアップするこ
│　　と
└──────────────────────────────

1　概観

(1)　抗告制度の構造

　旧少年法には上訴の定めがなく、抗告は、現行法において新設された制度である。しかし、この点の説明は、旧少年法との対比の箇所で既にしているから省略する。

(2)　抗告申立期間

　抗告申立期間は2週間である（法32条）。再抗告も同じである（35条1項）。これらは刑事における上訴期間と同じである（刑訴法373条、414条）。名称は「抗告」であるが、提起期間が3日とされている即時抗告（422条）、5日とされる特別抗告（433条2項）とは類型の異なる不服申立制度であるといえる。

　そして、2週間の期間の計算に関しては、55条1項、3項によることになる。

　なお、保護処分決定が言い渡された審判期日に保護者が出席しなかった場合の抗告申立期間については、争いがある。しかし、保護者は、同期日に出頭した少年に関する抗告申立の期間内で抗告を申し立てることができるだけで、独自の抗告申立期間があることにはならないものと解される。

(3)　抗告の実情

　平成23年から令和2年までの間では、抗告人員は、平成24年の869人から

令和2年の384人へと大きく減少しているが、抗告比率としては、2.8％から3.4％の間で推移していて、減少傾向は見られない（曹時74巻1号175頁第27表参照）。そのため、抗告人員の減少は主に事件数の減少によるものであって、抗告を活用するという比率自体には大きな変動がないといえよう。

抗告審における取消率は低いが、それは、1審が少年事件の専門裁判所である家庭裁判所であってみれば、自然な側面があるといえよう。

2　抗告の理由等

(1)　概観

抗告の理由は、①決定に影響を及ぼす法令の違反、②重大な事実の誤認、③処分の著しい不当、の3つに限定されている。この点は、刑事において控訴理由が刑訴法377条以下に様々に定められているのとは異なる。しかし、①が、刑事の絶対的控訴理由である377条、378条に加えて主要な相対的控訴理由である訴訟手続の法令違反（379条）・法令適用の誤り（380条）と、②が主要な相対的控訴理由である事実誤認（382条）と、③が主要な相対的控訴理由である量刑不当（381条）と、それぞれ対応するものと解されるから、実質的には大きな違いはないといえよう。

(2)　法令違反

審判に関する手続法・実体法の双方を含んだ法令の違反、すなわち、377条〜380条に該当する違反を対象としているものと解される。

ア　「決定に影響を及ぼす」の「決定」の意義について

主文のみか、理由も含まれるか、に関して争いがある。

そこで検討すると、ⅰ抗告審は、刑事と異なり自判ができないこと（法33条2項）、ⅱ通常は原決定の執行は停止されていない（34条）から、少年は既に保護処分の執行を受け始めていること、といった刑事とは異なる少年抗告事件の特徴を考慮すると、主文に影響を及ぼさない法令違反については、たとえその違反が重大であったとしても、当該違反の指摘に止め、「決定に影響を及ぼす」ものとは解さないことにも、合理性があるように解される。

刑事と対比して補足する。刑事事件の場合には、身柄事件であれば、破棄されることによって未決勾留日数は法定通算されるし（刑訴法495条2項2号）、受差戻審では、刑が軽くなることもあろう。しかし、少年事件の場合には、法定通算は問題とならないし、主文が変わらなければ同じ主文が言い渡されるだけである上、原決定に存在した瑕疵は既に抗告審において指摘されているから、その是正による実益も限られたものといえよう。

以上からしても、理由を含める必要性に乏しいものと解される。

イ 「影響を及ぼす」の判断視座について

影響を定型的、抽象的に判断するのか、具体的に判断するのか、に関して争いがある。しかし、この点も、上記の少年抗告事件の特徴を考慮すると、具体的な影響が認められない限りは、「決定に影響を及ぼす」ものとは解さないことにも、合理性があるといえよう。

(3) 事実誤認

非行事実に関する事実の誤認が該当することには争いがない。要保護性に関する事実の誤認も含まれるかについては争いがある。しかし、検察官の抗告受理申立の理由からは除外されるであろうことも考え合わせると、要保護性に関する争いは処分の著しい不当についての主張として纏めた方が明確であるから、要保護性に関する事実の誤認は含まれないものと解される。

「重大性」については、主文に影響のある場合と解するのが通説とされている。

事実誤認そのものに関しては、刑事事件での検討の蓄積が参考となる（筆者の検討は、拙著③「実践的刑事事実認定と情況証拠」第4版（立花書房）等参照）。

(4) 処分の著しい不当

ア 処分の著しい不当の意義等

要保護性に関する事実誤認も含めて検討すべきこととなることは、既に説明した。そして、そういった誤認も是正した上で、原処分の相当性が判断されることになる。

少年に対してされる保護処分は、家庭裁判所の裁量に基づいて行われるか

ら、ある程度の幅があることは自然なことである。そのため、抗告理由が処分の「不当」ではなく「著しい不当」とされていることには合理性があると考えている（拙著②77頁以下参照）。

では、「著しい不当」とは何かと考えると、保護処分決定が家庭裁判所裁判官に委ねられた合理的な裁量の範囲を著しく逸脱した場合をいうものと解される。このことを具体的に考えると、連続的に存在する保護処分の中から選択するのではなく、保護処分が限定されている少年法の下では、筆者は、上記拙著②で述べているように、他の処分相当型と審理不尽型との2類型が処分の著しい不当の具体的な内容であると考えている。

ここで、少年法において保護処分が限定されていることを令和3年の法改正を踏まえて補足する。18歳未満の少年に関しては、保護処分は法24条1項所定の、保護観察、児童自立支援施設（児童養護施設）送致、少年院送致の3類型に限定されている。

特定少年に関しては、64条1項所定の、6月の保護観察、2年の保護観察、少年院送致の3類型に限定されている。

このように、非特定少年の処分は限定されているが、特定少年はより限定されている。すなわち、年齢の関係で処分選択の対象とならない児童自立支援施設（児童養護施設）送致が除外されているのを措いても、保護観察が2種類に分かれ、しかも罰金以下の刑に当たる罪の事件については、6月の保護観察のみが選択可能となっている。

以上からしても、①少年に対する処分選択は、上記のように、連続的に存在する保護処分の中から選択するといった形態とは全く異なること、②処分の著しい不当もそういった処分選択の特性を踏まえて検討すべきことが理解されよう。

そして、令和3年の法改正で特定少年に対する保護処分の有り様が大きく変化したので、抗告審の運用がどのようになっていくのか注目していく必要がある。

　イ　不・処遇勧告と処分の著しい不当との関係

290

　処分自体ではない、短期処遇勧告が付されていないことを処分の著しい不当の主張とすることの適否については、争いがある。しかし、処遇勧告は執行機関を法的に拘束するものではなく、保護処分の主文そのものを争うことにはならないから、不適法と解される。

　そうはいっても、従う勧告の場合にはその処遇勧告によって、実質上、当該少年に対する処分分類がされるから、少年側としては、上記のような主張をするのも自然なことである。そのため、抗告審においても、同主張がされていれば、短期処遇勧告が付されていないことの当否についても実質上判断を示し、短期処遇勧告を付するのが相当な事案では、抗告は棄却しつつ理由中で短期処遇勧告をし、さらに、別途処遇勧告書を作成する事例もある★169)。

　　169)　拙著②138頁以下参照。筆者は、この種の抗告審決定を「隠れ取消決定」と称している（拙著②140頁参照）。

(5)　抗告の利益

　検察官は、公益の代表者だから、少年の利益のための上訴も可能である。そのため、例えば、検察官関与事件で、保護処分決定後に少年が身代わり犯人であると分かった場合には、非行なしを理由とする抗告受理の申立が可能であると解される。

　他方、少年側は、自己に不利益な理由を根拠として抗告の申立をすることはできないと解されている。この点で問題となるのは、①少年院送致処分を受けた少年が刑事処分を前提とする検察官送致を求めて抗告する場合である。一見すると明らかに不利益な主張のように思える。ところが、前科のない少年であれば、検察官送致されて仮に起訴されても、非行事実によっては罰金又は自由刑であっても執行猶予が見込まれ、前科があることになるとはいえ、施設収容されることにはならない点で利益があると考えるのである。

　この点については争いがあるが、刑事処分は保護処分と比較して、一般的、類型的に見て、不利益であるとして不適法な主張と解するのが通説とされている。**参考裁判例30 最判平成9年9月18日刑集51巻8号571頁【参考裁**

判例集 351 頁】は、差戻前 1 審が保護処分とした事件の受差戻 1 審が逆送決定をした判断に関連した判断ではあるが、刑事処分の一般的、類型的不利益性を肯定しているから、通説と同様の結論になるものと解される。

　②保護観察決定に対して少年院送致を求めて抗告する場合には、争いがある。該当事例としては、例えば、少年が施設収容されて反省を深めたいといった場合もあれば、保護者が少年を受け入れ難いところから、施設収容を求める場合もあり得る。

　筆者は、保護処分の内容に照らせば、不利益主張と解するのが相当であると考えるから、上記例示の場合でも、いずれも抗告自体は不適法処理されるべきと考える。

　例えば、東京高決平成 28 年 1 月 27 日家庭の法と裁判 9 号 123 頁（確定）は、ぐ犯、窃盗保護事件で少年を付保護観察とした原決定に対し、少年の父及び母が児童自立支援施設送致又は少年院送致決定を求めてした各抗告について、少年にとって不利益な処分を求める抗告の申立として不適法として抗告を棄却している（なお書で、原決定の相当性も判断している）。

　もっとも、主張の内容を踏まえて実質的な判断を示すことも、実務的には意義のある場合もあり得る（上記「なお書」の判断もそういったものとしての理解が可能である）。例えば、東京高決平成 29 年 7 月 13 日家庭の法と裁判 16 号 129 頁は、抗告申立書が少年（＝原審審判の後《＝公刊物では具体的な日数は示されていない》には成人になる年齢）作成名義であったためか、「少年は、検察官送致決定を受け、成人として刑事処分を受けたいとの主張をしているようにも解される」とした上で、「検察官送致決定は保護処分である少年院送致決定よりも、少年にとって一般的、類型的に不利益な処分である」とするだけで、不適法な主張とまでは説示しないで、事案を踏まえて「少年に対する処遇選択としては保護処分こそ相当な処分である」と実質的な判断を示している。抗告審の段階では既に 20 歳に達していた少年（＝少年は平成 9 年 6 月生まれである）の抗告であってみれば、「保護処分こそ」といった形で、保護処分選択の相当性を強く指摘したかったのかも知れない。

また、上記のような主張がされる事件の中には、少年、保護者等の心情が的確に調査・考慮されていない、などといったことが原決定に対する不満の原因となっている場合のように、1審での調査や審判の有り様が実質上問われていて、1審の審理の充実が望まれる事案もあろう。

(6)　抗告申立の理由の記載

刑事控訴審とは制度設計が異なるので、説明する。控訴の場合には、控訴申立書とは別に、別途定められた期日内に控訴趣意書を提出する手続構造になっている（刑訴法374条、376条）。

他方、抗告の場合には、原裁判所に提出する抗告申立書に抗告の趣意も記載することとされている（規則43条1項、2項）。そして、抗告の趣意は、抗告審の審査の対象となるから、主張の根拠を具体的に明示する必要があり、法令違反などといった抽象的な記載で足りない。また、抗告の趣意を追完する場合にも、抗告期間中に行う必要があるから、いずれも留意されるべきである。

抗告を申し立てる側からすれば、抗告の理由をじっくりと検討して提出する余裕に乏しいことになる。しかし、既に説明したように、執行停止がされていない前提では、原裁判が執行されているから、抗告審は迅速処理が要請されており、そのことを前提とした上記のような制度設計と理解されるべきである。

3　抗告権者

(1)　少年（法32条）

裁判の対象者であるから当然である。そして、20歳に切迫した年齢の少年の場合には、保護処分の言渡しを受けた後に、抗告申立期間中に20歳となって本法の少年（2条1項）に該当しなくなる場合もあり得るが、その故に抗告権者でなくなるわけではない。

(2)　法定代理人

ア　概観

ここにいう法定代理人には、親権者（民法818条）、未成年後見人（838条）、親権代行者（833条、867条）、児童福祉施設の長（児童福祉法47条）等がある。

　共同親権の場合でも、抗告権については、共同して行使することは勿論差し支えないが、親権者同士の関係性も様々であるから、各別に行使することも可能と解するのが、実務的には適切といえよう。

　他方、抗告申立期間中に少年が18歳に達すると成人となる（民法4条★170)）から、法定代理人の地位が失われ、抗告申立権も失われる★171)。

　また、事実上の保護者にも抗告権はないと解されている。

　170)　婚姻適齢も男女ともに18歳とされた（731条）から、成人年齢と婚姻適齢との間のこれまでの差異は解消された。

　171)　実務的な過誤発生の危険性に関連して付言する。こういった権限の変化については、法的な知識が十分でないと、不適法な抗告を看過してしまう過誤が生じるおそれがある。例えば、少年としては、親権者であった父が抗告したから、それで適法に抗告ができたと思っていたら、当該抗告の時点では自分が18歳に達していて、父は親権者ではなくなっていた、といった場合である。

　　　この点に関しては、原審付添人には抗告権が認められていることと対比し、父も原審では親権者であったわけであるから、例えば、抗告自体は不適法としながらも、抗告の趣旨に対する実質的な判断も併せて示すなど、瑕疵の治癒的な発想が必要となる場面があり得るのではないかと考えている。

イ　法定代理人の抗告権の根拠

　法定代理人の抗告権の根拠については、法定代理人としての固有権なのか、少年が有する固有の抗告申立権を代理行使する独立代理権なのか、両者を併有するのかといった争いがある。

　法定代理人がした抗告に対する、少年による取下げを認めないのが一般的な見解であるから、こういった見解は固有権説に近いといえよう。

　また、抗告の申立と少年の意思との関係でも固有権説的な考えが有力である。すなわち、付添人は「選任者である保護者の明示した意思に反して、抗告をすることができない」とされている（法32条ただし書）から、その反対解釈として、法定代理人は少年の意思に反しても抗告権を行使できると解されている。

　そして、この規定に対する筆者の懸念も現在では縮小している。すなわち、

筆者は、本人の意思に反する形で抗告審の審理が行われることが少年の更生に真に資するものであるかは、別個の問題であり、年少少年はともかく、年長少年の場合には慎重な考慮が必要なように考えていた。しかし、令和3年の法改正で設けられた特定少年は成人であって、親権者は存在しないから、親権者に選任された付添人も存在せず、その結果、上記規定が定める事態発生の範囲が狭められているからである。

(3)　付添人

付添人の抗告権の根拠については、包括代理権と解されていて、上記のとおり、選任権者である保護者の明示の意思に反して抗告をすることはできない。そして、この反対解釈として、少年の意思に反しても抗告をすることができると解されている。

そして、保護処分決定後に選任された付添人も、少年の抗告申立を代理して抗告申立を行うことは可能と解される★172)。

> 172)　刑事において原判決後に選任された弁護人の控訴申立の適否については、判例に変遷があった。そして、最終的に最大決昭和63年2月17日刑集42巻2号299頁（安廣文夫・判例解説（刑）同年度95頁）は、上記弁護人は、その選任者が上訴権を有しない場合であっても、被告人を代理して上訴申立をすることができるとした。筆者は、この判例の趣旨は付添人にも及んでいくものと解している。

4　対象裁判

(1)　保護処分決定、準少年保護事件

法32条に「保護処分の決定」とあるから、保護処分決定が対象であることは明らかである。問題は、それ以外の裁判も抗告の対象となるかということである。同条の上記文言を反対解釈すれば全て否定されることになるが、そう単純な結論とはされておらず、事柄の実質が考慮されている。まず、準少年保護事件について可能であることは、これまで説明してきているので、ここでの説明は省略する。

なお、異議との関係では、観護措置決定等に対する異議審の決定に対して

は、特別抗告が認められている（17条の3、35条1項、17条の2第3項、1項）。

　(2)　判例による振り分け

　ア　不開始・不処分決定

　この点については、判例は、不処分決定に関して抗告の対象外としているから、不開始決定に対しても同様であろうと解される。すなわち、最決昭和60年5月14日刑集39巻4号205頁（安廣文夫・判例解説（刑）同年度81頁）は、非行事実を明示した不処分決定に対してであっても、抗告をすることはできないとした。

　なお、抗告受理申立に関しては該当箇所の説明参照。

　イ　強制的措置許可決定

　この点に関しては、参考裁判例26最決昭和40年6月21日刑集19巻4号449頁、家月17巻7号139頁【参考裁判例集346頁】が消極的判断を示していることは既に説明した。

　(3)　決定の性質から対象外とされるもの

　①知事・児童相談所長送致、②刑事処分相当の検察官送致決定、③試験観察決定等の中間決定、④没取決定（24条の2）、被害者還付決定（15条2項、刑訴法347条）、費用徴収命令（法31条1項）、環境調整命令（24条2項）等の終局決定に付随する決定については、抗告の対象とはならないと解されている。

　次に問題になるのは、保護処分決定と同時にされる付随処分に対して、保護処分決定に対する抗告の申立の効力が及ぶかである。この点については争いがあり、主として没取決定に関して論じられている。付随処分であるから保護処分決定が取り消されると、独自に存続すべき根拠はないから、いずれにしても、効力を失うことになる。それでも、手続の明確性からしても、抗告の申立の効力が及んでいくものと解するのが相当である。

　ちなみに、刑事においても、訴訟費用の負担の裁判に対しては、本案の裁判について上訴があったときに限り、不服を申し立てることができるとされている（刑訴法185条後段）。

5 抗告受理の申立（法32条の4）

(1) 概観

検察官関与した検察官との関係では、抗告権者とはせず、抗告受理の申立という手続が設けられ（同条）、その申立に対して受理決定があると「抗告があったものとみな」される（同条6項前段）との制度設計になっているのは、審判の協力者として検察官が関与するとの審判構造に即したものといえよう。

①対象裁判は、保護処分に付さない決定（＝不処分決定）又は保護処分決定★173)である（同条1項）。また、検察官が関与した、保護処分取消事件における保護処分取消決定及び保護処分を取り消さない決定である。

なお、一部の非行事実を認定せず、他の非行事実によって保護処分とした場合に、非行事実を認定していないことについて、主文でそのことを明示せず、理由中でその旨の判断を示す運用は、主文に明示する運用に改められるべきである（拙著②279頁参照。抗告受理申立の事例等については、拙著②253頁等参照）。

②申立の理由は、非行事実の認定に関し、「決定に影響を及ぼす法令の違反又は重大な事実誤認」である（32条の4第1項）。処分の著しい不当を理由とすることができないのは、検察官関与が非行事実認定のための審判手続に限定されていること（22条の2第1項）に対応したものといえる。

③申立期間は、2週間であって（32条の4第1項）、抗告と変わりはない。

④高等裁判所における審査の期間は、申立書の送付を受けた日から2週間以内に限られている（同条5項）。そのため、記録が大部の事件では執務の負担も軽視できない。

173) 抗告受理申立の対象裁判であるから、送致された非行事実がそのまま認定されているわけではない。もしそうなら、検察官としては申立の理由は処分の著しい不当になりそうであるが、そのことを理由に申立ができないことは、後に説明するとおりだからである。

　そうであるから、例えば、殺人の送致事実を重過失致死と認定して保護処分とされているが、送致事実が認定されれば他の保護処分となる可能性がある、いわ

ゆる認定落ちの事件が該当事例に当たる。

6 抗告の取下げ

申し立てた抗告を取り下げられるかについては、法文の根拠はなく、争いはあるが、肯定説が相当である。

もっとも、法定代理人又は付添人がした抗告を少年が取り下げることはできないと解されている★174)。

また、法定代理人又は付添人がした抗告を取り下げることについて、少年の同意を要するかに関しては、刑訴法360条に相当する規定もなく、争いがある。少年としては、当該抗告の申立があるから自らは抗告の申立をせずに抗告審の審査を受けたいと思っていた、などといったこともあり得るから、積極に解するのが相当である。

174) この点は少年の意思に反する抗告の申立を可能とすることの裏腹の関係にある。いずれにしても、少年の意思に反して抗告審の手続が続いていくことには慎重な配慮を要しよう。

7 抗告審の裁判とその裁判に伴う確定の時期

(1) 抗告審の裁判

抗告審は、事後審構造によって審査・審判がされるものと解される。そして、既に述べたように自判はできないから、原決定を取り消した場合には、差戻又は移送の決定をすることになる。

そして、同決定が後記の時期に確定し、少年が施設に収容されていると、当該施設の長に対し、受差戻・受移送家庭裁判所に当該少年を移送すべきことを命じなければならない（規則51条1項）。

(2) 確定の時期

抗告審決定の確定の時期については、一見すると分かりにくい面がある。そ

れでも、再抗告ができるのは少年側だけであって、再抗告受理の申立といった
制度はないから、検察官から抗告審決定を争う余地はないことを前提とする
と、理解しやすいと思われる。

ア　少年側からの抗告申立事件

①抗告棄却決定の場合には、少年側は再抗告できるから、2週間の再抗告申
立期間の経過によって確定する。

②原決定取消決定は、少年側も再抗告できないから、少年への告知によって
即時に確定する。

イ　抗告受理の申立が認容された抗告事件（少年側からの抗告はない前提）

③抗告棄却決定の場合には、少年側は再抗告できないから、検察官への告知
によって即時に確定する。

④原決定取消決定は、少年側は再抗告できるから、再抗告申立期間の経過に
よって確定する。

なお、既に説明した利益抗告となる抗告受理申立が認容された場合について
別異に解する考えもある。しかし、少年側は1審決定に対して不服申立をして
いないから、検察官の申立の理由に立ち入って、確定の時期に関する取扱を分
けるのは相当とは解されない。

8　再抗告

再抗告については、法35条2項によって抗告に関する規定が準用される（同
項、規則54条）から、再抗告の理由についてだけ説明する。

再抗告の理由は、①憲法違反、②判例違反であって（法35条1項）、刑事の
上告理由（刑訴法405条）に対応するものである。

9　受差戻・受移送家庭裁判所の手続

(1)　収容監護について

参考裁判例9最決平成5年11月24日刑集47巻9号217頁、家月46巻
2号180頁【参考裁判例集328頁】は、受差戻審においては、収容観護をと

れるものと解していて、その期間についても、先にとられた観護措置の残りの
収容期間に限られないとした。

（2）　受差戻審の判断について

裁判所法 4 条に基づく上訴審裁判所の判断の拘束力を受けるが、新たな事実
取調その他の事情変更によってその拘束力を受けないことが出てくるから、具
体的事案に応じた判断が必要となる。

そして、参考裁判例 30 最判平成 9 年 9 月 18 日刑集 51 巻 8 号 571 頁【参
考裁判例集 351 頁】（調布駅前傷害事件）は、既に説明したように、保護処分
に対する抗告事件が取消し・差し戻された後に逆送決定をすることができるか
について消極の判断を示しているから、そういった決定をすることは実務上は
できない。

（3）　少年の年齢の変化と裁判

第 1 次保護処分決定後に 20 歳に達している者も出てくる。そういった場合
には★175)、元犯罪少年の場合には、法 19 条 2 項に基づいて検察官送致決定を
すべきである。

ぐ犯少年・触法少年（非行時は 14 歳未満であるから、該当者は極めて限られよ
う）の場合には、審判不開始決定をすることになる。

特定少年となっている場合には、上記以外でも、特定少年の特例に応じた判
断が必要となる。しかし、62 条 2 項、63 条はいずれも犯行時の年齢を前提と
した定めなので、第 1 次保護処分決定後に少年が特定少年となったことで影響
されることはない。

62 条 1 項は裁判時特定少年であることを前提とした定めなので、問題とな
る。この規定をそのまま適用すると、保護処分に対して抗告した少年がその後
特定少年となった場合には、逆送が基本となって、既に紹介した最判平成 9
年 9 月 18 日刑集 51 巻 8 号 571 頁【参考裁判例集 351 頁】（調布駅前傷害事
件）との関係が問題となろう。少年の抗告への意欲を削がない意味からも、保
護処分による対応を原則とすべきであろう。

64 条も裁判時特定少年であることを前提とした定めであるが、本条を適用

することに支障はないものと解される。

175)　保護観察所長からの通告事件や準保護事件の場合には、成人に達した者に対しても、各制限の範囲内で審理が行われることになる。

資料編

広く正確な情報が
成長の基盤

旧少年法条文（大正 11 年法律第 42 号）

第一章　通則

第一条　本法ニ於テ少年ト称スルハ十八歳ニ満タサル者ヲ謂フ

第二条　少年ノ刑事処分ニ関スル事項ハ本法ニ定ムルモノノ外一般ノ例ニ依ル

第三条　本法ハ第七条、第八条、第十条乃至第十四条ノ規定ヲ除クノ外陸軍刑法第八条、第九条及海軍刑法第八条、第九条ニ掲ケタル者ニ之ヲ適用セス

第二章　保護処分

第四条　刑罰法令ニ触ルル行為ヲ為シ又ハ刑罰法令ニ触ルル行為ヲ為ス虞アル少年ニ対シテハ左ノ処分ヲ為スコトヲ得

　一　訓誡ヲ加フルコト

　二　学校長ノ訓誡ニ委スルコト

　三　書面ヲ以テ改心ノ誓約ヲ為サシムルコト

　四　条件ヲ附シテ保護者ニ引渡スコト

　五　寺院、教会、保護団体又ハ適当ナル者ニ委託スルコト

　六　少年保護司ノ観察ニ付スルコト

　七　感化院ニ送致スルコト

　八　矯正院ニ送致スルコト

　九　病院ニ送致又ハ委託スルコト

2　前項各号ノ処分ハ適宜併セテ之ヲ為スコトヲ得

第五条　前条第一項第五号乃至第九号ノ処分ハ二十三歳ニ至ル迄其ノ執行ヲ継続シ又ハ其ノ執行ノ継続中何時ニテモ之ヲ取消シ若ハ変更スルコトヲ得

第六条　少年ニシテ刑ノ執行猶予ノ言渡ヲ受ケ又ハ仮出獄ヲ許サレタル者ハ猶予又ハ仮出獄ノ期間内少年保護司ノ観察ニ付ス

資料編

2　前項ノ場合ニ於テ必要アルトキハ第四条第一項第四号、第五号、第七号乃至第九号ノ処分ヲ為スコトヲ得

3　前項ノ規定ニ依リ第四条第一項第七号又ハ第八号ノ処分ヲ為シタルトキハ其ノ執行ノ継続中少年保護司ノ観察ヲ停止ス

　　　第三章　刑事処分

第七条　罪ヲ犯ス時十六歳ニ満タサル者ニハ死刑及無期刑ヲ科セス死刑又ハ無期刑ヲ以テ処断スヘキトキハ十年以上十五年以下ニ於テ懲役又ハ禁錮ヲ科ス

2　刑法第七十三条、第七十五条又ハ第二百条ノ罪ヲ犯シタル者ニハ前項ノ規定ヲ適用セス

第八条　少年ニ対シ長期三年以上ノ有期ノ懲役又ハ禁錮ヲ以テ処断スヘキトキハ其ノ刑ノ範囲内ニ於テ短期ト長期トヲ定メ之ヲ言渡ス但シ短期五年ヲ超ユル刑ヲ以テ処断スヘキトキハ短期ヲ五年ニ短縮ス

2　前項ノ規定ニ依リ言渡スヘキ刑ノ短期ハ五年長期ハ十年ヲ超ユルコトヲ得ス

3　刑ノ執行猶予ノ言渡ヲ為スヘキ場合ニハ前二項ノ規定ヲ適用セス

第九条　懲役又ハ禁錮ノ言渡ヲ受ケタル少年ニ対シテハ特ニ設ケタル監獄又ハ監獄内ノ特ニ分界ヲ設ケタル場所ニ於テ其ノ刑ヲ執行ス

3　本人十八歳ニ達シタル後ト雖二十三歳ニ至ル迄ハ前項ノ規定ニ依リ執行ヲ継続スルコトヲ得

第十条　少年ニシテ懲役又ハ禁錮ノ言渡ヲ受ケタル者ニハ左ノ期間ヲ経過シタル後仮出獄ヲ許スコトヲ得

　一　無期刑ニ付テハ七年

　二　第七条第一項ノ規定ニ依リ言渡シタル刑ニ付テハ三年

　三　第八条第一項及第二項ノ規定ニ依リ言渡シタル刑ニ付テハ其ノ刑ノ短期ノ三分ノ一

第十一条　少年ニシテ無期刑ノ言渡ヲ受ケタル者仮出獄ヲ許サレタル後其ノ処分取消サルルコトナクシテ十年ヲ経過シタルトキハ刑ノ執行終リタルモノトス

2　少年ニシテ第七条第一項又ハ第八条第一項及第二項ノ規定ニ依リ刑ノ言渡ヲ受ケタル者仮出獄ヲ許サレタル後其ノ処分取消サルルコトナクシテ仮出獄前ニ刑ノ執行

ヲ為シタルト同一ノ期間ヲ経過シタルトキ亦前項ニ同シ

第十二条　少年ノ仮出獄ニ関スル規程ハ命令ヲ以テ之ヲ定ム

第十三条　少年ニ対シテハ労役場留置ノ言渡ヲ為サス

第十四条　少年ノ時犯シタル罪ニ因リ死刑又ハ無期刑ニ非サル刑ニ処セラレタル者ニシテ其ノ執行ヲ終ヘ又ハ執行免除ヲ受ケタルモノハ人ノ資格ニ関スル法令ノ適用ニ付テハ将来ニ向テ刑ノ言渡ヲ受ケサリシモノト看做ス

2　少年ノ時犯シタル罪ニ付刑ニ処セラレタル者ニシテ刑ノ執行猶予ノ言渡ヲ受ケタルモノハ其ノ猶予期間中刑ノ執行ヲ終ヘタルモノト看做シ前項ノ規定ヲ適用ス

3　前項ノ場合ニ於テ刑ノ執行猶予ノ言渡ヲ取消サレタルトキハ人ノ資格ニ関スル法令ノ適用ニ付テハ其ノ取消サレタル時刑ノ言渡アリタルモノト看做ス

第四章　少年審判所ノ組織

第十五条　少年ニ対シ保護処分ヲ為ス為少年審判所ヲ置ク

第十六条　少年審判所ノ設立、廃止及管轄ニ関スル規程ニ勅令ヲ以テ之ヲ定ム

第十七条　少年審判所ハ法務総裁ノ監督ニ属ス

2　法務総裁ハ控訴院長及地方裁判所長ニ少年審判所ノ監督ヲ命スルコトヲ得

第十八条　少年審判所ニ少年審判官、少年保護司及書記ヲ置ク

第十九条　少年審判官ハ単独ニテ審判ヲ為ス

第二十条　少年審判官ハ少年審判所ノ事務ヲ管理シ所部ノ職員ヲ監督ス

2　二人以上ノ少年審判官ヲ置キタル少年審判所ニ於テハ上席者前項ノ規定ニ依ル職務ヲ行フ

第二十一条　少年審判官ハ判事ヲシテ之ヲ兼ネシムルコトヲ得

2　判事タル資格ヲ有スル少年審判官ハ判事ヲ兼ヌルコトヲ得

第二十二条　少年審判官審判ノ公平ニ付嫌疑ヲ生スヘキ事由アリト思料スルトキハ職務ノ執行ヲ避クヘシ

第二十三条　少年保護司ハ少年審判官ヲ輔佐シテ審判ノ資料ヲ供シ観察事務ヲ掌ル

2　少年保護司ハ少年ノ保護又ハ教育ニ経験ヲ有スル者其ノ他適当ナル者ニ対シ法務総裁之ヲ嘱託スルコトヲ得

第二十四条　書記ハ上司ノ指揮ヲ承ケ審判ニ関スル書類ノ調製ヲ掌リ庶務ニ従事ス

第二十五条　少年審判所及少年保護司ハ其ノ職務ヲ行フニ付公務所又ハ公務員ニ対シ嘱託ヲ為シ其ノ他必要ナル補助ヲ求ムルコトヲ得

第五章　少年審判所ノ手続

第二十六条　大審院ノ特別権限ニ属スル罪ヲ犯シタル者ハ少年審判所ノ審判ニ付セス

第二十七条　左ニ記載シタル者ハ裁判所又ハ検察官ヨリ送致ヲ受ケタル場合ヲ除クノ外少年審判所ノ審判ニ付セス

一　死刑、無期又ハ短期三年以上ノ懲役若ハ禁錮ニ該ルヘキ罪ヲ犯シタル者

二　十六歳以上ニシテ罪ヲ犯シタル者

第二十八条　刑事手続ニ依リ審理中ノ者ハ少年審判所ノ審判ニ付セス

2　十四歳ニ満タサル者ハ地方長官ヨリ送致ヲ受ケタル場合ヲ除クノ外少年審判所ノ審判ニ付セス

第二十九条　少年審判所ニ於テ保護処分ヲ為スヘキ少年アルコトヲ認知シタル者ハ之ヲ少年審判所又ハ其ノ職員ニ通告スヘシ

第三十条　通告ヲ為スニハ其ノ事由ヲ開示シ成ルヘク本人及其ノ保護者ノ氏名、住所、年齢、職業、性行等ヲ申立テ且参考ト為ルヘキ資料ヲ差出スヘシ

2　通告ハ書面又ハ口頭ヲ以テ之ヲ為スコトヲ得口頭ノ通告アリタル場合ニ於テハ少年審判所ノ職員其ノ申立ヲ録取スヘシ

第三十一条　少年審判所審判ニ付スヘキ少年アリト思料シタルトキハ事件ノ関係及本人ノ性行、境遇、経歴、心身ノ状況、教育ノ程度等ヲ調査スヘシ

2　心身ノ状況ニ付テハ成ルヘク医師ヲシテ診察ヲ為サシムヘシ

第三十二条　少年審判所ハ少年保護司ニ命シテ必要ナル調査ヲ為サシムヘシ

第三十三条　少年審判所ハ事実ノ取調ヲ保護者ニ命シ又ハ之ヲ保護団体ニ委託スルコトヲ得

2　保護者及保護団体ハ参考ト為ルヘキ資料ヲ差出スコトヲ得

第三十四条　少年審判所ハ参考人ニ出頭ヲ命シ調査ノ為必要ナル事実ノ供述又ハ鑑定ヲ為サシムルコトヲ得

2　前項ノ場合ニ於テ必要ト認ムルトキハ供述又ハ鑑定ノ要領ヲ録取スヘシ

第三十五条　参考人ハ勅令ノ定ムル所ニ依リ費用ヲ請求スルコトヲ得

第三十六条　少年審判所ハ必要ニ依リ何時ニテモ少年保護司ヲシテ本人ヲ同行セシムルコトヲ得

第三十七条　少年審判所ハ事情ニ従ヒ本人ニ対シ仮ニ左ノ処分ヲ為スコトヲ得

　一　条件ヲ附シ又ハ附セスシテ保護者ニ預クルコト

　二　寺院、教会、保護団体又ハ適当ナル者ニ委託スルコト

　三　病院ニ委託スルコト

　四　少年保護司ノ観察ニ付スルコト

2　已ムコトヲ得サル場合ニ於テハ本人ヲ仮ニ感化院又ハ矯正院ニ委託スルコトヲ得

3　第一項第一号乃至第三号ノ処分アリタルトキハ本人ヲ少年保護司ノ観察ニ付ス

第三十八条　前条ノ処分ハ何時ニテモ之ヲ取消シ又ハ変更スルコトヲ得

第三十九条　前三条ノ場合ニ於テハ速ニ其ノ旨ヲ保護者ニ通知スヘシ

第四十条　少年審判所調査ノ結果ニ因リ審判ヲ開始スヘキモノト思料シタルトキハ審判期日ヲ定ムヘシ

第四十一条　審判ヲ開始セサル場合ニ於テハ第三十七条ノ処分ハ之ヲ取消スヘシ

2　第三十九条ノ規定ハ前項ノ場合ニ之ヲ準用ス

第四十二条　少年審判所審判ヲ開始スル場合ニ於テ必要アルトキハ本人ノ為附添人ヲ附スルコトヲ得

2　本人、保護者又ハ保護団体ハ少年審判所ノ許可ヲ受ケ附添人ヲ選任スルコトヲ得

3　附添人ハ弁護士、保護事業ニ従事スル者又ハ少年審判所ノ許可ヲ受ケタル者ヲ以テ之ニ充ツヘシ

第四十三条　審判期日ニハ少年審判官及書記出席スヘシ

2　少年保護司ハ審判期日ニ出席スルコトヲ得

3　審判期日ニハ本人、保護者及附添人ヲ呼出スヘシ但シ実益ナシト認ムルトキハ保護者ハ之ヲ呼出ササルコトヲ得

第四十四条　少年保護司、保護者及附添人ハ審判ノ席ニ於テ意見ヲ陳述スルコトヲ得

2　前項ノ場合ニ於テハ本人ヲ退席セシムヘシ但シ相当ノ事由アルトキハ本人ヲ在席セシムルコトヲ得

第四十五条　審判ハ之ヲ公行セス但シ少年審判所ハ本人ノ親族、保護事業ニ従事スル者其ノ他相当ト認ムル者ニ在席ヲ許スコトヲ得

資料編

第四十六条　少年審判所審理ヲ終ヘタルトキハ第四十七条乃至第五十四条ノ規定ニ依リ終結処分ヲ為スヘシ

第四十七条　刑事訴追ノ必要アリト認メタルトキハ事件ヲ管轄裁判所ニ対応スル検察庁ノ検察官ニ送致スヘシ

2　裁判所又ハ検察官ヨリ送致ヲ受ケタル事件ニ付新ナル事実ノ発見ニ因リ刑事訴追ノ必要アリト認メタルトキハ管轄裁判所ニ対応スル検察庁ノ検察官ノ意見ヲ聴キ前項ノ手続ヲ為スヘシ

3　前二項ノ規定ニ依ル処分ヲ為シタルトキハ其ノ旨ヲ本人及保護者ニ通知スヘシ

4　検察官ハ第一項又ハ第二項ノ規定ニ依リ送致ヲ受ケタル事件ニ付為シタル処分ヲ少年審判所ニ通知スヘシ

第四十八条　訓誡ヲ加フヘキモノト認メタルトキハ本人ニ対シ其ノ非行ヲ指摘シ将来遵守スヘキ事項ヲ諭告スヘシ

2　前項ノ場合ニ於テハ成ルヘク保護者及附添人ヲシテ立会ハシムヘシ

第四十九条　学校長ノ訓誡ニ委スヘキモノト認メタルトキハ学校長ニ対シ必要ナル事項ヲ指示シ本人ニ訓誡ヲ加フヘキ旨ヲ告知スヘシ

第五十条　改心ノ誓約ヲ為サシムヘキモノト認メタルトキハ本人ヲシテ誓約書ヲ差出サシムヘシ

2　前項ノ場合ニ於テハ成ルヘク保護者ヲシテ立会ハシメ且誓約書ニ連署セシムヘシ

第五十一条　条件ヲ附シテ保護者ニ引渡スヘキモノト認メタルトキハ保護者ニ対シ本人ノ保護監督ニ付必要ナル条件ヲ指示シ本人ヲ引渡スヘシ

第五十二条　寺院、教会、保護団体又ハ適当ナル者ニ委託スヘキモノト認メタルトキハ委託ヲ受クヘキ者ニ対シ本人ノ処遇ニ付参考ト為ルヘキ事項ヲ指示シ保護監督ノ任務ヲ委嘱スヘシ

第五十三条　少年保護司ノ観察ニ付スヘキモノト認メタルトキハ少年保護司ニ対シ本人ノ保護監督ニ付必要ナル事項ヲ指示シ観察ニ付スヘシ

第五十四条　感化院、矯正院又ハ病院ニ送致又ハ委託スヘキモノト認メタルトキハ其ノ長ニ対シ本人ノ処遇ニ付参考ト為ルヘキ事項ヲ指示シ本人ヲ引渡スヘシ

第五十五条　刑罰法令ニ触ルル行為ヲ為ス虞アル少年ニ対シ前三条ノ処分ヲ為ス場合ニ於テ適当ナル親権者、後見人其ノ他ノ保護者アルトキハ其ノ承諾ヲ経ヘシ

310

第五十六条　少年審判所ノ審判ニ付テハ始末書ヲ作リ審判ヲ経タル事件及終結処分ヲ明確ニシ其ノ他必要ト認メタル事項ヲ記載スヘシ

第五十七条　少年審判所第四十八条乃至第五十二条及第五十四条ノ規定ニ依ル処分ヲ為シタルトキハ保護者、学校長、受託者又ハ感化院、矯正院若ハ病院ノ長ニ対シ成績報告ヲ求ムルコトヲ得

第五十八条　少年審判所第五十一条及第五十二条ノ規定ニ依ル処分ヲ為シタルトキハ少年保護司ヲシテ其ノ成績ヲ視察シ適当ナル指示ヲ為サシムルコトヲ得

第五十九条　少年審判所第四十八条乃至第五十四条ノ規定ニ依ル処分ヲ為シタル後審判ヲ経タル事件第二十六条又ハ第二十七条第一号ニ記載シタルモノナルコトヲ発見シタルトキハ裁判所又ハ検察官ヨリ送致ヲ受ケタル場合ト雖管轄裁判所ニ対応スル検察庁ノ検察官ノ意見ヲ聴キ処分ヲ取消シ事件ヲ検察官ニ送致スヘシ

2　禁錮以上ノ刑ニ該ル罪ヲ犯シタル者ニ付第四条第一項第七号又ハ第八号ノ処分ヲ継続スルニ適セサル事情アリト認メタルトキ亦前項ニ同シ

第六十条　少年審判所本人ヲ寺院、教会、保護団体若ハ適当ナル者ニ委託シ又ハ病院ニ送致若ハ委託シタルトキハ委託又ハ送致ヲ受ケタル者ニ対シ之ニ因リ生シタル費用ノ全部又ハ一部ヲ給付スルコトヲ得

第六十一条　第三十五条及前条ノ費用並矯正院ニ於テ生シタル費用ハ少年審判所ノ命令ニ依リ本人又ハ本人ヲ扶養スル義務アル者ヨリ全部又ハ一部ヲ徴収スルコトヲ得

2　前項費用ノ徴収ニ付テハ非訟事件手続法第二百八条ノ規定ヲ準用ス

第六章　裁判所ノ刑事手続

第六十二条　検察官少年ニ対スル刑事事件ニ付第四条ノ処分ヲ為スヲ相当ト思料シタルトキハ事件ヲ少年審判所ニ送致スヘシ

第六十三条　第四条ノ処分ヲ受ケタル少年ニ対シテハ審判ヲ経タル事件又ハ之ヨリ軽キ刑ニ該ルヘキ事件ニシテ処分前ニ犯シタルモノニ付刑事訴追ヲ為スコトヲ得ス但シ第五十九条ノ規定ニ依リ処分ヲ取消シタル場合ハ此ノ限ニ在ラス

第六十四条　少年ニ対スル刑事事件ニ付テハ第三十一条ノ調査ヲ為スヘシ

2　少年ノ身上ニ関スル事項ノ調査ハ少年保護司ニ嘱託シテ之ヲ為サシムルコトヲ得

第六十五条　裁判所ハ公判期日前前条ノ調査ヲ為シ又ハ受命判事ヲシテ之ヲ為サシム

資料編

ルコトヲ得

第六十六条　裁判所又ハ予審判事ハ職権ヲ以テ又ハ検察官ノ申立ニ因リ第三十七条ノ
　　規定ニ依ル処分ヲ為スコトヲ得

2　第三十八条及第三十九条ノ規定ハ前項ノ場合ニ之ヲ準用ス

第六十七条　勾留状ハ已ムコトヲ得サル場合ニ非サレハ少年ニ対シテ之ヲ発スルコト
　　ヲ得ス

2　拘置監ニ於テハ特別ノ事由アル場合ヲ除クノ外少年ヲ独居セシムヘシ

第六十八条　少年ノ被告人ハ他ノ被告人ト分離シ其ノ接触ヲ避ケシムヘシ

第六十九条　少年ニ対スル被告事件ハ他ノ被告事件ト牽連スル場合ト雖審理ニ妨ナキ
　　限リ其ノ手続ヲ分離スヘシ

第七十条　裁判所ハ事情ニ依リ公判中一時少年ノ被告人ヲ退廷セシムルコトヲ得

第七十一条　第一審裁判所又ハ控訴裁判所審理ノ結果ニ因リ被告人ニ対シ第四条ノ処
　　分ヲ為スヲ相当ト認メタルトキハ少年審判所ニ送致スル旨ノ決定ヲ為スヘシ

2　検察官ハ前項ノ決定ニ対シ三日内ニ抗告ヲ為スコトヲ得

第七十二条　第六十六条ノ処分ハ事件ヲ終局セシムル裁判ノ確定ニ因リ其ノ効力ヲ失
　　フ

第七十三条　第四十二条、第四十三条第二項第三項及第四十四条ノ規定ハ公判ノ手続
　　ニ第六十条及第六十一条ノ規定ハ予審又ハ公判ノ手続ニ之ヲ準用ス

　　　第七章　罰則

第七十四条　少年審判所ノ審判ニ付セラレタル事項又ハ少年ニ対スル刑事事件ニ付予
　　審又ハ公判ニ付セラレタル事項ハ之ヲ新聞紙其ノ他ノ出版物ニ掲載スルコトヲ得ス

2　前項ノ規定ニ違反シタルトキハ新聞紙ニ在リテハ編輯人及発行人、其ノ他ノ出版
　　物ニ在リテハ著作者及発行者ヲ一年以下ノ禁錮又ハ千円以下ノ罰金ニ処ス

　　　附　則

本法施行ノ期日ハ勅令ヲ以テ之ヲ定ム

312

参考裁判例等について
（「参考裁判例集」として引用表記することがある）

【留意事項】

・　裁判例の紹介では、問題となる事項の結論的判断を冒頭に示すようにした。

・　「※」以下は、筆者のコメントや参考事項の紹介である。

【凡例】

法＝少年法

規則＝少年審判規則

百選＝少年法判例百選

50 選＝少年事件重要判決 50 選（立花書房）

拙著②＝「少年事件の実務と法理」（判例タイムズ社）

判例集、雑誌等の記載は、通常の例によっている。

※　家裁月報は、平成 26 年に刊行が終了された。

資料編

【裁判例等】

第1　少年法関連の裁判例の概観

少年法に関する裁判例の特徴を以下に挙げる。

学説等で引用・検討される少年法関係の裁判例には、裁判日時の古いものが少なくない。そのため現在の実務を忠実に反映したものといえるのかは、別途検討する必要が生じ得る。少し時間は経っているが実務について興味のある人は、論究ジュリスト8号144頁以下の刑事政策研究会の基調報告と座談会を参照されたい。

保護処分の裁判は、決定の形式によっている。また、抗告事件も少年側からのものに限られる（法32条。32条の4が定める検察官の抗告受理の申立事件については、本書の該当箇所や拙著②253頁等参照）。そのため、上級審、殊に、最高裁での判断が示される機会が事実上限定されており、上級審による判断を経ていない1審限りの判断である家庭裁判所の決定が公刊されて、実務例として引用・検討される割合が高い。

また、問題点が裁判例の集積といった形で解決されにくい状況が生まれることもあり得る。そういった一端は、**参考裁判例28**で紹介した判例解説45頁「二　問題点の展望」で論じられている内容からも看取することができる。

第2　我が国の少年事件において、司法的機能の視点を重視させる契機となった一連の米国連邦最高裁裁判例

1　ジェラルド・フランシス・ゴールト判決　1967年5月15日宣告
　翻訳　松尾浩也＝菊池和典　家月43巻5号23頁
　関連論考の一部

- 松尾浩也「少年裁判とデュー・プロセス」ジュリ 378 号（1967 年）108
  頁
- 菊田幸一「ゴールト判決と米国少年裁判所基準」ジュリ 403 号（1968
  年）116 頁

《事案》

先行する非行で 6 か月間のプロベーションに処せられていた 15 歳のゴール
ト少年が、そのプロベーションの期間中に、隣人の夫人に対して（1 人もしく
は数人で）電話でわいせつにわたる話をした、とされる事件（少年の友人 1 名も
関与したとされる）。

（当該事件は、成人《= 18 歳以上》が犯人であれば、懲役 2 月以下又は 5 ドル〜
50 ドルの罰金に該当するもの）

少年は、アリゾナ州の「州立職業学校に収容する」処分に処せられた。

（州立職業学校＝実質は拘禁施設で、収容期間は不定期であり、最大で満 21 歳に
達する日に至り得るもの。なお、担当裁判官は、少年を非行少年と認定した根拠と
しては、他に、「習慣的に不道徳行為を行っている者」に該当することも挙げている）

《手続》

アリゾナ州法では、少年事件については上訴が認められていないため、少年
の両親は人身保護令状を請求した。しかし、州の裁判所では、1 審、最高裁（2
審制）ともに、この請求を認めなかったので、連邦最高裁に上訴（特別抗告）
した。

連邦最高裁は、原裁判を破棄・差し戻した。

《連邦最高裁の判断〔裁判官から様々な意見も出されていて興味深いが、き
わめて長文〕のポイント》

総論部分で、少年事件でもデュー・プロセスを保障する現実の必要性を肯定
し、各論部分で、①訴追の告知（←期日前に適当な準備の余裕を置いて、あらか
じめ告知されること）、②上記拘禁の可能性を伴う非行事実の認定には、弁護人
依頼権が肯定され・その旨の告知がされなければならないこと、③憲法上の黙
秘権が少年事件にも適用されること、④対質・反対尋問権があること（←上記

315

隣人である夫人の証人尋問は行われていない）、⑤上訴・記録の作成（←他の理由で破棄するので、判断の必要はないとされたが、上訴を許さず、手続を記録せず、事実認定の結論・少年裁判所の決定の理由を述べることもしなかった結果は、人身保護の手続に多大な負担がかかったこと）が指摘されている。

> ※　この事件では、審判調書等が作成されておらず、担当裁判官、傍聴していた少年の両親等の証言から、1審の審理内容を知るほかなかった。間接的な形ながら、訴訟手続において、記録を作成して保存する重要性、記憶を早期に書面という形で確保しておく重要性が看取されよう。

2　ウインシップ判決　1970年

一連の米国連邦最高裁判例を一括紹介した佐伯仁志「アメリカの代表的判例」百選251頁の関係記載（同252頁）による。

《事案》

当時12歳のウインシップ少年が、更衣室に侵入してハンドバッグから現金112ドルを窃取したとされる事件。

《前提となる法制》

ニューヨーク州家庭裁判所法744条b項では、非行少年の認定における証明基準は、民事と同じく「証拠の優越の程度」（a preponderance of the evidence）と定めていた。

担当裁判官は、非行事実の証明が「合理的疑いを超える」ものではないかもしれないことを認めていた（ニューヨーク州最高裁は上記条項の合憲性を認めて上告棄却）←連邦最高裁は上告を受理した。

《連邦最高裁の判断》

少年手続の事実認定過程においても、合理的な疑いを超える証明がなされない限り有罪とされないことは、適正手続条項の要請であるとし、1審の裁判（判決）を破棄した。

> ※　証明の程度をどの程度とするかでこの事件の立証の成否が異なったとすれば、改めて、合理的な疑いを超える立証が我が国の少年法でも前提とされていることの意義深さを実感しよう。

3 マッキーバー判決 1971年6月21日

翻訳 高井吉夫 家月24巻7号131頁

《事案》

当時16歳のマッキーバー少年による強盗、窃盗、盗品収受事件（20人か30人の若者と共に3人の10代の若者を追跡して、25セントを奪ったとされるもの）で、審判は非公開で行われ、少年側は陪審裁判を求めたが、その求めは否定され、裁判官によって、非行少年として認定され、拘禁命令による収容が猶予された保護観察に付された。

ペンシルベニア州上級裁判所は、意見を付さずに1審決定を確認し、同州最高裁は、少年裁判所において陪審裁判を受ける憲法上の権利はないとした上で、上記拘禁命令の部分を取り消したが、その他は確認された。

《連邦最高裁の判断》

適正手続条項は、少年裁判所の非行事実認定手続において陪審裁判を受ける権利を保障してはいないとし、上告を棄却した。

なお、連邦最高裁で併合審理されたノースカロライナ州の事件の少年（黒人）は、学校の統合・割当てに反対する抗議行動による往来妨害の事実であった。

第3 少年法関係裁判例

1 少年の責任能力の要否

(1) 静岡家決平成7年12月15日家月48巻6号75頁、岩井宜子・百選6事件14頁、丸山雅夫・50選98頁、101頁、104頁等
・ 犯罪少年には犯行時における責任能力が必要。

少年（犯行時19歳）が、祖母（当時70歳）に包丁で切りつけて全治約1ヶ月の刺創を負わせ、少年を制止しようとした祖父（当時76歳）を同包丁で突き刺して殺害した殺人、同未遂保護事件（殺意はいずれも確定的殺意）。

裁判所は、犯罪少年には犯行時における責任能力が必要であるとし、精神分裂症（統合失調症）による心神喪失状態にあった（是非弁別能力はあるが、その

317

程度は極めて低かった、行動統御能力を全く欠いていたとした）として、責任能力
を否定し不処分とした。

　ただし、自己に対する手続の意味を一応了解しているとして、審判能力は認
めた。

　もっとも、事前に、鑑別所では、保護不適（精神医学的な専門的医療措置）の
意見で鑑別所長から措置入院の手続がされていて、本決定後直ちに入院措置が
とられることになっていた。

　　※　少年は、事件後、自分がやってしまったので悪いと思い、自首するつもりで110番
　　　通報をしたと述べている。そうであれば、少年は、そういったことすらできない精神
　　　状態の者に比べれば、相対的に精神的な能力が残っている状態にあったということが
　　　できる。本件における裁判所の少年の責任能力に対する判断が上記のようなものと
　　　なっているのも、少年の上記のような精神的な能力に沿ったものであったといえよう。
　　　　なお、少年が19歳であったことは、成人に近い考慮に馴染むものといえよう（←
　　　本決定のように責任能力を要件とする判断を行うことに馴染む）。

(2) 青森家八戸支決平成24年9月27日家月65巻2号92頁

　・　犯罪少年には犯行時における責任能力が必要。

　少年（犯行時19歳）の建造物侵入保護事件で、少年は、統合失調症にり患し
ていて入通院して投薬を受けていたが、好意を寄せていた女性から告白された
との恋愛妄想を持つようになり、被害者（同女の保護者）方の同女が使ってい
た部屋にあった同女のノート、アルバムをもう一度ゆっくり見たいと考えて
（なお、少年は、既に同種余罪を2回犯していて、同女の部屋に入って上記ノート等
を見ていた）、午後1時10分ころ、家人がいるかどうか確認したり、脱いだ自
分の靴を隠したりといったことすらしないまま被害者方の車庫に上がり込ん
で、上記部屋に入って上記ノートを見たり持参品を飲食していたという事案で
ある。

　裁判所は、高校を卒業するなどして生活してきていて、かねてから同女に好
意を寄せていた少年の人格と本件非行とが全く無関係とはいえないことなどを
少年が正常な判断能力を有していたことを窺わせる事情として挙げている。

　他方、簡易精神鑑定書等に基づき、本件は恋愛妄想に動機付けられて犯されたもので、少年は犯行の発覚を防ごうとした形跡がほとんどないなど合理的とはいえない行動を取っているとして、少年が本件当時、統合失調症による恋愛妄想の支配下にあったと認め、心神喪失の状態になかったと認めるには合理的な疑いが残るなどとし、法3条1項1号の「罪を犯した少年」には不該当として、審判不開始決定をした。

　もっとも、裁判所は、審判不開始決定をした理由として付言し、本件は事案軽微であるなどとして、少年には保護処分ではなく適切な治療等が必要であるとし、事前に、裁判所によって観護措置が取り消され、「精神保健及び精神障害者福祉に関する法律」29条1項に基づく入院措置がとられていたことを挙げている。

　　※　形式的・定型的ないわゆる調書決定がされているのが一般的な審判不開始決定に関して、詳細な判断を示した決定書が作成された事例としても注目される。

(3)　東京家決昭和60年1月11日家月37巻6号96頁、丸山雅夫・50選
　　110頁
　・　犯罪少年には犯行時における責任能力は不要。

　少年は、家庭内暴力を続け、精神病院に入通院するなどしていたが、事件当時、大学受験に失敗して浪人中の19歳で、滞在先の祖父方で、「了解可能な動機もなく、妄想に支配された意思により、」ダイバーナイフでいきなり祖父を殺害した殺人保護事件。

　裁判所は、「精神分裂病又は同病同様の精神状態により是非善悪の弁別能力を欠いていた」として、刑事責任能力を否定した。しかし、刑事責任能力は保護処分を付する要件ではないとして、少年を医療少年院に送致した。←鑑別所も医療少年院送致の意見だった。

　　※　(1)の裁判例と似たところのある事案で、異なる処分結果となったのが注目される。捜査段階で鑑定留置もされているなど、(1)の少年より心神の状態が悪いような印象を受ける。

- 　本決定中には、上記要件判断をした根拠との関連で、①旧少年法（対象少年に責任能力を要件としていなかったとする）や現行少年法への改正検討の経緯（上記の点は別段の変更はなかったと解している）、②刑法が刑事責任無能力者としている触法少年を保護処分の対象者としていること、③一般論として、少年が犯行時（心神喪失）に比べて、審判時には精神状態が回復して措置入院を必要としなくなっているときに、「重大犯を犯す危険性を有する者についてまで、適切な処遇方法を失うことになるおそれがある」こと等への言及もある。
- 　ちなみに、いわゆる医療観察法（心神喪失等の状態で重大な他害行為を行った者の医療及び観察等に関する法律）の施行後は、成人事件でも、双極性Ⅱ型障害にり患していて心神耗弱を認定した被告人について、同法による治療を前提として執行猶予に付されることがある（例えば、さいたま地判平成24年10月12日判決《平成23年（わ）第1826号・公刊物未登載》）。

2　告訴の要否

(1)　東京高決昭和29年6月30日高刑集7巻7号1087頁、家月6巻10号58頁、川崎英明・百選27事件56頁（告訴を審判条件）、溝國禎久・50選46頁、51頁、56頁等
- 　親告罪でも告訴不要。

　強姦未遂保護事件で、捜査段階で告訴が取り消されていた事案で、痴愚で抑うつ感等が顕著な少年を医療少年院送致とした原決定を維持して抗告を棄却した。

　親告罪で「告訴がなく又は告訴が取り消された場合で」も、検察官は、犯罪の嫌疑があると考えるときは家庭裁判所に送致し、家庭裁判所は、調査・審判をして適当と認める保護処分をなすべきものであるとの前提判断を示した。

　なお、原決定（高刑集同号1090頁にその紹介がある）には告訴に関する説明はなく、付添人の抗告の趣意（高刑集同号1090頁）の中に、「検察官の捜査中に告訴取下げがあり円満に示談解決している」との説明があるだけであり、抗

告審決定も、一般論が中心で、本件の告訴に関する具体的な説明はない。

> ※　百選には「少年は」とあるが、抗告したのは少年3名である。初版では「3名共犯
> の事件であるから、現在であれば非親告罪（刑法178条の2〔昭和33年改正で新設、
> 平成16年改正〕、180条）の事件である」と説明した。しかし、平成29年の刑法改
> 正で、上記178条の2及び180条が削除され、強制性交等の罪が非親告罪化されたの
> で、少年が3名であったか否かは非親告罪との関係では有意性がなくなった。

(2)　大阪高決昭和40年9月30日家月18巻7号85頁、判タ200号197頁
・　親告罪において告訴の取下げがあっても、必要があれば審判・保護処分
　　可能。

　被害者によって事前に告訴が取り下げられた強姦、窃盗保護事件で、親告罪
において告訴があることは（原文には「有無」とあるが、告訴のないことが審判
条件等になることはないから、「無」は無用）、審判・保護処分を行うのに必要不
可欠な条件ではないとした。

> ※　なお、反対尋問を経ない証拠を非行事実の認定に用いるのを違法とする主張も排斥
> しているが、抽象的な説明であって、具体的な根拠の説明はない。

(3)　東京家決昭和58年11月1日家月36巻5号128頁
・　告訴取下後に、不起訴となる成人処遇との対比も行って保護観察。

　検察官送致後に告訴が取り下げられて再送致された（注　告訴取下があると、
刑事事件では親告罪の起訴はできない。そのため、告訴取下は、法45条5項ただし
書には直接該当しないものの、準じた取扱い。再送致は42条1項）住居侵入、強
制わいせつ保護事件。

　裁判所は、検察官送致が相当であったが再送致された前提で、少年は、事件
後46日で成人に達するものであり（非行は同年9月15日）、成人であれば不起
訴処分がされることとの均衡上、少なくとも1年間の身柄拘束を伴う特別少
年院送致の処遇相当性を否定し、保護観察に付した。

> ※　少年は、少年院送致2回、道路交通法違反で懲役刑に服した経歴があり、本件も、
> マンションの4階のベランダから被害者（当時19歳）方に侵入して口にガムテープ

を貼って乳房を弄ぶなどしているから、非行態様としては悪質である。←そのため、一旦は、逆送決定がされた事件である。

3　時効

福岡家決昭和 61 年 5 月 15 日家月 38 巻 12 号 111 頁、寺崎嘉博・百選 28 事件 58 頁（審判条件ではないとの説がこれまで多数説だったとしつつ、審判条件説。ぐ犯少年としての審判の可能性を示唆）、溝國禎久・50 選 55 頁注 22、103 頁注 18 等

・　公訴時効は審判条件。

昭和 58 年 2 月 10 日の道路交通法違反保護事件（免許証不正受交付＝父親から原付免許証を取り上げられたのに、紛失したと偽って再度交付を受けた）で、公訴時効 3 年を経過した（時効完成が昭和 61 年 2 月 9 日＝当時の刑訴法 250 条 5 号《現刑訴法 250 条 2 項 6 号》、当時の道路交通法 117 条の 3 第 2 号《その後同法 117 条の 4 第 4 号。懲役 1 年以下・罰金 30 万円以下。現行法？》）後の同月 21 日に家庭裁判所に送致されたとして、審判不開始決定をした。

> ※　少年保護事件の典型例である窃盗事件の時効期間は 7 年であるなど（刑訴法 250 条 2 項 4 号、刑法 235 条）、一般的には、時効の点が問題となるような事案では、少年が既に成人していて、少年保護事件としては当該問題点が顕在化しないことが生じ得る。
>   また、仮に、時効の点を審判条件から除外しても、そういった古い事件を可塑性に富む少年の現時点での処遇選択の中でどのように考えるべきかは、簡単に結論の出ることではないから、時効の点を審判条件から除外することの実務的な有意性には元々限界があるといえよう。

4　大赦令

和歌山家決平成元年 4 月 19 日家月 41 巻 8 号 198 頁、酒井安行・百選 29 事件 60 頁（本決定の判断を支持。3 の福岡家決を前提として、大赦と公訴時効では異なる取扱を肯定）、溝國禎久・50 選 55 頁注 22 等

・　大赦は審判条件ではない。

警察の交通取り締まりに反感を抱いていた少年が共犯者 3 名を誘って、連

続した2日に各2回ずつ犯した（最後の1回は共犯者は2名）、各公衆電話機から内容虚偽の110番通報をした4件の軽犯罪法違反保護事件（同法1条16号←平成元年2月24日施行の大赦令で大赦の対象とされていた）。

　裁判所は、大赦令の発令は審判条件を当然に失わせるものではないとして、調査命令を発して家庭裁判所調査官による調査結果に基づき、保護的措置の効果に加えて、大赦の趣旨を十分に斟酌し、成人との均衡等を総合考慮して、保護的措置としての不処分決定をした。

> ※　その都度、パトカーが出動するなどの実害も生じていた事件である。
> 　不処分決定だが、処遇の理由も詳細に説明されていて、裁判官及び家庭裁判所調査官による保護的措置が行われたのにふさわしい、事案に即した処理がされたものといえる。

5　縮小認定・認定替え

(1)　名古屋家決昭和46年9月18日家月24巻6号93頁、守屋克彦・百選12事件26頁（少年の弁解を聴くことなく認定替えをすることは、多くの場合相当でない、などとする）、廣瀬健二・50選123頁等

・　縮小認定の場合には立件手続不要

　裁判所は、強姦の送致事実（共犯者4名）については、反抗を著しく困難とする程度の暴行・脅迫がされたとの十分な心証形成ができなかったとして強姦罪の成立を否定しつつ、縮小認定の場合であって、少年の防御上不利益はないとして、立件手続をとることなく、強姦と同一性のあるぐ犯事実（法3条1項3号ニ）を認定し、保護観察に付した。

> ※　本件は、典型的な強姦事件として事態が推移したわけではないところに特徴がある。即ち、被害者甲は、17歳で、昭和45年11月1日（日曜日）の午後に起こったとされる本件の後、自分から電話連絡をして共犯少年の一人Cと肉体関係を伴う交際を、昭和46年5月初めまで続けていた。Cは、別件の強姦事件で逮捕された際も、不利なことを言わないで欲しいと甲から依頼され、甲の名前を秘匿し、他の共犯者は甲の氏名等を知らなかったため、本件は、被害者不明として未処理のままだった。
> 　甲は、Cとの交際による妊娠の中絶費用捻出の必要から、妊娠の事実を両親に告げた。同年5月15日に、双方の親の話し合いで、C側から15万円が支払われたが、本

件は秘匿されていた。その後の甲の父親の追及から、甲が本件を強姦事件とするメモを母親に渡して本件が両親に発覚し、約1か月後の同年6月17日に、甲が警察署に告訴をして、本格的捜査が開始された、といった経緯がある。

　また、裁判所による検証の結果等によると、犯行現場（アパート？）の部屋の出入り口ドアはベニヤ板製の粗雑なものであって、普通の話し声でも廊下で容易に聞き取れた。←上記のような部屋の構造や、日曜日の午後という時間帯（隣室は在室者がいた模様）からして、被害時に大声を出して抵抗したとの甲の供述はたやすく信用し難い旨判断されたのも、やむを得ないものといえる。

　なお、共犯少年の中には本件以外にも多数の強姦事件を犯した者もいるが、その者らは、本件以外の強姦事件は認めているという。←他方、甲は、「お茶でも飲みに行こう」との誘いに応じたとはいえ、初めて会った少年ら5名と肉体関係を持っている（内、3名とは各2回）といったことは、合意の上のこととしては理解し難いところもある。←非行なしとはされずにぐ犯とされたのも、合理性があるということになろうか？もっとも、要保護性についての説明はあるが、ぐ犯事件自体としての積極的な認定根拠の説明はない。

(2)　福岡高決平成18年3月22日家月58巻9号64頁

・　認定替えの際に少年の権利を保障するために必要な手続の不履践を認定して法令違反を理由に原決定を取り消して差し戻した。

ぐ犯（認定は窃盗、ぐ犯。なお、ぐ犯性として認定されている犯罪は毒物及び劇物取締法違反《＝シンナー事犯》である）、窃盗保護事件で、一般短期処遇勧告を付した上で初等少年院送致とした原決定（熊本家決平成18年2月20日家月同号67頁）の処分は不当に重いとはいえないとしつつ、原決定が認定した化粧品の万引2件の内の1件（筆者において、以下、便宜「甲窃盗事件」という）については、①甲窃盗事件は送致されていないのに法7条による新たな立件手続を経ないで認定しているのは不告不理の原則などの意義を失わせるものであるとし、②審判期日における読み聞けでも、上記ぐ犯事由の一部として甲窃盗事件が告げられたのに過ぎず、同ぐ犯とは別個独立の非行事実として取り扱う旨を少年に告げて弁解を聴いていないし、③原決定言渡しの際も送致事実のぐ犯から窃盗に関する部分を分離して別個に甲窃盗事件を認定したことを告げた事実が窺えないとし、認定替えの際の非行事実の告知と弁解の聴取及び認定非

行事実の告知という少年の権利を保障するために必要な手続が履践されていなかったとして、法令違反を理由に原決定を取り消して差し戻した。

> ※　記録を見ているわけでもないから、この事案を離れて一般論として言えば、甲窃盗事件に関しては、送致の段階では、ぐ犯送致書にも「自転車を盗んだり、万引をしたり」といった程度の記載しかなく、ぐ犯自体が上記のとおりシンナー事犯であったとの前提では、不告不理の原則との関係で問題視されるのは自然なことであったといえよう。
>
> 審判の段階や原決定の言渡しの状況からすれば、認定替えに必要な手続不履践との評価もやむを得なかったとも思われる。
>
> なお、抗告の趣意は処分の著しい不当であって、上記法令違反に関する指摘はない。しかし、抗告申立書は少年の母が提出したものであることからすれば、この抗告の趣意から、上記法令違反を少年側が受容していたなどの評価をするのは相当ではなかろう。
>
> 受差戻1審熊本家決平成18年4月4日家月同号69頁は、甲窃盗事件について法7条による立件手続を行った上で、独立の審判対象として少年に告げて弁解を聴取し、差戻前1審決定後に受理した遺失物（自転車）等横領も併合して各非行事実を認定し、一般短期処遇勧告（差戻前1審決定後の初等少年院による矯正教育の効果を考慮したさらに短めの期間）を付した上、差戻前1審決定と同じく初等少年院送致とした。

(3)　東京高決平成25年1月25日家月65巻6号121頁、判タ1394号381頁

◎　縮小認定の手続に関する重要裁判例

・　恐喝未遂、恐喝保護事件で少年を中等少年院に送致した原審の審判手続が「適正手続の要請に反し、少年審判規則29条の2の趣旨にも反して違法である」として原決定を取り消して差し戻した。

送致事実は恐喝の共同正犯であった。少年は犯行への関与を否定し、付添人は、恐喝の実行行為も共謀も否定して恐喝罪の成立を否定し、幇助も否定していた。原審は、共犯者とされる3人に対する付添人の証人尋問の申し出を必要性がないと判断し、他方、共同正犯者と共に被害者を取り囲むなどしたことが幇助に当たるとして恐喝幇助を認定し、恐喝未遂と併せて上記決定をした。←しかし、この幇助行為は送致事実中に記載されておらず、被害者の警察官調

書（なお、検察官調書については「PS」と、警察官調書については「KS」と各略記する実務的な記載慣行あり）に記載があるだけであり、少年は、審判期日でも、捜査段階でも、上記の点について供述をしていなかった。

　抗告審は、「こうした手続経過及び証拠関係の下で、原裁判所のように、少年が」共犯者「らと共に4人で被害者を取り囲んだとの事実を少年の幇助行為として認定するのであれば、適正手続の要請に照らし、また、少年審判規則29条の2の趣旨に鑑み、少年及び付添人に対して、この事実を告知し、この事実につき陳述する機会を与えた上で、さらに、必要に応じて反論・反証の機会を与えて、審理を尽くす必要があった」とし、そうした措置を講じることなく上記「幇助行為を認定したのは、まさに不意打ちに当たり、適正手続の要請に反し、少年審判規則29条の2の趣旨にも反して違法である」とした。

　　※　恐喝未遂については、具体的な言及がないので、原審は送致書どおりの非行事実を
　　　認定していたものと解される。
　　　　横浜家庭裁判所に差し戻したが、受差戻審は、原審と同じ同家庭裁判所小田原支部
　　　で行われ、恐喝につき非行なし不処分とし、恐喝未遂につき中等少年院送致とした。

⑷　関連する最高裁決定に後記参考裁判例33（3）アがある。

6　勾留請求のやむを得ない場合
　横浜地決昭和36年7月12日下刑集3巻7＝8号800頁、家月15巻3号186頁、渡邉一弘・百選18事件38頁（同39頁下欄では、資料的にやや古くなってしまったが、少年に対して謙抑的にされているとする勾留等の実情紹介がある）、岡崎忠之＝親家和仁＝飯島泰・50選29頁、39頁～40頁、加藤学・別冊判タ26号308頁、拙著②337頁等
　・　勾留に代わる観護措置で足りるなどとしてやむを得ない事由の存在を否
　　　定。
　少年2名が成人1名と共謀して犯したとされる覚せい剤事件（営利目的所持）について、罪証隠滅・逃亡の各おそれを認めつつ、勾留請求のやむを得な

い場合（①鑑別所が裁判所の所在地にないか、あっても収容力の関係から収容できない場合、②少年の性行、罪質等による捜査遂行上重大な支障を例示している）に当たらないとして（勾留に代わる観護措置で足りるとの指摘もしている）、勾留請求を却下した原決定を支持し、検察官からの準抗告を棄却した。

　　※　所持の覚せい剤はアンプル入りで、ビニール袋入りの現在との変化を感じさせる。

7　勾留場所

　福岡地決平成 2 年 2 月 16 日家月 42 巻 5 号 122 頁、尾崎道明・百選 19 事件 64 頁（本決定には異論があり得るとする）、岡崎忠之＝親家和仁＝飯島泰・50選 30 頁、41 頁〜 42 頁、徳井真・別冊判タ 26 号 311 頁等

　・　勾留場所は少年鑑別所が相当。

　当時 7 歳の被害児童に対する誘拐、殺人事件で、事案の重大性、内容等を考慮した上で、捜査遂行上に重大な支障を来すものとは認められず、反面、代用監獄に勾留した場合に少年（本決定当時 17 歳 10 か月）の成育に及ぼす悪影響は少なくないなどとして、勾留場所を少年鑑別所とした原判断は相当であるとし、検察官からの準抗告を棄却した。

　　※　勾留自体は認められている事案であることに留意する必要がある。
　　　　少年は、昭和 61 年にも、児童に対する誘拐、強制わいせつ等を犯し、初等少年院送致とされた前歴があり、本決定でも、特異な性格・心理構造を有している可能性が指摘されていた。こういったことは、両面性があり、だから、捜査を十分に尽くす必要があるともいえるが、反面、長時間にわたる取調が被疑者に与える心理的・肉体的影響は通常の少年とも異なる点があり、虚偽供述、虚偽自白が招来されることは回避される必要がある。そのため、勾留場所はどこが相当かの裁量判断において微妙な側面のあった事案といえよう。事後審性の徹底が強調されている現在の視点からいえば、そういった原審の裁量判断に不合理性が積極的に認められなければ原審尊重の結論が導かれるのは、自然なことといえよう。

8　観護措置中の取調

　大阪高判昭和 42 年 9 月 28 日高刑集 20 巻 5 号 611 頁、家月 20 巻 6 号 97 頁、判タ 221 号 177 頁、判時 507 号 75 頁、酒巻匡・百選 31 事件 64 頁

（共犯者の捜査の一環として観護措置中の少年に対する取調を行う場合には、事前に家庭裁判所の了解・承認を経るなどの運用を妥当とする）

・　観護措置期間中の取調可能。

変更後の訴因が暴力行為等処罰に関する法律違反とされた事件（数人共同して、駐留軍専用の旅客列車の運行を妨害するために、車軸箱に砂、小石等を投入するなどして車軸箱を損壊するなどしたとされる事案）で、検察官が、昭和27年10月21日に刑事処分相当の処遇意見を付して家庭裁判所に送致した後に、観護措置中の少年（実行役）を取り調べて、同年11月6日、翌7日、共犯者の供述との相違点、共犯者の面割に関して作成した供述調書4通について、当該事案における取調は、家庭裁判所の手続等に支障を及ぼしたものとは認められないなどとして、その証拠能力を肯定し、証拠排除の申立を排斥し、双方の各控訴を棄却した。

　　※　事件としては古いが、観護措置中の取調といっても、画一的な判断はふさわしくないのであって、本件は、上記酒巻評釈でも指摘されているように、共犯者の捜査の一環といった位置付けの上に立った判断として受け止められるべきであろう。

9　差し戻された保護事件における観護措置の可否及びその期間

　最決平成5年11月24日刑集47巻9号217頁、家月46巻2号180頁、青柳勤・判例解説（刑）同年度159頁

・　差し戻された保護事件でも観護措置を採ることは可能で、その期間は先に採られた観護措置の残りの収容期間に限られない。

観護措置は審判を行うためのものであるとし、家庭裁判所は、抗告裁判所から差戻を受けた保護事件が先に法17条1項2号の観護措置を採られたものであったとしても、同保護事件の審判を行うため必要があるときは、改めて観護措置を採ることができ、その場合の観護措置期間は先に採られた観護措置の残りの収容期間に限られないとした。

　この事件は複雑な経緯を辿っている。すなわち、第1次第1審は中等少年院送致決定をしたが、第1次抗告審は、原決定は2件目の窃盗の非行事実に

ついて事実及び適用法令の記載を遺脱していたとして取消し・差し戻した。第
2次第1審は、窃盗2件、強制わいせつ未遂2件の非行事実を認めて中等少年
院送致決定をした（改めて観護措置を採り、2週間の満了日に審判を開いて同決定
をしている。先に採られた観護措置の残期間しか観護措置が許されないとの説を前
提とすると、本件ではその残期間は10日間であった《第1次第1審では、事件が2
回追送致されてきていて、3回観護措置が採られ、最後の観護措置の残期間が10日
だった》から、そのような説には立っていないことが分かる）。第2次抗告審は、2
件目の強制わいせつ未遂は認定し難いとしつつ、その事実誤認は主文に影響を
及ぼさないとして抗告を棄却した。本件はその再抗告事件である。

　※　この場合に観護措置期間の更新ができるかについては、青柳・前掲165頁は、「一
　　応別個の論点である」とされているから、本判例の射程が当然に及び、上記更新は可
　　能だとの結論が導かれるものではなく、将来の判例の判断に委ねられていることにな
　　ろう（青柳・前掲170頁も同趣旨の指摘をしている）。そして、実務的に考えると、
　　受差戻審は覆審ではないと解されるものの、差戻によって、何らかの審理の必要性が
　　生じるとしても、それまでの調査資料が全く活用できないといった極めて例外的な場
　　合（該当事例自体想定ははなはだ困難だが）を除けば、通常は、2週間の観護措置期
　　間で受差戻審の審理を尽くすことが可能であろうから（現に本件でも観護措置期間の
　　更新はされていない）、上記問題は顕在化しないままで推移するのが通常であろう。
　　青柳・前掲171頁も、更新可能説を採っても、実務的には更新はできる限り避ける運
　　用が望ましいとの指摘をしている。

10　少年調査官補に対する供述調書

東京高判昭和47年11月21日高刑集25巻5号479頁、家月25巻5号
89頁（メーデー事件の控訴審判決）、判タ287号173頁、判時685号22頁、
斉藤豊治・百選34事件70頁（黙秘権告知があっても、上記供述調書の犯罪事実
認定のための資料とするのは不可とする）等
　・　上記供述調書は、犯罪事実の存否認定の資料に用いることは許容されな
　　い。

被告人の少年調査官補（筆者注　「少年調査官」という名称は、昭和25年5月
から昭和29年5月まで使用され、同年6月からは現在使用されている「家庭裁判所

調査官」の名称となった《斉藤・前掲同頁》）に対する供述調書について、黙秘権
が告知された形跡も窺われないし、対象少年の要保護性の有無、程度を科学
的、専門的立場から調査する少年調査官補の職責に基づき、その資料を獲得す
るため、少年との信頼関係を前提として面接調査した結果作成されるものであ
るといった法的性質に照らして、犯罪事実の存否認定の資料に用いることは許
容されないとし、同供述調書を有罪認定の証拠として採用した原審の措置を違
法としたが、その違法は判決に影響を及ぼさないとした。

　※　もっとも、家庭裁判所調査官が社会調査を行うに当たり、少年に対して黙秘権を告
　　知する運用もある。そして、家庭裁判所調査官は、少年の陳述を録取した陳述録取書
　　を作成することができる（規則6条、12条）。本事件では、そういった書面が検察官
　　から証拠請求されているが、現在は、社会記録の内容を検察官に送致することは行わ
　　れていない（斉藤・前掲71頁にも同趣旨の指摘がある）から、現在では、本事件の
　　ような形での問題が生じることはないであろう。

11　刑訴規則27条1項ただし書に定める特別の事情

　最決平成24年5月10日刑集66巻7号663頁、楡井英夫・判例解説
（刑）同年度206頁
　・　刑訴規則27条1項ただし書に定める特別の事情の存在を認めた。
　刑訴規則27条1項ただし書に定める特別の事情に関し、①事案の複雑性、
②接見等禁止中で頻繁な接見の必要があること、③多数の関係者と弁護士が接
触するなどの弁護活動の必要性、④3人を超える数の弁護人選任に伴う支障
が想定されないことを指摘し、特別の事情を認めず、被疑者段階の弁護人を6
人とすることの許可を求める請求を却下した原々決定を維持した原決定を取り
消して高裁に差し戻した。

　※　少年審判規則14条1項には、上記刑訴規則に対応したただし書部分がないので、
　　法文はこの判例の趣旨が直接及ぶ形にはなっていない。今後の判例の推移を見守る必
　　要がある。実質論として考えると、3人を超える付添人の選任が真に必要な事件が
　　あった場合に、刑事事件と異なる制約を維持する合理性があるのかが問われることと
　　なろう。その場合には、観護措置中でも②の接見等禁止になることはないから、少な

くとも、この点は事情が異なることになる。

12　弁護人から付添人へ法的地位が変化する際の選任手続の要否

最決昭和 32 年 6 月 12 日刑集 11 巻 6 号 1657 頁、家月 9 巻 9 号 38 頁、栗田正・判例解説（刑）同年度 315 頁、木下淳博・百選 15 事件 32 頁（刑訴法 32 条 1 項、刑訴規則 17 条の類推適用を主張）等

・　少年被疑者の弁護人でも付添人選任届が必要。

少年被疑者の弁護人として選任されていても、改めて付添人に選任されなければ、その弁護人をもって当然に付添人であるということはできない。

本件（窃盗事件）では、弁護士乙が被疑者段階で少年甲の弁護人に選任され、その旨の弁護人選任届（「弁護人選任御届」と題する書面・栗田・前掲 317 頁）が記録に編てつされていたが、付添人選任届は家庭裁判所に差し出されていなかった。

> ※　甲は審判を経て特別少年院送致の処分を受けた（栗田・前掲 316 頁）ことを考えると、本判旨を前提としても、家庭裁判所としては、何らかの措置（例えば、甲に対して乙を付添人に選任する意思の有無の確認等）を講じて、乙を審判期日に出席させなくても差し支えないことを確認しておくのが相当であったように思われる（栗田・前掲 318 頁にも同趣旨の指摘がある）。←本判例には批判もある（栗田・前掲 318 頁には、理論的には誤りでないにしても、実質的には若干批判の余地があろう、とある）のも、こういった事案の内容も踏まえると、合理性があるように思われる。←対比＝法 45 条 6 号は、少年又は保護者が選任した弁護士である付添人は、弁護人とみなす旨を定めている。
>
> 　少年審判手続と刑事訴訟手続における、このような取扱の違いは、弁護士が関係法規を熟知しないと過誤をおかす危険性があり（本件もそうであった可能性？）、制度的に望ましいことではないといえよう。本判旨は実務的にも考慮の余地を残したものであったといえよう。もっとも、本判例は古いが、その後、類似事例は起こっていないようなので、実務が適切に対応しているのかもしれない。
>
> 　本件では、乙が抗告を申し立て、抗告審は抗告棄却の決定を甲だけでなく乙にも告知している（栗田・前掲 316 頁）。
>
> 　なお、本最決は、丸山雅夫・50 選 102 頁注 13、北村和・同 237 頁でも引用されているが、それらは、本件の抗告棄却決定の決定日と、同決定の少年への告知との間

に、少年が 20 歳に達したという事態があったので、そのことに関連して、少年か否かは、保護処分決定当時を標準とすると、同決定が判断した点に関してである。

13　付添人選任届の追完

最決平成 24 年 5 月 1 日裁判集刑事 308 号 1 頁、家月 65 巻 4 号 56 頁

・　抗告申立期間経過後の付添人選任届追完は不可。

中等少年院送致決定に対する抗告棄却決定に対する再抗告保護事件で、再抗告を申し立てた弁護士が原審付添人ではなく（筆者注　原審付添人は抗告を申し立てることができる《法 32 条》）、付添人選任届も提出されていなかったとし、抗告申立期間経過後に付添人選任届が追加提出されたとしても、再抗告の申立が適法となるものではないとして、再抗告を棄却した。

付添人届を欠いたまま申し立てられた再抗告申立について、抗告期間経過後の追完を認めなかった判例である。

※　記録を見ていないので本件を離れて一般論としていえば、この再抗告の申立書が高裁に提出された際、付添人選任届提出の有無について裁判所で確認がされていれば、本件のような事態を回避することができた可能性があったといえる。裁判所における受付事務の重要性を窺わせる事例ともいえる。

14　社会記録の閲覧

大阪高決平成元年 12 月 26 日家月 42 巻 10 号 74 頁、判時 1348 号 161 頁、平良木登規男・百選 35 事件 72 頁（秘密性の高い社会記録を閲覧できる付添人には、弁護士以外の者も選任される可能性があり《法 10 条》、そのことによる問題点など社会記録の実情も紹介）、田口治美・50 選 82 頁、92 頁～ 93 頁等

・　付添人の閲覧対象である規則 7 条 2 項にいう「保護事件の記録」には、社会記録も含まれる。

規則 7 条 2 項の「保護事件の記録」には社会記録も含まれるとして、審判開始決定後に付添人からされた社会記録の閲覧請求を原審裁判官が拒否した措置は「同項に違反した疑いがある」としつつ、付添人は原審の審判期日に出席していて社会記録の閲覧の問題については全く言及しておらず、他方、原審の

付添人とは異なる抗告審の付添人に社会記録を閲覧検討して意見を提出する機会を与えたなどとして、法令違反は決定に影響を及ぼすとは認められないとした。

※　1審では、11月15日に上記請求があったが、少年調査票の作成が同月17日付けで（金曜日）、審判が同月20日（月曜日）といった日時が接着していた事情が、閲覧拒否の背景事情となっていたのかもしれない。←少年事件では、身柄拘束期間が制限されていて、こういった審判日程になってしまうことがあり得るから、付添人には迅速な対応が求められている。実務的には、付添人が事前に裁判所と打ち合わせておいて、審判期日に早めに行って、審判の前に閲覧する、といった方法が考えられる。

　　なお、細かな点だが、抗告審決定は、上記のとおり、法令違反があるとはしておらず「疑い」としているだけであるから、「法令違反は、決定に影響を及ぼすとは認められない」とある「法令違反」は「法令違反があるとしても」といった仮定的な判断といえる。

15　少年鑑別所法81条（面会の立会い等）の1項本文（令和3年の法改正後）

　少年鑑別所の長は、その指名する職員に、被観護在所者の面会（付添人等（付添人又は在所者若しくはその保護者、法定代理人、保佐人、配偶者、直系の親族若しくは兄弟姉妹の依頼により付添人となろうとする弁護士をいう。以下同じ）又は弁護人等との面会を除く。）に立ち会わせ、又はその面会の状況を録音させ、若しくは録画させるものとする。

※　同項ただし書で録音・録画をさせないことができる旨を定め、また、2項では、原則的非立会いを規定している。

　　かつての定め

　　少年鑑別所処遇規則39条

　　面会にあたっては、職員が立会い、観護及び鑑別に害がないようにつとめなければならない。

　　2　前項の立会いは、付添人との面会には、これを適用しない。近親者又は保護者との面会につき必要があると認める場合も、同じである。

　　参考：少年院法93条にも、少年院における面会の立会い等について、上記令和3年の法改正後の少年鑑別所法と同趣旨の定めがある。

16　証拠調と裁量

最決昭和 58 年 10 月 26 日刑集 37 巻 8 号 1260 頁、家月 36 巻 1 号 158 頁（流山中央高校事件）、木谷明・判例解説（刑）同年度 356 頁、木谷明＝家令和典・百選 46 事件 94 頁（重要証人に対する少年側の反対尋問権は実務上実質的に保障されるようになった、とする）、田口治美・50 選 87 頁、拙著② 46 頁〜 47 頁等

・ 非行事実の認定に関する証拠調の範囲等は、家庭裁判所の合理的な裁量に委ねられている。

原々審は、非行事実 2 つの内の、共謀による高校校舎に対する現住建造物等放火未遂（否認事件）について、共犯者証人等を取り調べた。しかし、目撃者 2 名（女子生徒）については、少年・付添人に立ち会いの機会を与えないまま参考人として取り調べ、2 つの非行事実を認定して保護観察に付した。

最高裁は、再抗告を棄却したが、上記の点に関して、「非行事実の認定に関する証拠調の範囲、限度、方法の決定も、家庭裁判所の完全な自由裁量に属するものではなく、」その合理的な裁量に委ねられたものである旨の判断を示した。

※ 原審も、合理的な裁量と述べているので、この点は、審級間での見解に差異はなかった（前掲刑集 1293 頁、拙著② 47 頁）。合理性に関する評価に違いがあったのであろうか？
目撃者側から、裁判所に対して、仕返しをされるおそれがある、もうかかわりたくない、などと再三にわたって申入れがされていたという背景事情がある。←結果として保護観察とされているのも、背景事情に入る？
現在であれば、証人保護に関する刑訴法の規定（157 条の 2 〜 157 条の 4 等）を準用しつつ証人尋問を行うといった対処ができた可能性がある。

参考人に対する取調結果は、付添人に了知させる措置が執られている（木谷・前掲判例解説 357 頁）。付添人から、その後、目撃者に対する再度の証人尋問申請がされたが、裁判所は証人尋問を行わなかった。

17 非行時少年の成人後の起訴

(1) 最判昭和 44 年 12 月 5 日刑集 23 巻 12 号 1583 頁、家月 22 巻 1 号

135 頁、船田三雄・判例解説（刑）同年度 459 頁、多田辰也・百選 20 事件 42 頁（関連裁判例の紹介がある）、前田雅英「刑事基本判例講座」警察学論集 66 巻 9 号 164 頁等

- 非行時少年の成人後の起訴の捜査手続を違法とすることはできない。

犯行時 19 歳 3 か月の少年の業務上過失傷害事件で、実況見分調書等の不備の補正に 7 か月余の日時を要し、検察庁の事件受理手続が年末事務処理のために遅延したことなどの事情があって、成人に達した 2 か月近く後に略式命令の請求があった事案。

最高裁は、捜査官が「家庭裁判所の審判の機会を失わせる意図を持ってことさら捜査を遅らせ、あるいは、特段の事情もなくいたずらに事件の処理を放置しそのため手続を設けた制度の趣旨が失われる程度に著しく捜査の遅延をみる等、極めて重大な職務違反が認められる場合」には捜査が違法となることがあるとし、本件では、いまだ、極めて「重大な職務違反があるとは認めがたいから、その捜査手続」を違法とすることはできないとした。

また、（仮定論として）捜査手続の違法は、必ずしも公訴提起の効力を当然に失わせるものではないとし、公訴提起を無効として公訴を棄却した 1 審判決及びその判断を支持して控訴を棄却した 2 審判決をいずれも破棄して、1 審に差し戻した。

※ この仮定論は傍論といえる（船田・前掲 469 頁、多田・前掲 43 頁にも同趣旨の指摘がある）。最高裁としては、原判決のような判断が引き続き行われる可能性を回避したかったのかもしれない。

(2) 最判昭和 45 年 5 月 29 日刑集 24 巻 5 号 223 頁、大久保太郎・判例解説（刑）同年度 63 頁
- 捜査手続を違法とすることはできない。

犯行時 19 歳 2 か月の少年の業務上過失傷害事件（被害者は同乗者 2 名）。捜査に従事した司法巡査の勤務先警察署内における配置の変更、他事件の処理等の事情で捜査の終結が遅延し、被疑者が成人に達して 5 か月余り後（事故後 1

年3か月あまり後）に、略式命令が請求された。

1審（徳山簡判昭和43年10月8日刑集同号243頁）は、担当警察官の重大な過失により捜査が遅延し、その結果家庭裁判所の審判を受ける機会を失わせたもので、違法であるとし、公訴提起は無効として公訴を棄却した。

なお、被告人は成人後の無免許運転も起訴されていて、同事件は罰金1万5000円に処せられ、1審で確定した。

2審（広島高判昭和44年7月29日刑集同号251頁、判タ237号157頁）も、担当警察官に重大な過失があって、捜査手続は違法であり、法338条4号に該当するとして、1審の判断を支持して控訴を棄却した。

最高裁は、(1)の判例を先例として引用した上で、捜査が違法となる要件としては、同判例と表現は若干異なるものの同旨の判断を示し（＝「家庭裁判所の審判の機会が失われることを知りながらことさら捜査を遅らせ、あるいは、特段の事情もなくいたずらに事件の処理を放置しそのため手続を設けた制度の趣旨が失われる程度に著しく捜査の遅延を見る等、極めて重大な職務違反が認められる場合」には捜査が違法となることがあるとした）、上記事情で被告人に家庭裁判所の審判を受ける機会が失われたとしても、捜査官の措置にいまだ重大な職務違反があるとはいえず、その捜査手続を違法とすることはできないとし、1、2審判決を破棄して、1審に差し戻した。

※　(1)(2)の両判例からは、不適切な事態が起こっていることと、公訴を無効とするような違法との質的な相違をきちんと見極めることの重要性を看取することができよう。
　　また、いずれの事件も略式命令が請求されていたから、正式起訴にはならない事件といった気の緩みが捜査官側にあったのかも知れない。しかし、捜査官には、20歳という年齢制限のある少年の事件を捜査しているという意識を常に持っていることが要請されているといえよう。

(3)　**最決平成25年6月18日刑集67巻5号653頁、野原俊郎・判例解説（刑）同年度188頁**
・　少年時の非行を成人後で時効完成直前に起訴しても適法。

違法な二人乗り状態での原動機付自転車（原付バイク）の転倒事故（平成15

年12月6日）で、負傷者（「甲」。事故当時15歳。後部座席同乗者とされる）に対し、高次脳機能障害の後遺症を伴う傷害を負わせたとされる業務上過失傷害保護事件。当初は被告人（事故当時16歳）の言い分を前提に甲が運転者として被疑者とされていたが、途中から、被告人が運転者として被疑者に切り替わっていた。

しかし、運転者が被告人か甲かといった形で犯人性が争われるなどし、甲が事故当時の記憶を喪失していて、端的な目撃者もいないこともあって、捜査が難航した。

甲は、平成18年10月に、自分は後部に同乗していて、被告人が運転していたのを思い出した、と述べたが、被告人は、少年時の同年11月30日に、嫌疑不十分として不起訴処分となった（筆者注　家庭裁判所への送致はなかったことになる）。甲から平成19年12月6日（この日付の特定は後記控訴審判決による）検察審査会に対して審査申立てがあり、検察庁で再捜査の結果、被告人の成人（平成19年8月）後で、時効完成の8日前の平成20年11月28日、本件が起訴された。

1審（横浜地判平成22年12月22日刑集同号675頁）は、遅延による捜査の違法を認めず、公訴棄却を求める弁護人の主張を排斥し、被告人の犯人性を認めて有罪とした（懲役1年、3年間執行猶予。なお、「量刑の事情」の説示の中で、公判前整理手続開始後約1年経過した時期に検察官が鑑定嘱託をし、その後立証の柱が変化し、弁護人のそれまでの公判準備活動が阻害されたことを遺憾とする旨の付言がある。このような立証方針等の変更も、起訴から判決まででも2年を要した一因となっていよう）。

控訴審（東京高判平成23年9月21日刑集同号704頁、小沢正明「判例紹介」研修764号113頁等）は、公訴の適法性も争われたが、検察官が著しくその裁量権を逸脱したとは到底認められないなどとした1審判決の判断を支持し、上記主張を排斥した。しかし、必要な補充捜査を尽くすことなく、道路交通法違反（上記事故の際の被告人の酒気帯び運転。上記不起訴処分時には、同違反の公訴時効期間の満了日が切迫していた）と併せて安易に不起訴処分にした、などの点

は不適切と指摘した。

　最高裁は、「捜査等に従事した警察官及び検察官の各措置には、家庭裁判所の審判の機会が失われることを知りながら殊更捜査を遅らせたり、不起訴処分にしたり、あるいは、特段の事情もなくいたずらに事件の処理を放置したりするなどの極めて重大な職務違反があるとは認められ」ないとし、17 (1)(2)の最判を参照判例として引用し、原判断は正当であるとした。

　　※　本件の捜査の遅延には、被告人が甲を運転者とする虚偽供述をし、甲の記憶が戻らない、などといった捜査官以外の事情も介在している点は、(1)(2)の両判例の事案とは事情を異にしている。捜査の違法が認められるのはより困難な事案であったといえよう。

　　　それでも、甲に対する事情聴取ができたのが平成 18 年 4 月で、事故から検察官送致（平成 18 年 11 月 22 日）まで約 2 年 11 か月経過している。事案究明に困難を伴う事件における捜査は如何にあるべきか、といった捜査官の事件と立ち向かう姿勢が問われた事案であったといえよう。

18　忌避申立の可否・即時抗告申立の可否

　東京高決平成元年 7 月 18 日高刑集 42 巻 2 号 131 頁、家月 41 巻 10 号 166 頁、判夕 710 号 271 頁、判時 1322 号 161 頁、田中開・百選 39 事件 80 頁（端的な刑訴法の規定の準用・類推適用を提言）、河原俊也・50 選 128 頁、134 頁等

　・　少年事件における忌避申立ては適法。

　規則 32 条は、除斥・忌避及び回避をすべて包含する規定としておかれたものと解するのが相当であるとし、少年事件における忌避申立ての適法性を認めた。他方、保護処分の決定に対しては、法令違反等を理由として抗告をすることが認められているとして、忌避申立却下決定に対する即時抗告の申立ては、不適法とした。←もっとも、不服申立は、原則は抗告の法令違反等の理由として行うべきとしつつ、例外的には直ちに不服申立をすることを認めるとするが、本件は不該当とする。

※　規則 32 条は回避を定めた規定（旧少年法も 22 条で同趣旨の定め）なのに、本決定のようにそれを拡大して除斥・忌避も含める解釈をすることは、立法者が限定したのを拡張するものであって、規定をきちんと整備するのが本来の在り方であろう。

他方、事柄の実質に即した妥当性という観点でも、回避の前提事実として除斥・忌避を位置付ける考え（＝除斥・忌避事由があれば回避義務を課す《田宮等・注釈少年法 234 頁》）の方が、法文との乖離は少なくなろう。

なお、回避の措置について、少年側に回避の申立権は認められないとしたものに東京高決平成 17 年 11 月 2 日東京高等裁判所判決時報（刑事）56 巻 1 ＝ 12 号 85 頁がある（同申立について職権不発動との対応をした原審の判断を支持した）。

19　自白調書の任意性

仙台家決昭和 41 年 2 月 8 日家月 18 巻 11 号 97 頁、村井敏邦・百選 42 事件 86 頁（結論を支持し、論理を不十分とする）

・　任意性に疑いのある少年の供述調書の証拠能力を否定。

2 か所から 8 回にわたって現金等を盗んだとされる窃盗保護事件。少年は、審判では犯行を否認し、窃盗事件について「言わないうちは帰さない、牢屋に入れるぞ」などと言われて脅され、「このままでは最終の定期船（午後 5 時発）に乗り遅れてその日のうちに」自宅（港から約 10km 離れた島にある）へ「帰れなくなると思い、警察官の質問に合わせて適当に返事をし、でたらめのことをたくさん話して来た」旨弁解している。

裁判所は、少年のこの弁解に近い、威圧するような警察官の言動があったと推認でき、少年の年齢（決定文からは何歳かは判明しない）、知能（SS30 と低い）、性格（内気で無口。審判廷でも、終始萎縮してしまって付添人の助言がないと満足に発言できない状況であった）などから考えると、「警察官の言動のために強い畏怖心をいだいた」、「あるいは帰宅したい一心から警察官の質問に迎合し、虚偽の事実を供述するに至ったものと疑わざるを得ない」、などとして捜査段階における自白調書の任意性を否定して証拠能力を否定し、非行なし不処分決定をした。

※　上記取調には保護者の立会いがない（もっとも、少年の自宅の上記所在場所からすると、速やかに保護者の立会いを求めることに困難な事情があった可能性も想定でき

る）。被害届の日付が遡った日付に改ざんされ、警察の受付月日も事実と異なる日とされている、といった捜査過程の問題点もあった。

　知能が高くなく、コミュニケーション能力が高いわけではない少年に対する慎重な態様での取調が実施されるべきことの重要性を窺わせる事案といえよう。古い裁判例なので、その後における捜査の改善が期待される。

　なお、実務的には、少年の説明能力の程度にもよるが、「でたらめのことをたくさん話して来た」というのであるから、犯行そのものを措いても、他にどういう事柄について虚偽を言っているのか、具体的に確認すれば（＝明白に虚偽な点が出て来れば）、取調の状況が推測できる場合もあろう。

20　補強証拠

福島家決昭和 39 年 7 月 13 日家月 17 巻 1 号 170 頁、判タ 180 号 165 頁、長沼範良・百選 43 事件 88 頁（本決定当時は 3 通りの裁判例があったが、その後は本決定に沿った実務の大勢がほぼ決したとする。また、ぐ犯については、補強法則の直接適用はできないが、その趣旨を尊重した運用を提言）、近藤文子＝延廣丈嗣・50 選 149 頁、161 頁等

・　憲法 38 条 3 項（補強法則）は少年事件にも適用される。

　2 件の窃盗保護事件中、1 件は認定されて保護観察に付されたが、他の 1 件については、少年（女性）の捜査段階及び審判廷での自白以外に証拠がないとし、憲法 38 条 3 項の規定により犯罪の証明がないことになる、との判断を理由中で示した。

　補強証拠がない点について疑問が生じるかもしれないから、補足する。窃盗被害に関する非行事実の内容が「旅館から住所氏名不詳者所有の男物腕時計 1 個を窃取した」というものであるから、被害者の特定は困難であった可能性がある。しかし、腕時計があれば補強証拠になったと思われるが、腕時計も記録にないとすれば、まさに、自白以外に被害を特定する資料はなかったのであろう。

　　※　本決定では、主文には不処分との記載はない。こういった運用は、抗告受理申立制度が設けられた現在では改められるべき（主文にも明記すべき）ことについては、拙著② 280 頁等参照。

　参考裁判例 19、20 は、いずれも、現在の視点から見れば常識的な判断といえるが、ゴールト判決もまだない昭和 41 年、昭和 39 年、という時期にされている点も留意されるべきである。

21　要保護性に関する事実と補強証拠の要否

広島高決昭和 59 年 12 月 27 日家月 37 巻 8 号 102 頁、田中輝和・百選 54 事件 112 頁（余罪を補強証拠なく認定することに消極。なお、**参考裁判例 20 で紹**介した長沼・前掲 89 頁は「著しい薬物依存傾向」といったことを考慮の対象とすべきではないとする）、近藤文子＝延廣丈嗣・50 選 161 頁等。

　・　要保護性に関する事実には補強証拠不要。

　覚せい剤の使用 2 回・所持 1 回の保護事件で、抗告裁判所は、特別少年院送致決定に対する抗告を棄却したが、抗告提起期間経過後に提出された「抗告理由の追完」と題する書面による不適法な主張であって判断不要とした法令違反の主張について、括弧書の形で、職権判断として、要保護性に関する事実（少年に薬物依存傾向があること）については、自白のみで認定して差支えないとの職権判断を示した。

　　※　上記のような形の職権判断であり、形は一般論であるが、事例判断と位置付けておくのが相当なように解される。

22　送致後の捜査官による補充捜査の可否・家庭裁判所の補充捜査依頼の権限

最決平成 2 年 10 月 24 日刑集 44 巻 7 号 639 頁、家月 43 巻 1 号 146 頁、金谷暁・判例解説（刑）同年度 179 頁、門野博・百選 48 事件 98 頁（補充捜査の処理も家庭裁判所の合理的裁量）、近藤文子＝延廣丈嗣・50 選 144 頁、157 頁等

　・　家庭裁判所は、事実調査のため、捜査機関に対し補充捜査を促し・求める権限がある。

　強姦未遂保護事件で、少年は、逮捕前に否認していたものの、その後は一貫

して自白していた。しかし、家庭裁判所送致後に、アリバイを含む新たな主張
をして否認に転じたことから、家庭裁判所は、検察官に証拠収集を求め、その
結果得られた資料の追送を受け、それらを含めて非行事実を認定し、保護観察
に付した。

　最高裁は、1、2審（＝補充捜査に積極説。1審は刑集同号653頁に、2審は刑集
同号673頁〜674頁に、各関連判断を示している）を結論として維持し、再抗告
を棄却したが、①捜査機関は、少年の被疑事件を家庭裁判所に送致した後にお
いても補充捜査をすることができる、②家庭裁判所は、事実調査のため、捜査
機関に対し、補充捜査を促し、又は少年法16条の規定に基づいて補充捜査を
求めることができる、との判断を示した。

　※　最高裁の判断だけでは、ある意味で当たり前の判断が示された事案のように見えるか
　　もしれない。しかし、補充捜査の点を措いても、犯人性に関する事実認定として大変
　　興味のある事案である。1、2審決定ともに長文であるが通読すると、事実認定を考え
　　る契機が得られよう。
　　　物証との関係では、①少年が捨てたという凶器の果物ナイフ（ただし、被害者に
　　よって類似性が確認されている果物ナイフが少年方から領置されている）と、②被害
　　者から奪って隠したというパンティーの未発見といった問題がある。
　　　そして、少年はIQ55（軽度の精神発達遅滞）であったから、自白の任意性、信用
　　性の判断には慎重さが求められていたといえる。他方、少年の言動には、秘密の暴露
　　に準ずべきものがあったとされる。
　　　また、①本件では、犯行の終期は被害者側の110番通報の時間等からほぼ正確に特
　　定できる。他方、少年が犯行開始時刻に現場にいることができたか（いわゆるアリバ
　　イの成否）については、犯行開始時間の特定に加えて、少年が自宅を出た時間が関連
　　しているが、それらの認定について、また、②少年の犯行時着用していたとされる上
　　着の同一性（犯行後に着替えたのかの点）の認定について、各微妙な点があったとい
　　える。
　　　他方、被害者は、捜査開始直後の写真による特定を始め、審判廷でも少年を犯人と
　　断言している上、少年には被害者も指摘した、左ほほに直径約5mmの黒子という特
　　徴があり（筆者注　厚い唇という特徴も当てはまるとされているが、多分に感覚的な
　　判断を伴うので、黒子に比べれば特徴としての質は下がるものといえよう。また、身
　　長171cmの被害者より低い身長等、年齢、人相、身体的特徴、着衣、靴にも、被害者
　　の供述と被告人の有り様には相違がなかった）、特異な脅迫文言である①「目をやれ」

（＝「やれ」は「くれ」の方言）とは、少年が両目を3回も手術して弱視性内斜視の後遺症があることと、②「パンツをやれ」とは、少年が女性のパンティーを盗んで自宅に隠し持っていたほど女性のパンティーに対して強い好奇心、執着心を持っていたことと（←この点は抗告審では説示がない）、それぞれ関連性があるといえる、などといった事柄もあった。

　事実認定の手法として参考となるのは、①1審で自白調書を除いた証拠関係の検討が先行して行われていること、②写真による犯人の特定の判断過程、③客観証拠がこまめに収集されていること、などである。

　※　参考
　　門野・前掲100頁で紹介されている補充捜査に関する静岡家沼津支決平成3年10月29日家月44巻3号103頁
　　バイク盗の保護事件（共犯事件）で、少年は、第1回審判期日及びそれに先行する家庭裁判所調査官の面接調査において、被害品とされるバイクは共犯者とされるAが被害者とされるBから事前に買っていた物で、少年が運転していて転倒事故を起こし、無免許のAにBがバイクを売ったことで迷惑がかかるといけないので盗んだことにしてくれとAから頼まれた旨弁解した。
　　裁判所は、被害者（B）に対する窃盗被害の再確認とバイクの還付経過について補充捜査を依頼し、その補充捜査の結果や、A、Bの証人尋問の結果等も踏まえて、少年の上記弁解に沿う口裏合わせがあった旨の合理的な疑いが残るとして、非行なし不処分としたものである。
　　家庭裁判所調査官作成の少年調査票がこれらの事実認定の資料として用いられているのも注目される。

23　少年院送致後の保護処分取消し

那覇家決平成19年12月21日家月60巻6号71頁

・　　確定審の犯人性の事実認定には合理的な疑いが残るとして、少年院送致決定を取消し。

道路交通法違反、業務上過失傷害保護事件で、準少年保護事件係属後にされた補充捜査の結果等を踏まえると、少年の弁解内容には不自然不合理な点が多いとしながらも、自分は運転していないとの少年の弁解を排斥することは困難だとし、確定審の少年院送致決定を、少年が「非行事実を犯したと認定するには、合理的な疑いが残る」として取り消した。《拙著②42頁～45頁も参照》

※　少年が送致後の少年院収容中に身代わりと言い出した事案である。確定審の証拠構造では、加害自動車には、少年と成人男性（少年が身代わりを強いられたと新たに主張するようになった対象者Ａ。当時25歳）しか乗っておらず、少年が運転していたとの証拠は、少年の供述しかなかった。←上記補充捜査でも、第三者の目撃供述等は得られていない。

　他方、Ａの供述は、確定審の保護事件でも準少年保護事件でも取り調べられていない。←準少年保護事件の最終の審判期日直前にその住所は判明したが、その供述が得られる可能性は極めて低いとされている。もっとも、Ａと中学の同級生であったという少年の姉が少年の弁解に沿う供述をしている検察官面前調書は今回の判断資料とされている。

　本来の密室犯罪ではないものの、犯人の特定との関係では、少年の供述以外に有力証拠がないという、証拠の限られた事案では、起こり得る事態であったともいえる。捜査に留意事項を提示した事案であったといえよう。

24　処分の著しい不当
東京高決平成21年11月6日家月62巻5号79頁
・　処分の著しい不当を理由に原決定取消し。
　ホテル客室内での2万円の現金盗1件の窃盗保護事件による初等少年院送致決定に対する抗告保護事件で、処分の著しい不当を理由に原決定を取消し・差し戻した。

※　少年が虚偽供述をする動機、経緯などを知るのにふさわしい事例である。原決定と対比しつつ通読すると参考になる。ちなみに、抗告審で、少年から直接話を聞いているし、付添人も熱心に活動したことと思われる。

　要点を紹介する。少年の自白供述中、共犯者（非行事実では明示されていない暴力団員Ｂ）に強制されて非行を行ったとの点（原決定は、この点を重視して少年の要保護性が極めて高いと認定している）は、逮捕後審判に至るまで一貫している。特に、家庭裁判所調査官から、Ｃ（非行事実で明示されている共犯者）が警察の取調でＢが架空の人物であると述べている旨を告げられ、真実を述べて欲しいと再度供述を求められても、少年は自白を維持していた。

　他方、この原審までの供述は虚偽であるとの原決定後の少年の供述の信用性は慎重な検討を要する。しかし、Ｂに対する裏付け捜査が行われた形跡はなく、少年は、①暴力団に脅されてやったと言えば、かわいそうに見られると思った、②上記調査官の話についても、審判の日にいきなり言い分を変えたら、嘘をついた分、罪が重くなる

かもしれないと思って、従前の自白を維持した、③原決定後に警察が少年院に来て、Cが本当のことを言ってくれ、俺をかばわなくていいと言っていると聞かされ、本当のことを話した、などと述べている。

この新供述は、ⅰ嘘をついてその後それを維持した理由、ⅱ真実を話すに至った経緯等を具体的に説明するもので、その信用性が高く、原審までの供述は虚偽である疑いが濃厚であるとした。

また、関連して、少年が首つり自殺未遂、飛び降り自殺未遂をしたとの話も、少年が抗告審で、自分がかわいそうに見られるようにと考えてついた嘘だと供述しており、その真偽のほどは慎重な考慮を要するとしている。

※　なお、Cは執行猶予になっており、少年も受差戻審で保護観察に付された。

抗告審決定を前提としてBの存在が否定されても、少年は、美人局的な窃盗をしていたことに変わりはないし、自分の責任を軽減しようとして共犯者と口裏合わせをして虚偽の口実を案出・供述していたことも否定されないから、その要保護性は慎重に判断する必要があった事案といえよう。

犯人性に関する証拠関係が23の裁判例の事案よりは複雑になっているが、犯人性が客観的証拠を伴うなどして動かし難い事実となっているといえる程の確実性をもって認定できるものとはなっていなかったという点では、共通する事案だったといえよう。

25　犯罪少年該当性

大津家決平成 22 年 3 月 23 日家月 62 巻 7 号 105 頁

・　条例の罰則規定に不該当は審判不開始。

滋賀県青少年の健全育成に関する条例で、青少年に対する「いん行又はわいせつ行為」を禁止し、他方、その罰則の適用に関しては、「この条例に違反した者が、青少年であるときは、この条例の罰則は適用しない」などと定められていた（24 条 1 項、27 条 1 項、29 条）。

行為時 16 歳の少年 A が、当時 16 歳の青少年 B と性交したとの上記条例違反保護事件について、「本件送致事実が認められたとしても、少年は」「犯罪少年には該当せず」「ぐ犯少年に該当すると認定し得る証拠もな」く、「審判に付することができない」として、審判不開始決定をした。

※　なぜこういった事件が家庭裁判所に係属するようになったのか、その経緯は知らないが、条文をきちんと読む重要性を窺わせる事案といえよう。

26　抗告申立の適法性

最決昭和 40 年 6 月 21 日刑集 19 巻 4 号 449 頁、家月 17 巻 7 号 139 頁、海老原震一・判例解説（刑）同年度 120 頁、太田達也・百選 94 事件 194 頁（消極説、ただし、早期の立法を提言）、加藤学・50 選 207 頁注 15 等

・　強制的措置を指示した児童相談所長送致決定に対しては抗告不可。

少年は、14 歳に満たないで（中学 2 年生）、強制わいせつ致傷・殺人（同一女児に対するもの）、強制わいせつ未遂（2 件）、窃盗（2 件）の触法行為を行ったとされ、児童福祉法 27 条 1 項 3 号に基づき少年を教護院（当時。現児童自立支援施設）に送致するに当たり、27 条の 2（現 27 条の 3）、法 6 条 3 項（現 6 条の 7 第 2 項）により児童相談所長から事件の送致を受けた家庭裁判所が、18 条 2 項による強制的措置を指示してその事件を児童相談所長に送致する旨の決定をした場合、同決定は 32 条により抗告を認められた保護処分の決定には当たらず、これに対して抗告を申し立てることはできない、とした。

なお、原審は、抗告の対象は 24 条 1 項の決定に限定されないとし、18 条 2 項の決定に対しても類推適用によってその抗告を適法と認めつつ、理由が認められないとして抗告を棄却していた。

※　法 32 条を形式的に当てはめればこの判例の結論は導かれる。しかし、問題はその先にあって、強制的措置は少年の身柄に関する不利益処分であるから、その点に関する不服申立の途を認めなくても良いのかという点にある。

抗告の理由は、事実誤認（強制わいせつ致傷・殺人を少年は犯してはいない）、処分の著しい不当であった。原々決定（松山家決昭和 38 年 7 月 15 日刑集同号 451 頁）や原決定（高松高決昭和 39 年 12 月 25 日刑集同号 462 頁）を見ると、非行事実について争いがあったから、原審としても、抗告を不適法とはせずに、事実認定の当否をきちんと判断したいといった考えが背後にあったのかもしれない。

なお、少年は、強制わいせつ致傷に引き続いて犯したとされる殺人事件については、観護措置決定の段階までは自白していたが、その後全面的に争うようになった。自白以外に「少年を犯人と断定するに足る客観的な資料はない」（例えば、少

年が本件当時はいていたと認定された右足の運動靴の内側から人血の付着が証明されているが、それ以上の本件との関連性は立証されていない。現在であれば、DNA型鑑定等の科学的証拠の活用の可能性もあったかもしれない）。しかし、自白の任意性・真実性（部分的な裏付け証拠の存在も指摘されている）は肯定された。

　他方、犯行時間帯には少年は自宅にいたとするアリバイの主張（関係者の裏付け供述が存在する）は排斥された。

　このような証拠関係から、抗告審が実体判断をしようとしたのかもしれない。

　なお、1審における強制措置の必要性の判断過程で、少年は知能は普通知だが、「分裂病質者の疑い」、「矯正教育には相当の困難を伴うことが予想され」ることなどが指摘されていた。

　1、2審の裁判日は刑集の記載に依ったが、1年以上の間隔が開き、本最決まで2年近くの年月を要した理由については、海老原・前掲にも説明がなく、不明である。

27　処遇勧告、環境調整命令の事例（家月には、この種の勧告、命令の事案が相当数登載されているから、そういった一例としての紹介）

(1)　処遇勧告（いわゆる尊重勧告）の事例

ア　大阪家堺支決平成21年4月7日家月61巻10号83頁

・　医療措置終了後の初等少年院送致を勧告。

妊娠中の14歳の少年（共犯者に注射してもらった覚せい剤使用事犯）に対し、医療少年院送致とした上で、医療措置終了後は初等少年院に移送相当との処遇勧告を理由中及び処遇勧告書で行った（家月同号86頁、処遇勧告書省略（87頁））。

イ　那覇家決平成26年11月12日判時2261号205頁

・　医療措置終了後の特別少年院移送を勧告。

18歳の少年に対する建造物侵入窃盗（事務所に侵入して軽乗用自動車とそのエンジンキーを盗んだ）保護事件で、医療少年院送致とされた（医療少年院が選択された直接の理由は、「健全な生活の確立を妨げる精神的な不安要素を解消する手当を施す手段として」ということが示されている。また、少年は「心的外傷後の反応及び双極Ⅱ型障害」の疑い等も指摘されている）が、いずれも自動車窃盗を含む保護事件で中等少年院送致を2回受けていたところから、上記医療的措置の

必要がなくなった段階での特別少年院送致が勧告されている。

　※　判時同号同頁の無記名コメントには、関係する法令を含めた詳細な解説があるが、いわゆる尊重勧告として特別少年院を勧告する裁判例は多くないと指摘されている（判時同号 206 頁下段左）。

　また、本件を契機としてその関係改善の可能性が示されているものの、少年の父母に対する強い不信感と、これによる親子関係の希薄さ、といった関係の悪かった親子関係、帰住先等に関する環境調整命令（判時同号 208 頁）も発せられている。

(2)　環境調整命令の事例

　ア　(1)アの大阪家堺支決は、同日付けで、家庭環境の整備を図り（母はアルコール依存症で入通院するなどの状況にあった）、適切な帰住先の確保を環境調整の措置とした環境調整命令を発した（家月同号 86 頁～ 87 頁）。

　なお、(1)イの事件における環境調整命令については、同所で紹介済み。

　イ　水戸家決平成 21 年 6 月 16 日家月 61 巻 10 号 87 頁

　同決定（18 歳の少年に対する窃盗、傷害、器物損壊保護事件において中等少年院送致）と同日付けで、保護観察所長に対し、①少年の母（少年の幼時に虐待した経歴があり、少年との折り合いが悪い《家月同号 95 頁等》）に対して、家庭が適切な帰住先となるよう指導、援助し、これが困難な場合の適切な帰住先の確保の手配を、②母に対して、少年院での面会、手紙のやり取り等を通じて少年との意思疎通を図るよう指導することを、環境調整の措置とした環境調整命令を発した（家月同号 94 頁～ 96 頁）。

　※　上記傷害、器物損壊事件は、少年の所在不明を理由に審判不開始となっていたが、所在が判明したため再起されたものである（家月同号 90 頁参照）。
　　少年は、忍耐力に乏しく辛いことからすぐに逃げ出してしまうことが指摘され（家月同号 93 頁）、試験観察決定後に逃走してもおり（家月同号 95 頁）、在宅での安定した生活を送ることに困難のあることが窺われる事案であったといえよう。

　ウ　那覇家沖縄支決平成 24 年 11 月 30 日家月 65 巻 5 号 109 頁

保護観察中の、4か月近くの（家月同号 114 頁参照）長期間にわたる家出、売春等によるぐ犯保護事件（ぐ犯事由は法 3 条 1 項 3 号イ、ロ、ハ、ニ）で中等少年院送致としたが、同日付けで、適切な帰住先確保の環境調整命令を発した（家月同号 113 頁～ 114 頁）。

エ　戻し収容保護事件における環境調整命令の事例としては、後記**参考裁判例 33**(1)の東京家決を参照されたい。

28　審判不開始決定と一事不再理効の有無

最大判昭和 40 年 4 月 28 日刑集 19 巻 3 号 240 頁、家月 17 巻 4 号 82 頁、調査官解説に西川潔・判例解説（刑）同年度 44 頁、北村和・50 選 229 頁、240 頁等

・　罪とならずとの審判不開始決定でも一事不再理の効力なし。

旭川家庭裁判所が、昭和 35 年 9 月 22 日付けで、旧道路交通法違反（報告義務違反）保護事件で、2 つの決定をした。①送致事実を認めた上で（刑集同号 262 頁）、報告義務違反の点は、憲法 38 条 1 項に違反するから罪とならない、その余（警察官の指示に従わなかった点）は事案軽微として不開始決定をした。②業務上過失傷害の保護事件に関して検察官送致決定をした。

その後（といっても 8 日を経過しただけで成人となる）少年が成人に達し（昭和 15 年 10 月 1 日生）、検察官は、昭和 35 年 10 月 18 日付けで業務上過失傷害、旧道路交通法違反事実について起訴した。

旭川地判昭和 37 年 1 月 11 日刑集同号 261 頁は、旧道路交通法違反事件については、実体判断を伴った審判不開始決定には一事不再理の効力があるとして免訴の判決をし（業務上過失傷害事件は罰金刑）、札幌高判同年 8 月 21 日刑集同号 268 頁はその判断を維持して検察官の控訴を棄却した事案で、検察官は、道路交通法違反の点だけ一部上告した。

最高裁大法廷（補足意見 1、反対意見 3 あり）は、①「非行事実の不存在、犯罪の不成立、要保護性の不存在等事案の実体に関する事実上又は法律上の判断がなされ」ても、これらの判断は、「少年審判の目的達成のためになされるも

のであって、」「刑事訴訟における無罪の判決と同視すべき」ものではない、②
少年法46条は「保護処分が身体の自由を制約する場合がある点において刑罰
類似の性質を有することや、対象となった犯罪事実が特定されていること等を
考慮して特別に設けられた規定である」などとして、審判不開始決定の一事不
再理効を否定し、1・2審判決（各関係する部分）を破棄して第1審に差し戻し
た。

※　不開始決定に一事不再理の効果を認めるかについては、西川・前掲判例解説48頁
　　以下に、積極・消極両説の根拠が詳細に挙げられている。
　　　本件は、報告義務違反を合憲とした最大判昭和37年5月2日刑集16巻5号495頁
　　が言い渡される前の事件であることに留意する必要がある。
　　　「本件控訴を棄却する。」という一文の主文について、上記のとおり一部上告がされ
　　たとされ、本上告審判決も、「第1審判決中、道路交通取締法違反被告事件に関する
　　部分および原判決中これに対する控訴を棄却した部分を破棄する」と一部破棄を明示
　　している点でも注目される。控訴棄却との1つの主文を二様に解釈し、それぞれの内
　　容に応じた処理をした同種の最近の事案には、最判平成15年2月14日刑集57巻2
　　号121頁（朝山芳史・判例解説（刑）同年度21頁）がある。朝山・前掲判例解説54
　　頁注2に、この破棄の扱いの解説があり、同55頁に、同種先例として最判昭和48年
　　4月10日刑集27巻3号334頁（金谷利廣・判例解説（刑）同年度386頁）の紹介が
　　あり、金谷・前掲判例解説394頁には、同最判が控訴棄却の原判決を一部破棄・一部
　　棄却したことに関する解説がある。
　　　主文に黙示的な部分を読み込むことについては、拙著②279頁参照。

29　非行なし不処分決定と「無罪の裁判・判決」

最決平成3年3月29日刑集45巻3号158頁、家月43巻8号78頁、吉
本徹也・判例解説（刑）同年度88頁、古田浩・百選69事件144頁（消極説）、
50選230頁、241頁注27等

・　非行なし不処分でも、無罪の裁判・判決には不該当。

刑事補償、費用補償の請求がされた事件。非行事実（業務上過失傷害、道路
交通法違反保護事件）が認められないことを理由とする不処分決定でも、刑事
補償法1条1項にいう「無罪の裁判」にも、刑訴法188条の2第1項にいう
「無罪の判決」にも、いずれも当たらないとされ、特別抗告が棄却された（補

足意見、意見各 1 あり）。先例として**参考裁判例 28** の判例等を引用している。

> ※ ちなみに、本件での少年に対する身柄拘束期間（逮捕・勾留に代わる観護措置）は
> 7 日間。

（参考） 本件後に「少年の保護事件に係る補償に関する法律」が制定され、令和 3 年の法改正でも特定少年に関連した改正がされている。

なお、被疑者補償規定（昭和 32 年 4 月 12 日法務省訓令 1 号）2 条（補償の要件）、3 条（補償内容）。

30　差戻と逆送決定との関係

最判平成 9 年 9 月 18 日刑集 51 巻 8 号 571 頁（反対意見 1 あり。「調布駅前傷害事件」等として著名）、池田修＝中谷雄二郎・判例解説（刑）同年度 143 頁

・　保護処分決定に対する抗告で差し戻された保護事件について逆送決定をするのは不可。

保護処分決定（中等少年院送致決定・一般短期処遇勧告付き）に対する少年側の抗告に基づいて事実誤認を理由に差し戻された保護事件が、受差戻審の逆送決定で起訴された事件。著名事件だが、「実務上起こる可能性に乏しい極めて例外的事案に関する判断であり、その射程範囲はかなり限られたものとなる」との指摘（池田＝中谷・前掲判例解説 156 頁）があるように、事案としては特殊であり、筆者は、その後の同種事犯に接していない。

1 審判決（東京地八王子支判平成 7 年 6 月 20 日刑集同号 660 頁）は、少年審判手続にも不利益変更禁止の原則の適用があって、逆送決定は同原則に抵触する違法・無効な措置であり、同決定に基づく起訴も違法・無効であるとし、判決で公訴を棄却した。

もっとも、その時点では、被告人は、既に成人に達していたから、法 55 条の移送決定を行う余地はなくなっていた。

2 審判決（東京高判平成 8 年 7 月 5 日高刑集 49 巻 2 号 344 頁）は、少年審判手続にも不利益変更禁止の原則の適用があるとする点では 1 審と同じ見解に立

ちつつ、逆送決定は「手続上の中間処分であ」って「不利益変更に当たるかど
うかの対象としてみることはできない」などとして、1審判決を破棄・差し戻
した。

　最高裁は、2審判決を破棄し、控訴棄却の自判をしたが、不利益変更禁止原
則の適用の有無には触れず、①保護処分原則主義、②刑事処分の一般的、類型
的不利益性、③抗告審による差戻後の不利益処分の禁止が確認されている。

　なお、共犯者を含めた関係者の事件経過一覧表が前掲判例解説 165 頁にあ
り、非行なし不処分決定を受けた後に成人して起訴された共犯者もいたことが
分かる（本件後に公訴取消し・公訴棄却）。

31　起訴強制の及ぶ範囲

最判平成 26 年 1 月 20 日刑集 68 巻 1 号 79 頁、石田寿一・判例解説（刑）
同年度 29 頁

- 逆送決定を受けた懲役刑の事実を認定替えして罰金刑の事実で起訴する
  ことは、起訴強制の効果が及ばず不適法。

　無免許運転（「A 罪」）及び故意による通行禁止場所通行の罪（「B 罪」）につ
き逆送決定があった。検察官は、B 罪について認定替えをして、事実の同一性
は認められるが罰金以下の刑に当たる、過失による通行禁止違反罪（「B' 罪」）
及び A 罪で起訴し、罰金 20 万 7000 円の略式命令が確定した。他方、法 20 条
1 項では、家庭裁判所が逆送決定ができるのは法定刑が禁錮以上の場合に限ら
れていた。

　本件はその後の非常上告事件（刑訴法 454 条。非常上告事件に接する機会は限
られているから、学修してみよう）で、「法 20 条 1 項の趣旨に照らし、検察官
が」逆送決定を受けた「故意による通行禁止違反の事実と同一性が認められる
からといって、」B' 罪を起訴「することは許されなかったものと解するほかは
ない」として、略式命令を破棄して、B' 罪について刑訴法 338 条 4 号によっ
て判決で公訴を棄却し、A 罪について罰金 20 万円に処した。

　なお、被告人は、本非常上告事件係属中に成人に達したとのことである（石

田・前掲判例解説 37 頁）が、本最判は、原裁判基準時説に則って換刑処分を行っていない（この点につき石田・同 40 頁注 13 参照）。

　なお、特定少年は罰金以下の刑に当たる罪に関しても逆送決定を行うことが可能である（法 62 条 1 項）から、本件と類似する経緯を辿ってされた、特定少年に対する罰金以下の刑に当たる罪での起訴が、本最判によって当然に違法視されることにはならないものと解される。

　　※　過誤事例であって、過誤が生じやすい類型のものである。

　　　　ちなみに、判決文に該当条文が挙げられていない（石田・前掲判例解説の、30 頁には略式命令の際の該当条文、41 頁には本件犯行後の無免許運転罪の法定刑の変更、に関する各紹介がある）。そこで、現行法で適宜参照すると、道路交通法 119 条 1 項 1 号の 2 にある同法 8 条 1 項による通行の禁止等違反の場合は、故意犯は懲役 3 月以下（選択型として罰金 5 万円以下）との法定刑だが、過失犯は、同じ 119 条でも 2 項に該当して 10 万円以下の罰金刑となる（石田・前掲判例解説 29 頁には両罪に関して同じ刑期の紹介がある）。

　　　　他方、判示事項にはされていないが、無免許運転に関しては有罪の自判をしている。この点については、当該少年が既に成人に達していたから、その解釈に微妙な点が残るものの、同事実に対する逆送決定は適法と解し、いわゆる消極説（一部でも起訴できないときは残余の事実のみでの起訴を違法視するもの）を否定し、積極説か中間説（消極説を原則としつつ、残余の事実の罪質、情状に照らして家庭裁判所が刑事処分相当性を肯定することが明らかな場合には、あえて家庭裁判所への再送致の必要がないとする）のいずれの立場に立っているかまでは明らかでないとの解釈も可能なような処理となっている（石田・前掲判例解説 38 頁～ 40 頁にも同様の説明がある）。

32　みなし勾留に対する準抗告事件
東京家決平成 25 年 1 月 8 日家月 65 巻 6 号 130 頁

・　みなし勾留の対象となる観護措置が準抗告で取り消された事例。

　準抗告審は、偽造健康保険被保険者証等を自動契約機に読み取らせてキャッシングカードを詐取しようとした事案において、逆送決定に基づき法 45 条 4 項によって勾留と見なされる観護措置について、「罪証隠滅のおそれがないとはいえない」が「現実的な罪証隠滅のおそれは高いとはいえない」などとして、「勾留までの必要性は認め難い」とし、観護措置を取り消さなかった措置

を取り消し、同観護措置を取り消した。

33　準少年保護事件

(1)　戻し収容事件

東京家決平成 24 年 12 月 26 日家月 65 巻 5 号 115 頁

・　戻し収容が認められた事例。

多数ある戻し収容認容事例の一例として紹介する。

裁判所は、初等少年院を仮退院中（帰住先が見つからないこともあって少年院に 2 年収容されていた《家月同号 118 頁、120 頁》）の 18 歳の本人に対し、仮退院中に自立援助ホームに居住していた際、包丁を持ち出す騒ぎを起こすなどして退去させられた同ホームに、その後出向いて、同ホーム長に対する暴行、脅迫、傷害、同ホームにおける放火などに当たり得る行為をしたことが、執拗、悪質、危険と評価される一般遵守事項違反（再び犯罪をすることがないよう、又は非行をなくすよう健全な生活態度を保持すること）に当たるなどとして、中等少年院に戻し収容した上、比較的長期（1 年 6 か月程度《家月同号 119 頁》）の処遇勧告を付した。

そして併せて、帰住先確保の環境調整命令を発した（家月同号 120 頁〜 121 頁。ちなみに、少年の母は既に死亡していて、父は脳梗塞リハビリ入院中で、本人を引き取るべき親族等はいない《家月同号 119 頁》）。

なお、東京高決平成 25 年 1 月 23 日家月同号 121 頁は、抗告棄却（事実誤認の主張及び比較的長期の意見も含めて処分の著しい不当の主張を排斥）。

(2)　施設送致申請事件

仙台家決平成 24 年 10 月 18 日家月 65 巻 6 号 126 頁

・　施設送致申請が認められ（中等少年院送致）、併合審理の他の保護事件は別件保護中として不処分とされた事例。

類似事例の一例として紹介する。

裁判所は、少年が保護観察の指導を受け入れず、一般遵守事項及び特別遵守

事項（深夜はいかいの禁止など）を遵守せず、警告を受けた後も遵守せず、保護観察「決定後 10 か月間を経過してもなお保護観察の処遇が全く軌道に乗っていない」などとして、少年を中等少年院送致とした。同時に、前件（上記保護観察事件）審判時に申告済みの余罪で、併合審理されている建造物損壊等の保護事件については、別件保護中として不処分とした。

(3) 保護処分取消申立事件

ア　最決平成 23 年 12 月 19 日刑集 65 巻 9 号 1661 頁、家月 64 巻 5 号109 頁、野原俊郎・判例解説（刑）同年度 415 頁

・　保護処分決定で認定された非行事実とは日を異にする事実について、非行事実の同一性が肯定され、保護処分取消申立棄却の判断が維持された事例。

強姦未遂保護事件で中等少年院送致決定を受けた申立人がその取消しを求める保護処分取消申立事件について、「27 条の 2 第 2 項の『審判に付すべき事由』とは、保護処分決定で認定された非行事実と同一の事実性があり、構成要件的評価が変わらない事実をも含むものと解するのが相当である」とし、保護処分決定で認定された日（平成 13 年 9 月 9 日）には非行事実（「甲罪」）の存在が認められないが、これと異なる日（同月 16 日）に同一内容の非行事実（「乙罪」）が認められ、「両事実が両立しない関係にあって基本的事実関係において同一であり、事実の同一性が認められる場合には、審判に付すべき事由は存在したということができ」るとし、27 条の 2 第 2 項「により保護処分を取り消さなければならないときには当たらない」とし、また、審判期日に申立人にその事実の要旨を告げて陳述を聴き、アリバイ立証を含めて十分に防御の機会を与えたなどとして、上記認定替えに関する原原審の手続に違法はない、などとして再抗告を棄却した。

　※　原原審は合議体で審理されている（野原・前掲判例解説 418 頁）。
　　　確定している甲罪は存在しないとの申立人の主張自体は認められているから、甲罪について保護処分の取消が認められても良いように思われる。しかし、そうすると、

上記1週間後の乙罪について刑事責任を問われる可能性が生じる。ところが、甲罪と乙罪とは公訴事実の同一性がある。こうしてみると、甲罪に対して保護処分を取り消すというのは適正な判断とはいえないのであって、本決定の考えが支持されることになろう。

イ　千葉家決平成 26 年 6 月 30 日判タ 1410 号 397 頁、判時 2258 号 128 頁

・　確定していた保護観察決定を取り消し、同事件につき不処分決定をした事例。

道路交通法違反（法定速度制限違反）保護事件について、保護観察（交通短期保護観察）に付され、保護観察継続中であった少年について、上記保護事件の際は、少年が実兄の身代わりとなって警察に出頭したものであることが判明した。

裁判所は、職権で、同事件に関する保護処分取消事件を立件した上、「本件では、保護処分の係属中、非行事実の証明がないことに帰することにより少年に対し審判権がなかったことになるから、少年法 27 条の 2 第 1 項により、原裁判」（＝上記保護処分決定の意）を取り消した。取消の資料は、犯人隠避事件の記録中にある少年や実兄の供述等である（以上については、判時同号 128 頁〜129 頁の無記名コメントの内容にも依っている）。

※　保護処分決定を取り消した場合に、当該事件に関して、同時に、非行なし不処分決定を行う必要があるかについては争いがある。平成 12 年改正までは、保護処分係属中であることが保護処分取消の前提となっており、同手続について「保護処分の決定の確定したのちに処分の基礎とされた非行事実の不存在が明らかにされた少年を将来に向かって保護処分から解放する手続」と判示する最決昭和 58 年 9 月 5 日刑集 37 巻 7 号 901 頁があるところから、上記取消決定による遡及効に消極的で、非行なし不処分決定を行わない運用が有力であった。

　　しかし、平成 12 年改正によって保護処分終了後にも保護処分決定の取消を認める法 27 条の 2 第 2 項が設けられたところから、遡及効を認める見解も有力になっている（上記コメントには、①保護処分の取消のみを表示する裁判例と、②不処分との判断を示した裁判例との各紹介がある）。

本裁判例は、同事件について不処分とする旨も主文で明示し、「原事件につ

き少年を保護処分に付することができないから、同法」（＝少年法の意）「23条
2項により、少年を保護処分に付さない」と説示している。保護処分係属中に
不処分決定をしていることからすれば、上記遡及効を認め、取消の対象は原事
件の保護処分決定自体であるとする見解に依っているものと解される。

　なお、この事件の少年に対しては、本件とは別に、犯人隠避罪について事件
送致がされ、保護的措置として不処分決定がされたとのことである（上記コメ
ント参照）。

以上

事項索引

〈監修者紹介〉

植 村 立 郎（うえむら りつろう）

昭和 44 年東京大学法学部卒業（法学士）。同年司法修習生。
名古屋地裁判事補、福島家地裁会津若松支部判事補、最高
裁事務総局刑事局付、東京地裁判事補、釧路家地裁判事補、
東京地裁判事補・東京高裁判事職務代行、東京地裁判事・
東京高裁判事職務代行、静岡地家裁判事、東京地裁判事、
札幌地裁部総括判事、東京高裁判事、東京地裁部総括判事、
東京高裁判事、函館地家裁所長、新潟地裁所長、東京高裁
部総括判事、東京大学法科大学院非常勤講師、平成 23 年判
事定年退官、学習院大学法科大学院非常勤講師、学習院大
学法科大学院教授、平成 29 年上記教授、非常勤講師定年退
職

骨太少年法講義（改訂版）　　　　　　　書籍番号 500403

平成 27 年 11 月 30 日　　第 1 版第 1 刷発行
令和 4 年 6 月 10 日　　改訂版第 1 刷発行

著　者　植　村　立　郎

発 行 人　門　田　友　昌

発 行 所　一般財団法人　法　曹　会

〒100-0013　東京都千代田区霞が関 1-1-1
振替口座　00120-0-15670
電　話　03-3581-2146
http://www.hosokai.or.jp/

落丁・乱丁はお取替えいたします。　　印刷製本／（株）ディグ

ISBN 978-4-86684-086-4